Akgül Fatouros,
Maria Tsoukis

Korfu – Wanderführer

Impressum

Akgül Fatouros, Maria Tsoukis
Reise Know-How Wanderführer Korfu
erschienen im
Reise Know-How Verlag Peter Rump GmbH
Osnabrücker Str. 79, 33649 Bielefeld

1. Auflage 2018

Gestaltung
Umschlag: G. Pawlak (Layout und Realisierung)
Inhalt: G. Pawlak (Layout), Svenja Lutterbeck (Realisierung)
Karten: Dimitrios Gavrides, der Verlag
Fotonachweis: die Autorinnen (ft), Sonja Brzostowicz (sb), www.fotolia.com (fo, Fotograf am Bild)
Titelfoto: die Autorinnen
(Motiv: Blick auf die Bucht von Agios Georgios beim Aufstieg nach Makrades, Tour N10)

Lektorat: Svenja Lutterbeck

Druck und Bindung: D3 Druckhaus GmbH, Hainburg

ISBN 978-3-8317-2963-0
Printed in Germany

Dieses Buch ist erhältlich in jeder Buchhandlung Deutschlands, der Schweiz, Österreichs, Belgiens und der Niederlande. Bitte informieren Sie Ihren Buchhändler über folgende Bezugsadressen:

Deutschland
Prolit GmbH, Postfach 9, D-35461 Fernwald (Annerod)
sowie alle Barsortimente

Schweiz
AVA Verlagsauslieferung AG, Postfach 27, CH-8910 Affoltern

Österreich
Mohr Morawa Buchvertrieb GmbH, Sulzengasse 2, A-1230 Wien

Niederlande, Belgien
Willems Adventure, www.willemsadventure.nl

Wer im Buchhandel trotzdem kein Glück hat,
bekommt unsere Bücher auch über unseren
Büchershop im Internet: www.reise-know-how.de

Wir freuen uns über Kritik, Kommentare und Verbesserungsvorschläge.
Alle Informationen in diesem Buch sind von den Autorinnen mit größter Sorgfalt gesammelt und vom Lektorat gewissenhaft bearbeitet und überprüft worden. Da inhaltliche und sachliche Fehler nicht ausgeschlossen werden können, erklärt der Verlag, dass alle Angaben im Sinne der Produkthaftung ohne Garantie erfolgen und dass Verlag wie Autorinnen keinerlei Verantwortung und Haftung für inhaltliche und sachliche Fehler übernehmen. Die Nennung von Firmen und ihren Produkten und ihre Reihenfolge sind als Beispiel ohne Wertung gegenüber anderen anzusehen. Qualitäts- und Quantitätsangaben sind rein subjektive Einschätzungen der Autorinnen und dienen keinesfalls der Bewerbung von Firmen oder Produkten.

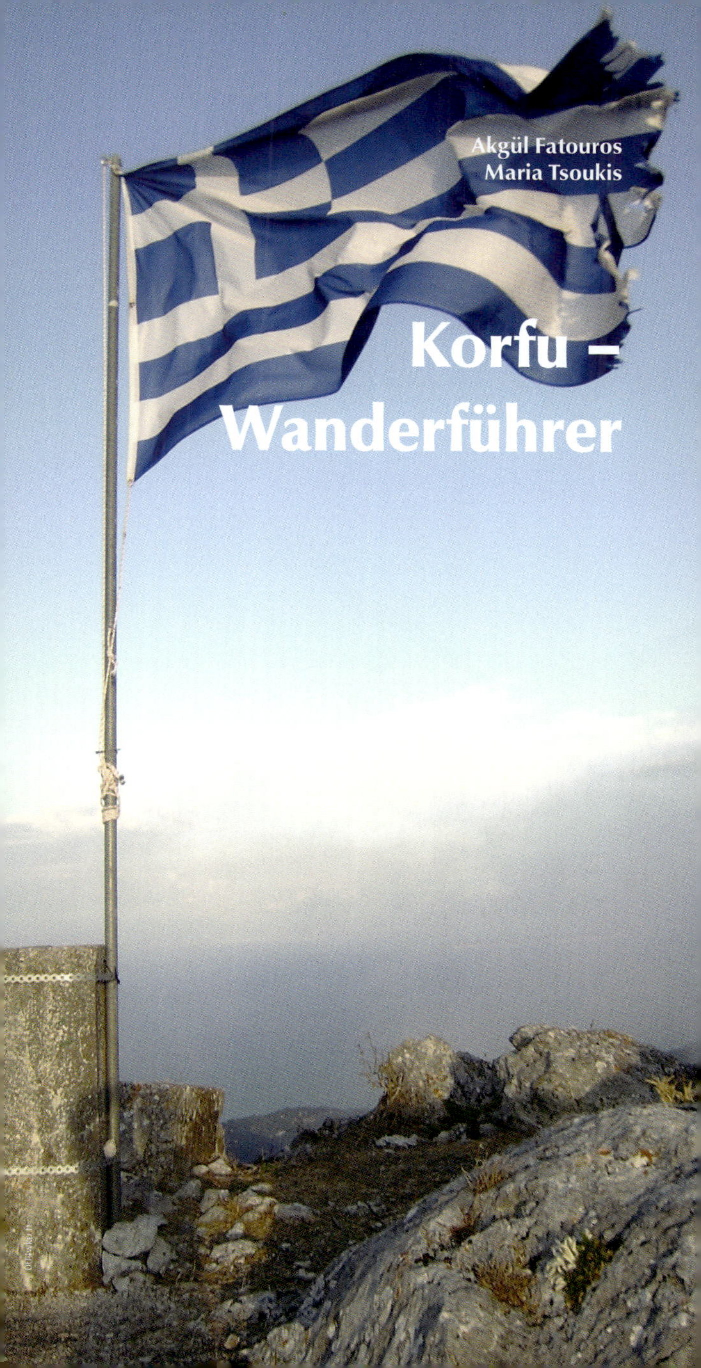
Akgül Fatouros
Maria Tsoukis
Korfu –
Wanderführer

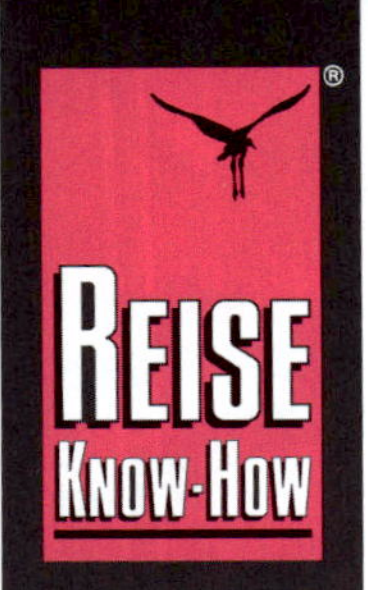
REISE
KNOW-HOW

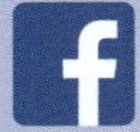
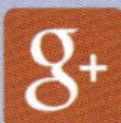

Vorwort

Wohl kaum eine andere griechische Insel hat eine so **lange und reiche Tradition als Urlaubsort** wie Korfu. Schon in der Antike zog es Herrscher und Berühmtheiten wie Nero, Cäsar, Cicero und Cleopatra auf die Insel. In der Neuzeit wurde sie zum Anziehungspunkt für zunächst adlige und später bürgerliche Griechenlandliebhaber aus Europa. Die wohl bekannteste Reisende dieser Epoche ist die Kaiserin Elisabeth „Sisi"* von Österreich, die sich hier 1889 sogar ihre Sommerresidenz errichten ließ. Auch der letzte deutsche Kaiser Wilhelm II., der dieses Schlösschen später übernahm, war (entgegen dem Vorurteil, dass er lediglich militärisches Interesse hatte) ein bekennender Liebhaber der Phäaken-Insel. Beide zeigten neben ihrer Bewunderung für das antike Griechenland nicht nur einen sehr respektvollen Umgang mit der Natur sowie ein tiefes Interesse an den Traditionen der Gastgeber, sondern auch ein außergewöhnliches kulturelles Engagement in Bezug auf ihr Urlaubsdomizil. Die natürliche Schönheit zu genießen (Sisi wanderte täglich) und gleichzeitig eine Verbindung zu den Bewohnern und zu ihrer Kultur zu schaffen war in der damaligen Zeit das Ziel einer Reise.

Durch den Massentourismus, der auf Korfu in den 1960er Jahren begann, rückte das Natur- und Kultur-Erleben vorläufig in den Hintergrund. Aber in den letzten Jahren wird die gegenläufige Tendenz wieder spürbar und **alternativer Tourismus mit Aktivitäten, die ein Naturerlebnis mit sich bringen,** wird immer stärker nachgefragt. Gleichzeitig wächst ein echtes Interesse an Begegnungen mit den Menschen, an einem Austausch mit der Bevölkerung und ihren Traditionen – an einem **Kulturerlebnis, abseits der großen, wichtigen Sehenswürdigkeiten der Stadt.**

Diese Bedürfnisse zu befriedigen ist das Ziel unseres Buches. Mit diesem Buch laden wir Sie, liebe Leser, ein, Korfu von seiner ursprünglichen Seite her zu entdecken – wir nehmen Sie mit auf eine Reise zu Korfus Wurzeln, zu seiner natürlichen Schönheit, seinen Traditionen und Geschichten. Wir stellen ihnen **26 leichtere und anspruchsvolle Wandertouren** vor, mit denen Sie Korfu von der Nordspitze bis in den Süden hinein erwandern und erfahren können. Jede Route ist eine kleine Reise, ein Tag für Sie auf Korfu. Sie werden von Tour zu Tour ganz unterschiedliche

* aus den österreichischen Historienfilmen aus der Mitte der 1950er Jahre mit *Romy Schneider* besser als „Sissi" bekannt.

Landschaftsformationen kennenlernen, überwältigende Blicke und herrliche Naturbegegnungen genießen. Darüber hinaus erfahren Sie, was sich hinter den Ortschaften verbirgt, mit denen Sie in Kontakt kommen. Ihre Geschichte, ihre Bewohner, ihre Besonderheiten. Auf jeder Tour verraten wir Ihnen kleine Geheimnisse, Highlights, sehenswerte Orte und natürlich Einkehr- und Übernachtungsmöglichkeiten.

Alle Wanderungen wurden mit einem **GPS-System** protokolliert. Die Daten sind für jede einzelne Wanderung auf **www.reise-know-how.de** kostenlos herunterzuladen.

Wir wünschen Ihnen viel Spaß mit diesem Buch, viele Erlebnisse und einen unvergesslichen Aufenthalt im Wanderparadies Korfu.

Akgül Fatouros und Maria Tsoukis

Rast mit wunderbarem Blick (Tour S5)

043wko ft

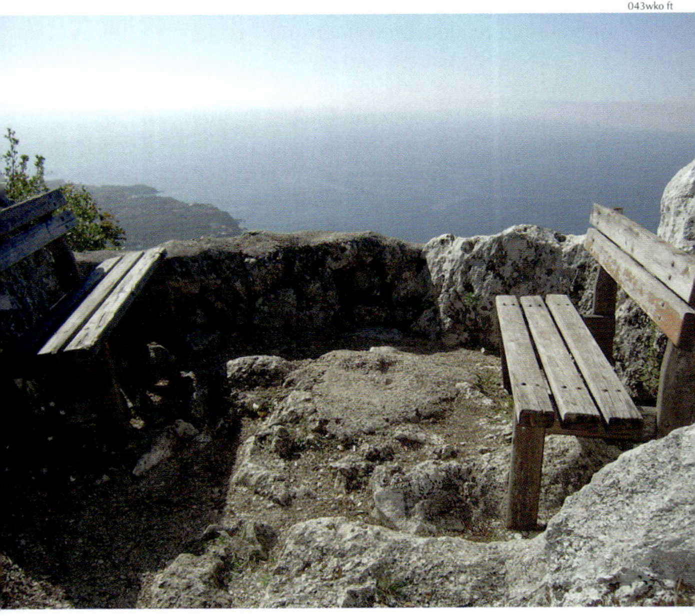

Inhalt

Wandern auf Korfu

Die im Wanderführer beschriebenen Wanderungen sind zur Darstellung des jeweiligen Schwierigkeitsgrads (s. S. 22) durch drei verschiedene Farben gekennzeichnet.

grün = einfach **orange = mittelschwer** **rot = anspruchsvoll**

Die Diapontischen Inseln: Ereikoussa, Mathraki und Othoni 266

Anhang 288

Exkurse

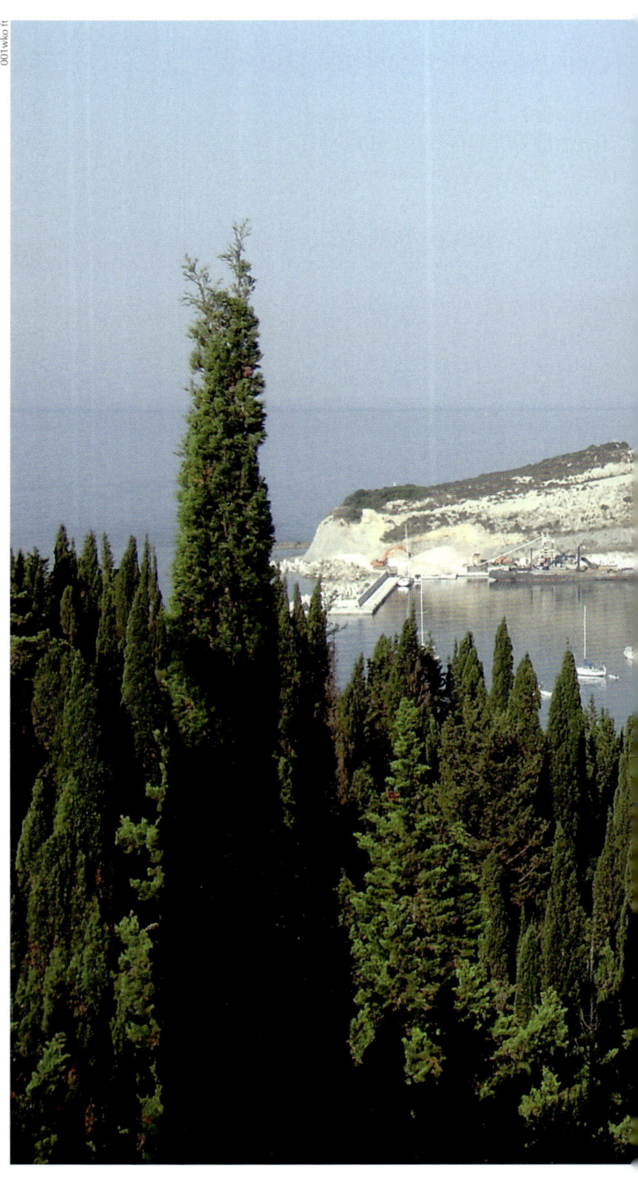

001wko ft

Wanderparadies Korfu

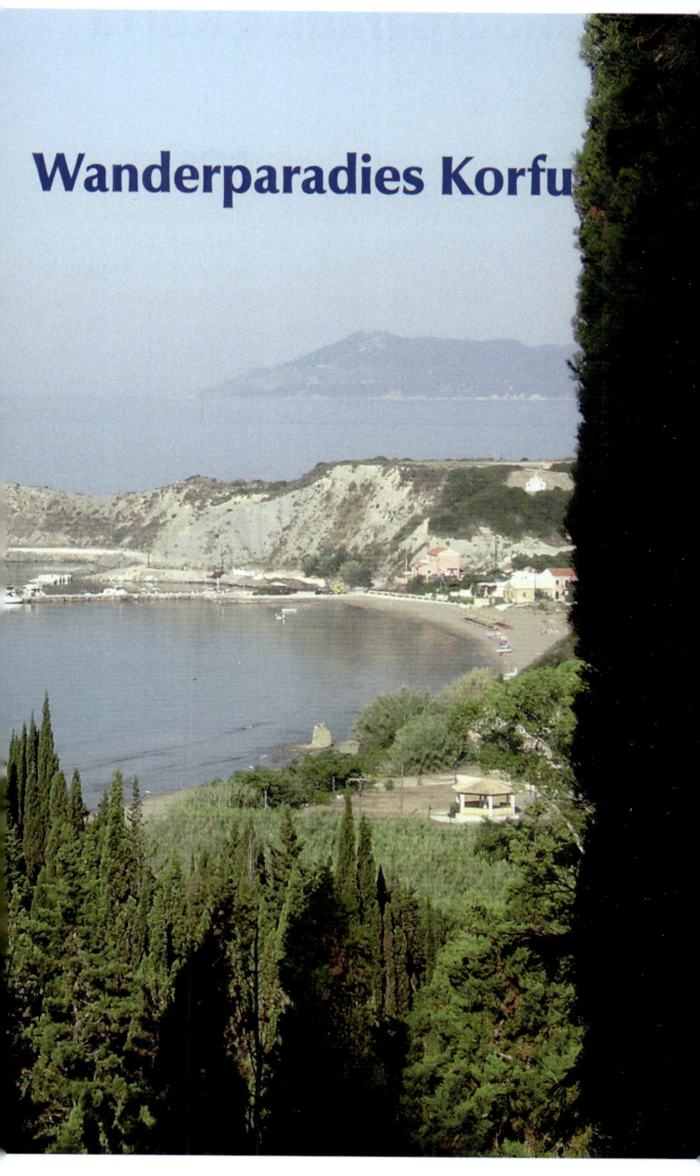

Wanderparadies Korfu

Über Korfu

Das Besondere an Korfu ist seine **vielfältige natürliche Schönheit.** Eingerahmt von türkisfarbenem Wasser, traumhaften Buchten, langen Stränden unter imposanten Steilküsten ist das Inselinnere Korfus ganz einzigartig für Griechenland: Keine andere griechische Insel bietet das ganze Jahr über eine so **üppige Vegetation,** so viele Schattierungen von Grün, eine so reiche und vielfältige Flora. Feuchtbiotope zählen zu Korfus Schätzen ebenso wie bergige Landschaften. Bedingt durch die hohen Niederschlagsmengen blüht auf Korfu fast das ganze Jahr über etwas – über 30 verschiedene Orchideen gedeihen hier, Blumen, Heil- und Küchenkräuter, Büsche und Obstbäume wechseln sich in der Blüte ab und betören durch ihre unvergleichlichen Aromen.

Korfus Identität ist jedoch durch die **Olive** und deren Kultur geprägt und auf der gesamten Insel begegnen wir diesem Thema. Durch die bis zu 1000 Jahre alten Olivenhaine ziehen sich **uralte Eselpfade,** die die **abgelegenen Dörfer** miteinander verbinden. In diesen erleben wir den Charme der Orte und seiner Bewohner, der sich über die Jahrhunderte erhalten hat. Die venezianische Architektur mit ihren gepflasterten schmalen Gässchen, ihren gemauerten Bögen über den engen Hinterhöfen sowie winzigen Balkonen über den steinernen Außentreppen. Eine traditionelle aber lebendige Dorfgemeinschaft, die uns gastfreundlich empfängt. Zu Fuß auf Korfu unterwegs zu sein ist nicht nur ein Naturerlebnis, sondern auch eine Bereicherung unseres Verständnisses für die inseleigene Kultur und Lebensart.

Dabei hat die Insel ihren Namen als **Wanderparadies** erst in den letzten Jahren erhalten. Vor etwa 17 Jahren hat die englischstämmige Hilary Whitton Paipeti damit begonnen, die uralten, nicht mehr genutzten **Verbindungswege und Eselpfade** zwischen den Dörfern wieder aufzuspüren und zu Wanderwegen zu kombinieren. Einige Jahre später schuf sie eine **Weitwanderroute** von 222 Kilometern Länge, die die südlichste mit der

Kapitelstartseite: Der Hafen von Ereikoussa ist im Sommer ein beliebtes Ziel von Seglern (Tour D1)

nördlichsten Spitze der Insel verbindet. Diese Strecke heißt **Corfu Trail** und ist in insgesamt 15 Streckenabschnitte unterteilt. Dank dieser Initiative zieht es von Jahr zu Jahr mehr Wander- und Trekking-Reisende nach Korfu. Neue Strecken wurden und werden dokumentiert, alte Wege wieder freigeschnitten und markiert. So entwickelte sich die Insel in letzter Zeit zu einer beliebten Destination für aktive Mittelmeer-Urlauber – zu einem Wanderparadies, das einzigartig in Griechenland ist.

Geologie und Geografie

Korfu – Kerkyra in der Landessprache – stellt die **nördlichste Insel der Ionischen Inselgruppe „Eptanissa"** dar und ist vom griechischen bzw. albanischen Festland durch die Straße von Korfu getrennt, die an ihrer schmalsten Stelle nicht einmal zwei Kilometer breit ist. Die Insel hat den gleichen geologischen Charakter wie das Festland und wurde aufgrund tektonischer Bewegungen von diesem abgelöst.

Geometrisch gesehen ähnelt Korfu einem unregelmäßigen Dreieck. Seine obere, nördliche Hälfte dehnt sich großflächig und breit aus während die Inselmitte und der Süden immer flacher und spitzer zuläuft. Korfu misst an seinem breiten „Kopf" ca. 30 Kilometer, während der lang gezogene „Schwanz" an seiner schmalsten Stelle gerade mal 4,5 Kilometer breit ist. Bereits die Venezianer haben die 64 Kilometer lange und fast 600 Quadratkilometer große Insel entsprechend ihrer topografischen und geografischen Unterschiede in **vier Bereiche** aufgeteilt: den Norden (Gyrou), den Süden (Lefki), die Inselmitte (Mesi) und die Gebirgsregion um den Pantokrator (Oros). Entsprechend abwechslungsreich sind die landschaftlichen Formationen, denen wir in den verschiedenen Regionen begegnen.

Der **nördliche, ellipsenförmige Teil** von Korfu ist überwiegend gebirgig. Der höchste Gipfel der Insel, der **Pantokrator** (906 m) und sein ihn umgebendes Kalkmassiv dominieren den Nordosten der Insel und fallen steil zur östlichen Küstenlinie ab. Die Kliffküsten im Westen sind schroff und ragen teilweise senkrecht hinter den langen flachen Sandstränden heraus.

Der **mittlere Teil** der Insel ist durch eine hügelige Landschaft mit weitläufigen Ebenen und Hochebenen dazwischen gekennzeichnet. Und der **Süden** ist vor allem landwirtschaftlich genutztes Tiefland, umgeben von langen natürlichen Stränden.

Flora und Fauna

Der erste Eindruck, den Korfu auf seine Besucher macht, sobald diese sich der Insel nähern, ist sein **sattes und saftiges Grün.** Und tatsächlich ist Korfu die grünste Insel Griechenlands, denn die häufigen und reichlichen Regenfälle (die mit über 1200 mm pro Jahr deutlich ergiebiger als in den meisten deutschen Regionen ausfallen) machen die üppige Vegetation das ganze Jahr hindurch immergrün.

Hauptmerkmal von Korfus Flora sind die **über 4,5 Millionen Olivenbäume,** die die komplette Insel mit ihrem dichten Blattwerk überziehen. Zypressenfamilien ragen immer wieder dazwischen heraus und setzten mediterrane Akzente in die Landschaft. Die kultivierte Olive ist auf Korfu erst seit knapp 4 Jahrhunderten heimisch – davor hatte die Insel einen Ruf als Weinanbaugebiet. 1623 wurde das Anpflanzen von Olivenbäumen sowie das Veredeln von wilden Bäumen von der venezianischen Regierung mit Prämien gefördert, um den Bedarf an Beleuchtungsmitteln in Venedig zu decken. Seitdem ist der Bestand an Olivenhainen stetig gewachsen und noch heute ist das bäuerliche Leben untrennbar mit dem Olivenbaum und seinen Produkten verbunden.

Die Reste der ursprünglichen Vegetation, wie sie sich im Mittelalter vor der Kultivierung des Ölbaums auf Korfu darstellte, sind zwischen den Anpflanzungen noch erhalten: Vor allem im hügeligen Inland herrscht vielerorts noch, wie vor Jahrhunderten, ein **mediterraner Hartlaub-Niederwald** mit Kermes-, Stein- und Knoppeichen sowie wilden Oliven vor. Dazwischen wachsen überall niedrige Gewächse und Sträucher wie Ginster, Lorbeer, Erdbeerbaum, Mastix und Erika.

Aber auch mit blühenden Gewächsen ist Korfu reich beschenkt. Das Zusammenspiel der verschiedenen Faktoren, die das inseleigene Mikroklima bestimmen, lässt **Wildblumen** fast das ganze Jahr gedeihen: Das Frühjahr hindurch überziehen Margeriten- und Kamillenblüten den Boden, zwischen ihnen luken bunt und intensiv blühend die wilden Vertreter unserer Zierpflanzen hervor, während am Wegesrand Calla und Zistrosen sprießen und die Berghänge vom Ginster intensiv gelb gefärbt sind. Sein Duft vermischt sich mit den Aromen der Orangen- und Zitronenblüten.

Die beiden heißen, trockenen Monate Juli und August lassen die härteren Pflanzen, **Disteln,** mit leuchtend gelb-goldenen Blüten in Erscheinung treten. **Mönchspfeffer** und **Rittersporn** blühen jetzt auch, an den Stränden duften herrlich die Blüten der Strandlilien. Zahlreiche **Wildkräuter** wie Thymian, Oregano und Rosmarin sowie Minze verleihen jetzt der Insel ihr typisch mediterranes Aroma.

Der korfiotische Herbst wird zu Recht als ein „zweiter Frühling" wahrgenommen. Die meist ergiebigen Regen nach den Sommermonaten lassen **Gänseblümchen** und **Alpenveilchen** regelrecht teppichartig zwischen den Olivenbäumen wachsen.

Im Winter blühen **Schneeglöckchen** und **Buschwindröschen.** Einige Bäume, wie der **Mandelbaum,** beginnen ihre Blütezeit im Spätwinter. Und bereits Mitte Februar beginnt die Blütezeit des **Riesenknabenkrauts,** eine der insgesamt 36 Orchideenarten, die auf Korfu zu finden sind.

Die **Tierwelt Korfus** ist zwar überschaubar, nichtsdestotrotz aber erwähnenswert – und das nicht erst seit Gerald Durells frühen Fauna-Beobachtungen, die er in seinem Buch *„Meine Familie und anderes Getier"* lebhaft wiedergibt.

Wilden Säugetieren begegnet man äußerst selten, abgesehen von **Füchsen,** die sich gern in den Geflügelhöfen der Dörfer herumtreiben und **Mardern,** deren Population in letzter Zeit wieder stark zugenommen hat. In den Feuchtgebieten und insbesondere in den Binnengewässern der Insel ist auch der **Fischotter** zu Hause und sogar **Biber** wurden in Mittelkorfu in den letzten 10 Jahren vermehrt beobachtet. Im Süßwasser leben ebenfalls verschiedene Amphibien sowie Wasserschildkröten.

Auf ihre Kosten kommen auf Korfu sicherlich Ornithologen, denn **mehr als 350 unterschiedliche Vogelarten** wurden bisher beobachtet. Aufgrund seiner Lage und relativen Nähe zum Festland ist Korfu eine beliebte Station für **Zugvögel.** Viele überfliegen die Insel nur, doch einige bleiben auch für eine begrenzte Zeit, um zu brüten.

Reptilien sind, wie in allen Mittelmeerländern, auf Korfu sehr zahlreich und wir werden auf unseren Wanderungen mit großer Sicherheit oft Echsen, Schildkröten, Blindschleichen und auch Schlangen begegnen.

Die Dörfer auf Korfu

Die meisten Wanderwege in diesem Buch beginnen und enden in einem der **zahlreichen historischen Dörfer** der Insel. Ein Rundgang durch diese teils noch sehr lebendigen Ortschaften lohnt sich um so mehr, wenn man sich mit ihren oftmals spannenden und erwähnenswerten Geschichten und Traditionen beschäftigt. Denn in der Vergangenheit war jedes Dorf eine eigene kleine Welt für sich - mit ihren eigenen Regeln, ihren Sitten und Gebräuchen.

Die ältesten und größten historischen Dörfer Korfus sind **gut versteckt** auf den Hügeln und in bewaldeten Gebieten zu finden. In den Küstenbereichen war man in der Vergangenheit ständig der Gefahr eines Piratenangriffs und der Malaria ausgesetzt und so wurden diese erst in jüngerer Zeit besiedelt.

Zentrum des Dorfs war und ist eine großzügige **Kirche,** davor der von hohen Bäumen überschattete **Dorfplatz, der „Foros".** Hier fand das Dorfleben statt, er war die Mitte der kleinen dörflichen Welt - Treffpunkt der Einwohner, die hier nach getaner Arbeit zusammenkamen. Um den Foros ordneten sich Steinöfen, Olivenpressen und Kaffeehäuser an und natürlich die kleinen, engen, ein- bis zweistöckigen Häuser, die normalerweise gerade die Grundbedürfnisse ihrer Bewohner deckten. In der Nähe, getrennt von der Kirche, stand der **Kirchturm.** Sein Läuten regelte und strukturierte die Tage und Wochen der hart arbeitenden Dorfgemeinschaft.

Die **Häuser** bestanden aus einem Schlafraum, in dem die ganze Familie schlief, einer Wohnküche und einem Ofen - alles klein, damit sich die Wärme im Winter nicht verlor. Möbel gab es keine - was die Familie besaß, wurde an die Wand gehängt. Lediglich eine Truhe, in der die Festtagskleidung und die Aussteuer aufbewahrt wurden, gehörte zur Innenausstattung. Vergrößerte sich die Familie, wurde nach Gutdünken angebaut. Jeder Hausherr bestimmte selbst über die Architektur seines Hauses und die meist geschwisterlich geteilten Doppelhaushälften entwickelten sich so zu individuellen Gebäudekomplexen. Treppen gab es nur außerhalb der Mauern und die Geschosse waren daher voneinander getrennt. Unten, wo im Winter ein Feuer am Brennen gehalten wurde, schliefen normalerweise die Großeltern. In vielen Fällen wurden nah beieinanderliegende Häuser durch einen gemeinsamen überdachten **Vorhof** miteinander verbunden. Diese Anordnung konnte geschlossen werden und diente zum Schutz gegen Sonne, Regen, Wind, Kälte und Piratenangriffe.

Die einzigen größeren Anwesen lagen meistens etwas außerhalb des Dorfes: Die Gehöfte des **Großgrundbesitzers, des „Archontas"** umfassten in der Regel neben dem großzügigen, mindestens zweistöckigen Wohnhaus mehrere Gebäude, Ställe, Lagerräume, Mühlen und Brunnen. Der Eingang war ein kunstvoll gestaltetes **Tor,** das oft bis heute erhalten ist. Die **Palmen,** die der Tradition zufolge gleichzeitig mit dem Grundstein in die Erde gesetzt wurden, sind leider in den letzten Jahren dem Palmrüsselkäfer zum Opfer gefallen. Der Archontas war der einflussreichste Mensch des Dorfes und die korfiotischen Dörfler waren hauptsächlich von ihm abhängige Bauern, die hart für ihn arbeiteten.

Die **Verbindungswege** zwischen den einzelnen Dörfern und Siedlungen wurden mit Hilfe von Eseln geschaffen: Die intelligenten Tiere fanden immer den am wenigsten anstrengenden Weg zwischen Bäumen und über die Felsen. Diese **Eselwege** wurden im Laufe der Zeit breiter, unter Umständen sogar gepflastert und sind teilweise bis heute erhalten. Auf ihnen bewegen wir uns während unserer Wandertouren - wo immer es möglich ist.

Die Stadt, die **Chora** genannt wurde und in welcher der venezianische Adel und die wenigen einflussreichen Einheimischen wohnten und regierten, hatte übrigens eine vom dörflichen Leben vollkommen unterschiedliche Lebensweise. Während hier italienisch gesprochen wurde, war in den Dörfern die Sprache immer griechisch.

Hinweis zur Schreibweise griechischer Namen

Es kursieren oft unterschiedliche Schreibweisen von griechischen Namen. Einerseits lässt sich das griechische Alphabet auf verschiedene Arten ins lateinische Alphabet übertragen, andererseits werden auch im Griechischen oft unterschiedliche Schreibweisen verwendet. Man sehe daher Autoren, Verlagen, Schildermalern, Internetseitenbetreibern und anderen nach, wenn Ortsnamen und andere Begriffe nicht immer ganz genau gleich aussehen.

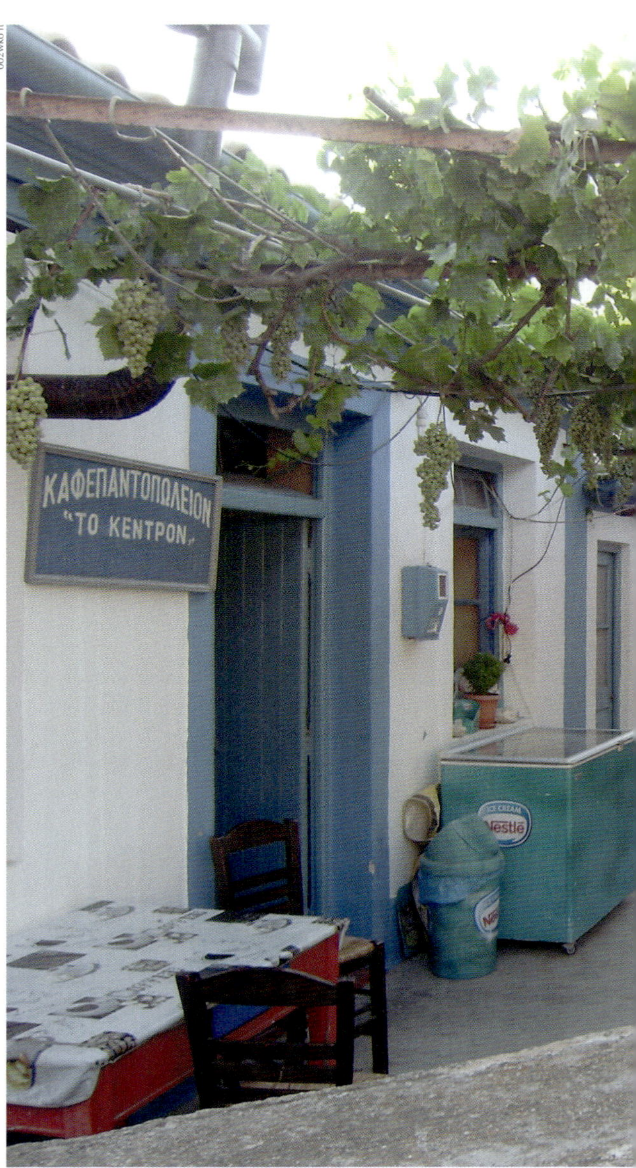

002wko ft

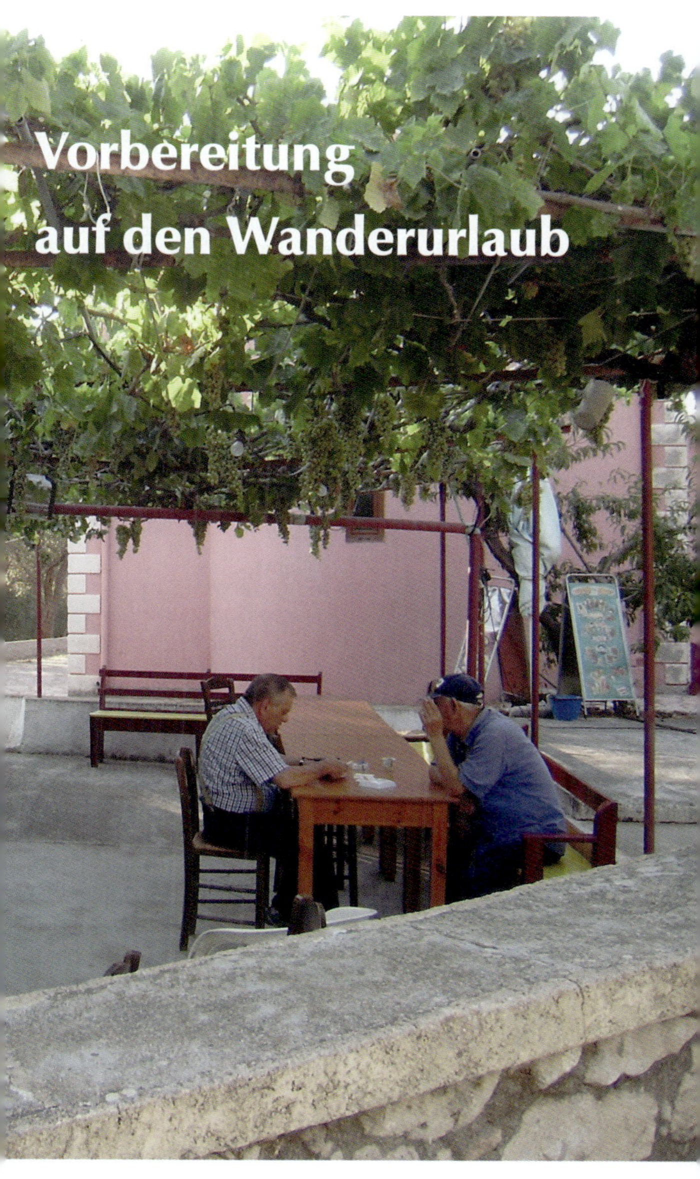

Vorbereitung auf den Wanderurlaub

Vorbereitung auf den Wanderurlaub

Zum Gebrauch des Wanderführers

Die Touren, die wir Ihnen in diesem Buch vorstellen, sind ausgewählte mehrstündige **Strecken- oder Rundwanderungen** in den landschaftlich schönsten Gegenden Korfus. Vor der jeweiligen Tourenbeschreibung finden Sie Informationen zum **Schwierigkeitsgrad** und **Charakter** einer jeden Route sowie deren **Länge** und ungefährer **Dauer.** Außerdem geben wir Hinweise zu **Übernachtungsmöglichkeiten** und zur **Einkehr** unterwegs.

Bei den **Schwierigkeitsgraden** unterscheiden wir zwischen einfachen, mittelschweren und anspruchsvollen Touren. Grundsätzlich sollten auf allen Touren feste, knöchelhohe Schuhe und Kleidung mit langen Hosenbeinen und Ärmeln getragen werden.

Einfach: Der Weg ist auch für unerfahrene Wanderer problemlos zu bewältigen. Es gibt nur wenige und/oder geringe Steigungen. Der Wegverlauf ist einfach zu finden, überwiegend breit und gut begehbar.

Mittelschwer: Die Route beinhaltet einige unwegsame Streckenabschnitte oder steilere An/Abstiege und erfordert daher eine ausreichend gute Kondition. In angemessenem Tempo sind diese Wege jedoch für Jedermann zu bewältigen. Möglicherweise fehlen Wegmarkierungen oder man wandert streckenweise über schmale, schlecht zu erkennende Pfade.

Anspruchsvoll: Die Tour beinhaltet sehr lange und steile Streckenabschnitte, ist nur unzureichend gekennzeichnet oder führt streckenweise abseits von Wegen. Anspruchsvolle Touren sollten nach Möglichkeit nicht allein gegangen werden. Wer selten wandert oder orthopädische Probleme hat, sollte diese Wege besser nicht gehen. Auch ist streckenweise Trittsicherheit und/oder Schwindelfreiheit erforderlich.

Kapitelstartseite: Im Dorf-Kafeneion in Mathraki scheint die Zeit stehen zu bleiben (Tour D2)

Für die Streckenwanderungen, bei denen Ausgangspunkt und Etappenziel mehrere Kilometer auseinanderliegen, finden Sie auch Angaben zur deren Erreichbarkeit mit **öffentlichen Verkehrsmitteln.** Die (grünen) Überlandbusse fahren vom zentralen Busbahnhof in Korfu-Stadt in alle Richtungen der Insel. Bis auf wenige Ausnahmen sind die Start- und Endpunkte in diesem Buch an dieses Netz angeschlossen. Doch sollte man sich vor jeder Wanderung unbedingt über die genauen Fahrzeiten informieren (Informationen auf Englisch: https://greenbuses.gr), denn einige Busse fahren nicht täglich bzw. nur ein- oder zweimal pro Tag bzw. nur in der Hauptsaison.

Die Streckenwanderungen werden jeweils durch eine **Rundwander-Variation** und eine **Kurzwander-Variation** ergänzt, damit auch Wanderer, die mit dem eigenen Fahrzeug unterwegs sind, zumindest Abschnitte der Touren genießen können. Die Rundwanderungen sind im Text hervorgehoben und beginnen bzw. enden entweder am Startpunkt der Streckentour oder an einem Wegpunkt auf der Strecke.

Den **Streckenverlauf** können Sie auf den Kartenausschnitten mitverfolgen.

Zudem wurde jede Wanderung mit einem **GPS-Gerät** protokolliert und die Dateien können auf **www.reise-know-how.de kostenlos heruntergeladen** werden. Zum Gebrauch siehe **www.reise-know-how.de/gps.**

Reisezeit, Wetter und Wanderbedingungen

Die **Urlaubssaison** hat sich auf Korfu in den letzten Jahren aufgrund neuer Reisemodelle langsam aber kontinuierlich verlängert. Direktflüge von mehreren deutschen Flughäfen gibt es mittlerweile ab Ende März und je nach Saison starten die letzten Flugzeuge von Korfu nach Mitteleuropa Ende Oktober oder Anfang November.

Das beste **Wetter** und ideale Bedingungen für einen Wanderurlaub hat Korfu im **Frühling** und im **Herbst.** In den Monaten März bis Mai ist die Luft frisch und klar, die Temperaturen sind aber bereits mild und Korfus üppige Vegetation blüht in prächtigen Farben. Es kommt allerdings in der Regel bis Mitte April immer noch zu häufigen und oft kurzen, aber starken Regenfällen, die die Wege aufweichen und das Wandern ungemütlich machen können. Meistens sind die Temperaturen bis Mitte Juni moderat genug, um (mit Sonnenschutz!) gut zu Fuß unterwegs sein zu können.

Die **Sommermonate** Juli und August sind zum Wandern wenig geeignet – es sei denn, man bricht bereits am frühen Morgen auf und gönnt sich eine lange (Bade-)Pause während der Mittagshitze.

Ab September sinken die Temperaturen wieder, die Sonne scheint nicht mehr so stark und die Insel erholt sich von dem anstrengenden Touristenansturm in der Hauptsaison. Jetzt regnet es ab und zu und lässt die vertrocknete Natur noch einmal bunt aufblühen. Für Wanderer beginnt nun wieder eine perfekte Zeit, die bis in den späten November dauert. Sogar im Dezember gibt es noch viele milde und sonnige Tage, die allerdings immer wieder von regnerischen Phasen unterbrochen werden können.

Der **Winter** auf Korfu ist unbeständig, kühl, windig und nass und aus diesem Grund generell wenig geeignet für den Tourismus. Die meisten Unterkünfte verfügen über keine Heizmöglichkeiten und die fehlende Infrastruktur macht es für Urlauber schwierig, Wandertouren zu organisieren. Wer trotzdem im Winter auf Korfu wandern möchte, sollte auf jeden Fall flexibel sein und sich auf schlechtes Wetter und Regen einstellen. Im Spätherbst und Winter kann Korfu über Athen oder Thessaloniki oder per Schiff aus Italien erreicht werden.

003wko ft

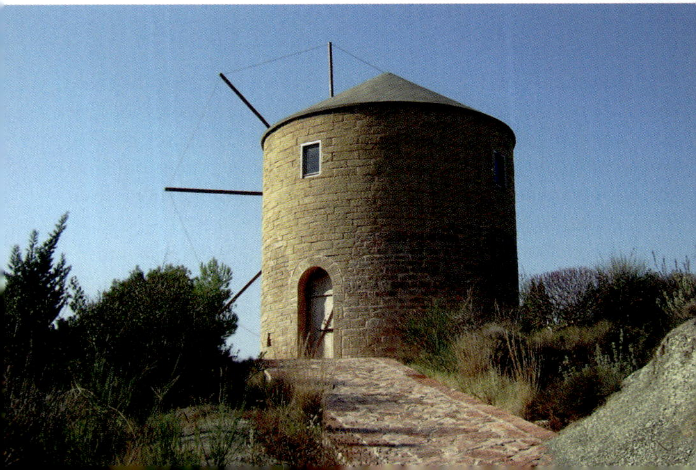

Kleidung, Ausrüstung und Zubehör

Wer sich auf seinen Wanderurlaub auf Korfu vorbereiten möchte, sollte neben bequemer, praktischer, **regen- und winddichter Kleidung stabile, knöchelhohe Schuhe** sowie eine **Kopfbedeckung** und **Sonnenschutz** einpacken. Viele Wanderwege auf Korfu sind zumindest streckenweise uneben, felsig oder geröllig und zeitweise dicht zugewachsen. Wer daher auf das falsche Schuhwerk setzt oder in Shorts und T-Shirt loszieht, tut sich damit sicherlich keinen Gefallen. Stöcke sind bei einigen Wanderungen nützlich aber nicht notwendig.

Ein **kleiner Wanderrucksack** ist auf jeder Wanderung empfehlenswert. Dieser sollte mindestens enthalten: ausreichend Wasser und Proviant, Regenschutz, Sonnenschutz, Salbe gegen Insektenstiche sowie Pflaster/Verbandsmaterial.

Nicht zu unterschätzen ist die Gefahr, auf Korfu einer **Schlange** zu begegnen. Die meisten Schlangen auf Korfu sind zwar harmlos, doch es gibt mindestens eine Viper (Hornviper), deren Biss für Menschen tödlich ausgehen kann. Daher sollte man immer feste, knöchelhohe Schuhe tragen, fest auftreten und niemals in Mauerlöcher oder unter Steine fassen. Ein Schlangenbiss muss immer so schnell wie möglich medizinisch behandelt werden! (Zur Beruhigung: Bisher haben die Autorinnen dieses Buches noch von keinem tödlichen Schlangenunfall auf Korfu gehört.)

Im Notfall

Wer während seines Aufenthalts auf Korfu erkrankt, findet im Normalfall schnell **qualifizierte medizinische Versorgung.** In **Korfu-Stadt** gibt es neben dem relativ neuen Krankenhaus zwei Privatkliniken, mehrere modernst ausgestattete Diagnosezentren und zahlreiche niedergelassene Fachärzte. Darüber hinaus werden über die Insel verteilt mehrere städtische **Erste-Hilfe-Zentren** betrieben und in den meisten Touristenzentren ist auch mindestens eine Arztpraxis während der Saison geöffnet.

Die Windmühle auf Ereikoussa beherbergt eine kleine Ausstellung

In den öffentlichen Einrichtungen wird die **EHIC-Karte (European Health Insurance Card)** akzeptiert, während private Ärzte in der Regel privat bezahlt werden. Wer eine **Auslandskrankenversicherung** hat, bekommt die entstandenen Kosten normalerweise problemlos erstattet. Aus diesem Grund sollte der Arzt nicht nur eine einfache **Quittung,** sondern auch einen kurzen **Diagnosebericht** ausstellen.

Wird ein **Krankenwagen** benötigt, so erreicht man unter der Nummer **166** den griechischen Rettungsdienst EKAB. Es ist unbedingt notwendig, in diesem Fall folgende Informationen zum Geschehen zu hinterlassen: Was ist passiert? Wo ist es passiert? Wie viele Personen benötigen ärztliche Hilfe? Wer ruft an (Mobiltelefon angeben)?

Bitte beachten!

In den wenigsten Fällen befinden wir uns bei unserem Wanderurlaub durchgehend auf öffentlichen Wanderwegen. Über große Strecken bewegen wir uns auf Wegen und Pfaden zwischen den Dörfern, die zu **privaten Grundstücken** gehören. Das bedeutet, dass die Beschilderung, die Pflege und auch die Passierbarkeit dieser Wege vom Wohlwollen der Eigentümers abhängen. In einigen Fällen kümmern sich private Vereine oder Initiativen darum, dass die Wege als Wanderwege kenntlich gemacht werden, aber oft passiert es auch, dass Pfade zugewachsen sind und Beschilderungen fehlen.

Selten kommt es vor, dass wir als Wanderer nicht geduldet werden. Die Korfioten sind in der Regel **sehr gastfreundlich** und es ist nicht schwer, in Kontakt mit ihnen zu kommen. Aber wir sollten auf jeden Fall dazu beitragen, das Verhältnis zwischen Einheimischen und Besucher nicht zu gefährden, indem wir einige (selbstverständliche) **Regeln** respektieren:

Die Bäume, Sträucher und anderen Gewächse, die Früchte tragen, sind kein Gemeingut. Auch wenn es so aussieht, dass der Zitronen- oder Orangenbaum vergessen worden ist, wir dürfen die **Früchte nicht einfach abpflücken.**

Im Herbst werden zwischen den Olivenbäumen Netze ausgelegt, von denen die heruntergefallenen Oliven aufgelesen werden. Wir werden des Öfteren über **Olivennetze** gehen müssen und sollten daher unbedingt vermeiden, die Oliven unter uns zu zertreten. Außerdem passiert es leicht, dass wir mit Stöcken oder kantigen Schuhen, Löcher in die Netze reißen, was für die Bauern extrem unangenehm ist.

Wenn wir Menschen begegnen, die im Wald oder auf dem Feld arbeiten, freuen diese sich meistens über einen **freundlichen Gruß.** Ein paar Wörter griechisch zu lernen, lohnt sich unbedingt. Gerade in den untouristischen Dörfern, wo noch viele alte Menschen leben, die keine Fremdsprachen sprechen, wird man mit einem kleinen Grundwortschatz wohlwollend empfangen.

Selbstverständlich lassen wir nichts im Wald liegen – **Abfälle** werden eingesammelt.

Die meisten Wanderungen in diesem Buch führen uns in traditionelle Dörfer, in denen im Gegensatz zu den touristischen Regionen noch Sitten und Gebräuche gepflegt werden, die wir unbedingt respektieren sollten. Insbesondere sind **Ruhezeiten** zu beachten: Zwischen 15 und 18 Uhr sollten wir versuchen, so wenig wie möglich auf uns aufmerksam zu machen.

Wer mit **Vierbeinern** unterwegs ist, sollte darauf achten, dass diese nicht in Konflikt mit Hofhunden geraten. Insgesamt sind freilaufende Hunde auf Korfu in den meisten Fällen ungefährlich aber neugierig. Manchmal suchen sie Anschluss und laufen uns hinterher. Um einen Hund zu vertreiben, reicht es normalerweise aus, wenn man so tut, als wolle man einen Stein nach ihm schmeißen. Vorsicht ist geboten, wenn man sich einer **Schafs- oder Ziegenherde** nähert, die von Hunden bewacht wird, denn diese nehmen ihre Verteidigerposition unter Umständen sehr ernst.

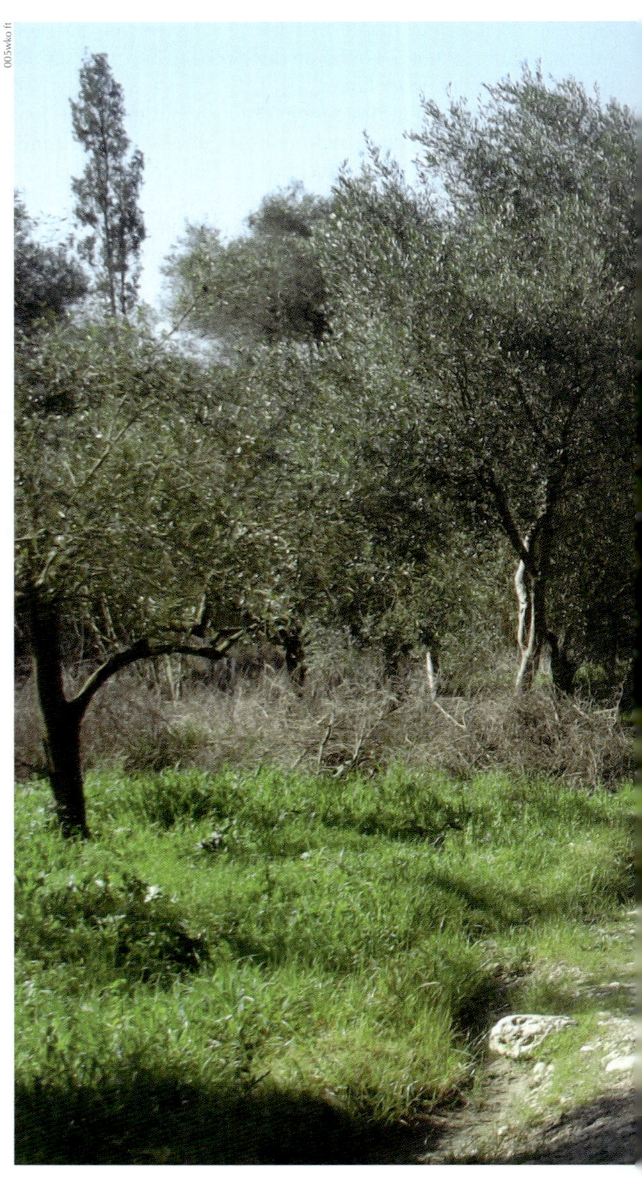

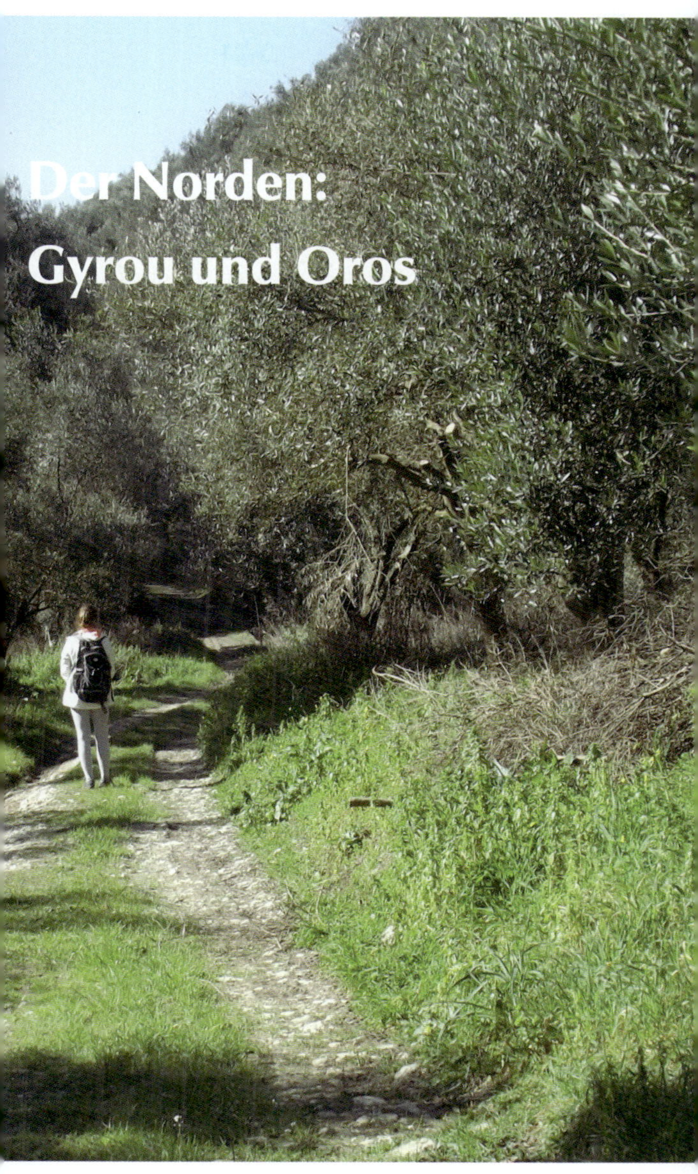

Der Norden: Gyrou und Oros

Der Norden: Gyrou und Oros

Der ellipsenförmige „Kopf" Korfus wird im Westen von den malerischen Buchten Paleokastritsas und im Osten von der Bucht von Ipsos begrenzt. Von Korfu-Stadt kommend überquert man den Troumpetta-Pass, von dem aus man beinah den gesamten Inselnorden überblickt. Hier gibt es die größte und vielfältigste Auswahl an Wandermöglichkeiten: erholsame Küstenwanderungen, schattige Wege durch das wasserreiche Hinterland, bis hin zu anspruchsvollen Trekking-Touren im gebirgigen Pantokrator-Massiv.

Kapitelstartseite: Die Autorin Maria Tsoukis bei der Arbeit (Tour N8)

Tour N1 Die Buchten der Ostküste zwischen Kaminaki und Kassiopi

15 km
5 Std.
mittelschwer

Die **Nordostküste Korfus** genießt durch die direkte Nachbarschaft von Berg und Meer einen ganz besonderen Charme. Nah dem Fuß des östlichen Pantokrator-Massivs liegen zahlreiche versteckte Buchten mit klangvollen Namen, direkt unterhalb dichter Oliven- und Laubwälder. Darin versteckt befinden sich die meisten von Korfus Luxus-Villen, die der Gegend in den Sommermonaten ein exklusives Ambiente verleihen.

Länge: 15 km (Verkürzung möglich, denn Einstieg und Etappenziel dieser Tour sind variabel: an jedem der Küstenorte, die wir passieren, kann sie beginnen oder enden)
Dauer: 5 Std.
Schwierigkeit/Charakter: mittelschwer, ausgedehnt und auch nicht ganz unanstrengend. Eine schöne Tagestour zum Einstieg in eine Wanderwoche oder in Kombination mit Bade- und/oder Picknickpausen. Wir passieren mehrere kleine, sehenswerte Stranddörfer, in denen wir zwischendurch rasten und einkehren können. Das Etappenziel Kassiopi gehört zu den größeren Dörfern Korfus und bietet neben zahlreichen Restaurants auch einige interessante Sehenswürdigkeiten.
Übernachtung: entlang der Küste zahlreiche Möglichkeiten.
Einkehr: Strandlokale in den meisten Buchten der ersten Hälfte der Wanderung, auf dem Streckenabschnitt zwischen Ag. Stefanos und dem Etappenziel gibt es allerdings keine Einkehrmöglichkeiten
Öffentliche Verkehrsmittel: Zum Ausgangspunkt Linie A4 Richtung Kassiopi, Ausstieg in Kaminaki (Name der Bushaltestelle!), vom Etappenziel Linie A4

Rundwander-Variation: Erimitis-Rundweg ab WP 11
Länge: 6,3 km
Dauer: 2 Std.
Schwierigkeit: einfach, mit wenigen steileren Anstiegen

Kurzwander-Variation: Von Agni nach Kerasia (WP 2 bis WP 7)
Länge: 3,5 km

Dauer: 1 Std.
Schwierigkeit: einfach, mit kürzeren etwas steileren Anstiegen

Wegbeschreibung

Wir beginnen unsere Tour an der Ostküsten-Hauptstraße von Nissaki in Richtung Kassiopi. Dort, in dem kleinen Ort **Kaminaki,** in einer Linkskurve 50 Meter vor der Shell-Tankstelle, weist uns ein **gelbes Corfu-Trail-Schild** den Weg nach rechts zu einer Treppe. Nachdem wir die wenigen Betonstufen hinabgestiegen sind, überqueren wir einen Betonweg und gelangen über weitere sieben Stufen auf einen links von einer Steinmauer abwärts verlaufenden schmalen Pfad. 50 Meter weiter wenden wir uns um 90 Grad nach links von dieser Mauer ab (hier gibt es blassblaue Wegmarkierungen) und finden den Wiesenpfad wieder, der uns jetzt in Serpentinen moderat hangabwärts führt. Wir stoßen an eine breite Betonstraße, die wir nach rechts abwärts bis zum Kieselstrand von Kaminaki hinuntergehen.

Am linken Ende des Strandes weist uns ein blauer Wegweiser in einen Betonweg, der leicht bergauf führt. Bald schon befinden wir uns auf einem gut begehbaren Weg, der uns unterhalb einer gepflegten Villengegend in 400 Metern zu einem Sandstrand führt, an dessen Ende eine große Hotelanlage liegt. Wir wandern am Strand vor dem Hotel weiter, bis wir die vorletzte **Treppe (1)** zu diesem hinaufsteigen. Dann gehen wir rechts an der Terrasse der Poolbar in Richtung des Hotelgebäudes. Vor dem Eingang halten wir uns rechts, gehen unterhalb der Balkone bis zum Ende der Anlage, wo ein Pfad mit der Ausschilderung „Agni Weg" in den Wald führt.

Dieser Weg verläuft durch schattige Oliven- und Zypressenwälder und bietet uns immer wieder tolle Fotomotive auf die Küstenlandschaft rechts von uns. Nach etwa 350 Metern geht der Weg in einen eingezäunten Stufenweg über, der an einer Betonstraße endet, welche wir nach rechts bergan gehen. Immer folgen wir den Schildern nach Agni und den gelben Wegmarkierungen, die uns über Treppen und entlang von Mauern und schließlich wieder durch einen schattigen Wald an den **Strand Agni** leiten.

Hier erwarten uns mehrere Tavernen – jede von ihnen verfügt über einen Anleger, an denen Besucher und Badegäste, welche die Bucht per Boot erreichen, festmachen können.

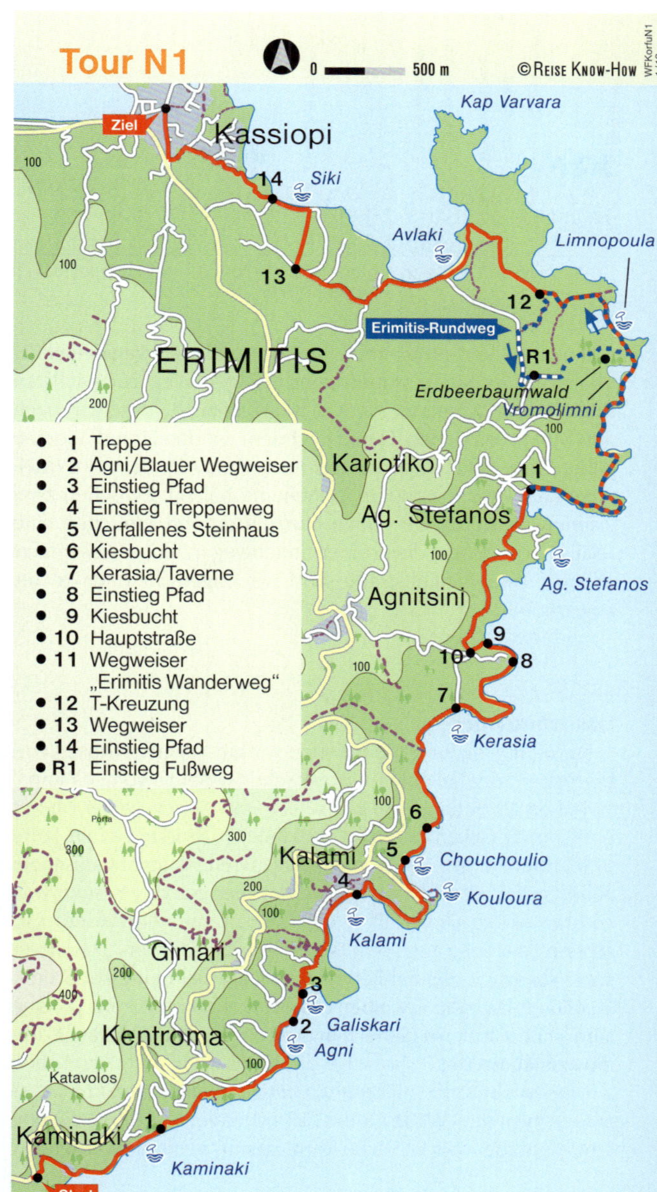
Tour N1
0 500 m
© Reise Know-How
WFKorfuN1 1/18
Ziel
Kassiopi
Kap Varvara
Siki
Avlaki
Limnopoula
Erimitis-Rundweg
ERIMITIS
Erdbeerbaumwald
Vromolimni
Kariotiko
Ag. Stefanos
Agnitsini
Kerasia
Porta
Kalami
Chouchoulio
Kouloura
Gimari
Galiskari
Agni
Kentroma
Katavolos
Kaminaki
Start
1 Treppe
2 Agni/Blauer Wegweiser
3 Einstieg Pfad
4 Einstieg Treppenweg
5 Verfallenes Steinhaus
6 Kiesbucht
7 Kerasia/Taverne
8 Einstieg Pfad
9 Kiesbucht
10 Hauptstraße
11 Wegweiser „Erimitis Wanderweg“
12 T-Kreuzung
13 Wegweiser
14 Einstieg Pfad
R1 Einstieg Fußweg

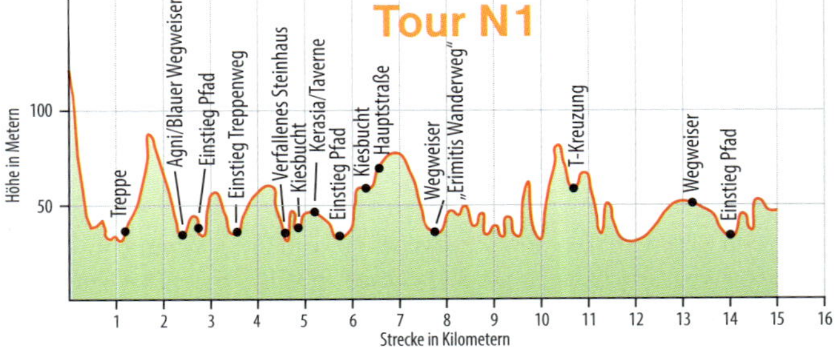

Hinter der letzten Taverne führt uns ein **blauer Wegweiser (2)** oberhalb des Meeres über einen felsigen Weg zur nächsten Bucht, dem Naturstrand „Gialiskari Beach", den wir nach 400 Metern erreichen. Direkt nachdem wir den Strand betreten haben, schwenkt fünf Meter weiter ein **Pfad (3)** wieder ins Inselinnere ab – wir folgen ihm in Richtung Kalami. Zwischen zwei Zäunen passieren wir einige Nutzgärten und erreichen eine relativ neue Treppe, die in einen Stufenweg mündet. Dieser führt uns auf eine Asphaltstraße, und wir folgen ihr nach rechts abwärts.

Das White House

Auf dem Weg zum Meer gehen wir am **„White House"** vorbei, in dem der beliebte britische Schriftsteller Lawrence Durrell zwischen 1935 und 1939 mit seiner Frau Nancy, seiner Mutter und seinen Geschwistern, einschließlich Bruder Gerald lebte und arbeitete. In Gesellschaft von Lawrences amerikanischem Schriftstellerfreund Henry Miller, der hier gern zu Besuch war, verbrachte die Familie hier glückliche Jahre. An diesem Ort schrieb Lawrence auch sein Buch „Schwarze Oliven", in dem er seine damalige Heimat liebevoll verklärt. Sein jüngster Bruder Gerald verfasste später einen autobiografischen Roman „Meine Familie und anderes Getier", in dem er seine Kindheit auf Korfu lebensnah aus der Perspektive des Kindes schildert. Sein Leben wurde vom britischen Fernsehen bereits zweimal verfilmt. Heutzutage steht das „White House" als Feriendomizil zur Verfügung und kann über eine britische Reiseagentur gemietet werden.

Direkt hinter dem „White House" führt uns ein Betonpfad zum Kalami-Strand hinunter, der im Sommer ein beliebter Badeplatz und in der Saison entsprechend gut besucht ist. 3,3 Kilometer sind wir mittlerweile gewandert.

Ganz am Ende des Strandes führt ein Fußweg vom Strand weg in einen **Treppenweg (4)** hinein. Auf diesem gelangen wir zur Hauptstraße, die wir nach rechts gehen und auf der wir nun etwa einen Kilometer bleiben. Rechts sehen wir immer wieder Abzweigungen zu kleinen versteckten Badestellen.

Wir folgen der Straße bis zu einer Gabelung vor einer Mauer. Rechts geht es hier in die Bucht von Kouloura, doch wir wandern geradeaus an den Strand Chouchoulio – der ideale Platz für eine Badepause, denn unter den ausladenden Eukalyptus- und Olivenbäumen findet man Schattenplätze direkt am Meer.

Am Ende der Bucht von Chouchoulio steht ein **verfallenes Steinhaus (5),** hinter dem ein Pfad in den Wald hineinführt, den wir einschlagen. Bald schon erreichen wir die nächste **Kiesbucht (6),** um sie wenige Meter weiter schon wieder zu verlassen. Jetzt ist unser Pfad stärker zugewachsen, wir wandern zwischen niedrigen Sträuchern, hohem Gras und „Gestrüpp", gelangen dann wieder auf einen Küstenweg, der uns bis zur nächsten Bucht leitet: Sie heißt **Kerasia,** auf Deutsch „Kirschbaum", denn in dieser Gegend wurden ursprünglich Kirschen geerntet und von einem kleinen Hafen per Schiff nach Korfu-Stadt gebracht. Am Ende dieser malerischen Bucht lädt uns die gleichnamige **Taverne (7)** zu einer Mittagsrast ein, 6 Kilometer sind wir bisher gewandert.

Einkehrtipp: Taverne „Kerasia"

Bereits seit 44 Jahren steht an dieser Stelle die Familientaverne Kerasia. Ursprünglich war das Gebäude eine Olivenmühle, doch mit Beginn des Tourismus auf Korfu begannen die Söhne der Familie für die Touristen traditionelle korfiotische Speisen zuzubereiten. Die Terrasse direkt am Meer ist ein wunderbarer Platz und vor allem Fischliebhaber kommen hier auf ihre Kosten.

Wir setzen unseren Weg hinter der Terrasse der Taverne fort: Nach drei Steinstufen und einem Felsplateau beginnt zwischen

Erimitis

Ganz im Nordosten von Korfu, genau gegenüber der zum Greifen nahen albanischen Küste, befindet sich eine jungfräuliche, vom Tourismus bisher noch komplett verschont gebliebene Halbinsel. Der Name dieses Kleinods - Erimitis - stammt aus venezianischer Zeit, als dieser Zipfel der strategischen Sicherung der Meerenge diente, und ist mit dem Mythos um einen reichen, aber einsamen Großgrundbesitzer verbunden.

Ausschließlich zu Fuß kann man dieses Paradies erkunden, dessen dichte Vegetation zahlreichen Vögeln ungestörte Nistplätze ermöglicht. Neben den insgesamt sechs kleinen Kieselbuchten gibt es auch eine Gruppe von drei kleinen Seen auf dem Erimitis, die ihn zu einer der ökologisch bedeutendsten Regionen in Korfu aufwertet. Seltenen Vögeln begegnet man hier ebenso wie dem unter Artenschutz stehenden Fischotter.

Trotz seiner hohen ökologischen Bedeutung wurde Erimitis vom griechischen Staat an einen Privatinvestor auf 99 Jahre verpachtet - geplant ist eine Investition von 100 Mio. Euro, die ein Luxus-Feriendorf mit eigener Marina und neu angelegtem Straßennetz sowie Stromversorgungsanlagen vorsieht.

007wko ft

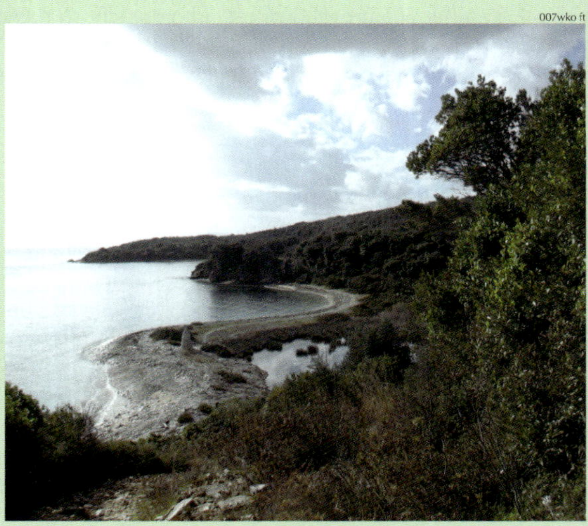

zwei Felsblöcken ein idyllischer Wiesenpfad, der unterhalb eines gepflegten Olivenhains verläuft. Er führt uns entlang der Küstenlinie bis zum naturbelassenen Privatstrand der Rothschild-Villa, die sich auf dem Hügel oberhalb befindet. Wir gehen bis zum Ende des Steinstrandes und **ab jetzt beginnt eine abenteuerliche Kletterpartie, die nur bei ruhiger See, trockenem Wetter und guter Konstitution, Trittsicherheit und Schwindelfreiheit zu bewältigen ist.** (Sollten diese Bedingungen nicht gegeben sein, gehen Sie bitte zwischen den Wegpunkten 7 und 10 auf der nicht stark befahrenen Hauptstraße!)

Wir überklettern jetzt die stufenförmig angeordneten Steinplatten oberhalb der Küste. Nun führt ein **Pfad (8)** von der Küste weg aufwärts, der in einen Stufenweg übergeht und dann vor einem Privatgrundstück wieder nach unten verläuft. Hier ist an einem Baum ein Seil angebunden, das uns den steilen Abstieg erleichtert. Anschließend geht es über Steinplatten und Felsen weiter, bis wir eine relativ große **Kiesbucht (9)** erreichen. Hier wenden wir uns in den Wald hinein ab, wo links von einem kleinen Bach ein Pfad verläuft, welcher uns in 150 Metern zur **Hauptstraße (10)** führt.

Wir gehen jetzt 1,2 Kilometer abwärts bis zum Strand von Agios Stefanos, den wir bis zur Taverne Eukalyptus entlang wandern. Hier finden wir einen **Wegweiser zum „Erimitis-Wanderweg" (11),** einem kurzen, aber unvergleichlich schönen Weg entlang der Küste zu einem der nördlichsten Strände von Korfu, der nicht umsonst zu den 15 schönsten Wanderrouten in ganz Griechenland zählt.

Dieser Punkt ist gleichzeitig Beginn der Rundwander-Variation: Erimitis-Rundweg.

Am Ende des Ortes, hinter der Taverne Eukalyptus gehen wir an der Terrasse und den drei Bäumen, die der Taverne ihren Namen gaben, bis zum äußersten Ende der Bucht und folgen von dort einem kleinen Fußweg sanft bergauf. Nun wandern wir immer entlang der Küste über steinigen Untergrund abwechselnd leicht bergan und bergab – die dichte Vegetation besteht hauptsächlich aus Kermeseiche, Brombeere, Myrte, Ginster, Mastix und anderen Sträuchern sowie aus Erdbeerbäumen, denen wir später noch häufiger begegnen werden.

Nach ca. einem Kilometer gelangen wir zu der ersten kleinen idyllischen Kieselbuchten des Erimitis, die im Sommer ein beliebtes Ziel für Bootsausflüge sind. Gegenüber liegt – zum Grei-

Der Erdbeerbaum

Der immergrüne Erdbeerbaum, auf Griechisch Koumara, ist eine typische Mittelmeerpflanze. Daher begegnen wir ihm in allen trockenen Regionen Griechenlands als Busch oder als bis zu 10 Meter hohem Baum. Das kräftige dunkle Rot seiner reifen Früchte sticht schon von Weitem ins Auge. Um die Frucht des Erdbeerbaums, die Koumara-Beere, spinnen sich eine Reihe von Mythen und Missverständnissen. An einem Erdbeerbaum können sich zur gleichen Zeit reife und unreife Früchte, sogar Blüten befinden, die wie kleine weiße Glöckchen aussehenden, denn er blüht zweimal im Jahr: im Mai und im September. Die Beeren verlocken aufgrund ihrer Ähnlichkeit mit Erdbeeren und doch wirken sie gleichzeitig auch abschreckend. Das war anscheinend schon immer so, denn auf Latein hat die Beere den Namenszusatz *unedo*, was so viel bedeutet, wie „ich esse nur eine" von *unum tantum edo*.

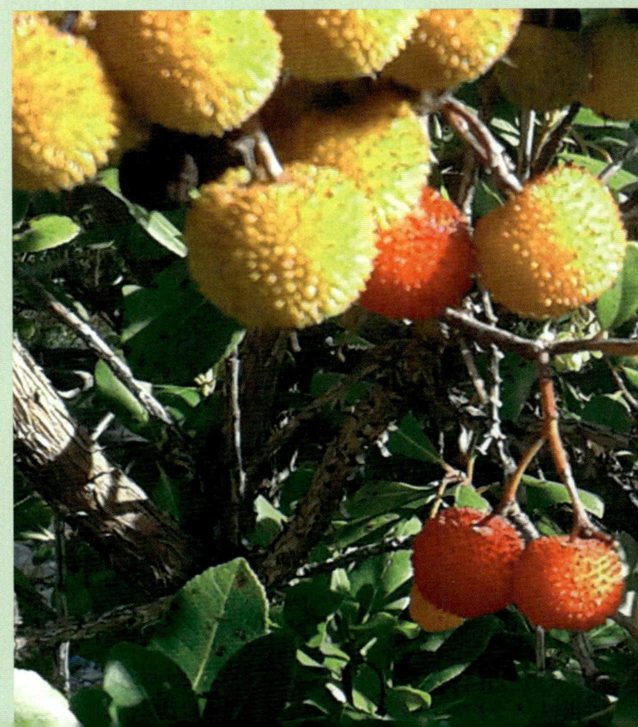

Ist die Frucht des Erdbeerbaums nun essbar oder nicht – vergiftet man sich wohlmöglich durch den Genuss der fleischigen Baum-Erdbeeren? Gerüchten zufolge wirkt sie abführend oder sonst wie negativ auf das Verdauungssystem. Allerdings taucht die Pflanze bereits in antiken Schriften als Heilmittel auf, und zwar bei Hippokrates, der auf ihre therapeutische Wirkung bei Thrombosen schwörte. Tatsächlich ist die Koumara genießbar und sogar sehr gesund, allerdings nur in reifem Zustand. Unreif schmeckt sie bitter und ruft Übelkeit hervor. Sobald sie überreif ist, beginnt sie Alkohol zu produzieren und darf auch nicht mehr gegessen werden. Man kann also unbesorgt von den roten Früchten kosten – der Geschmack erinnert jedoch eher an Vanille als an Erdbeere. Als schmackhafter Likör, Schnaps oder als Marmelade wird die Koumara-Frucht weiterverarbeitet.

Die Früchte des Erdbeerbaums sind im reifen Zustand essbar

006wko ft

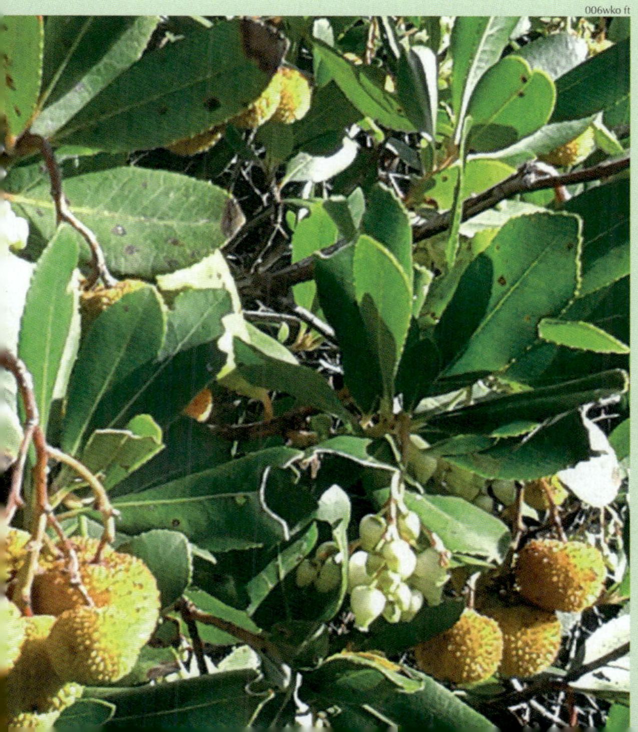

fen nahe – das albanische Festland. So nahe, dass albanische „Auswanderer" diese Strecke auch schon mal schwimmend oder im Schlauchboot zurücklegen.

Nach etwa einer halben Stunde Gehzeit passieren wir einen Damm, der uns zwischen dem ersten der drei Seen, dem „Vromolimni" und dem Strand entlang führt. Am Ende des Strandes folgen wir einem steil bergauf führenden Weg, der sich an seinem höchsten Punkt verzweigt. Wir gehen rechts, nun bergab in einen Wald mit Lorbeer und Erdbeerbäumen, die wir hier in wirklich imposanter Anzahl und Höhe bestaunen können.

Der Waldweg führt uns nach 300 m wieder an eine Bucht, die von den einheimischen „Limnopoula" genannt wird und heute als Ziel von organisierten Schiffs-Barbecue-Ausflügen angesteuert wird. Hier bietet sich eine Badepause in dem kristallklaren, flachen Wasser an.

Hinter dieser Bucht befindet sich ein zweiter Binnensee und an ihrem Ende gehen wir auf einem schmalen Steinpfad wieder in den Wald hinein. Nach einem etwas steileren Anstieg halten wir uns links, von der Küste abkehrend, weiter bergauf. Wir bleiben auf dem Hauptwanderweg, ignorieren alle Abzweigungen und folgen den roten Markierungen, bis wir nach 500 Metern zu einer **T-Kreuzung (12)** kommen. Hier gibt es drei gelbe Wegweiser – wir gehen rechts in Richtung Avlaki.

Winterliche Stimmung im Hafen von Agios Stefanos

008wko ft

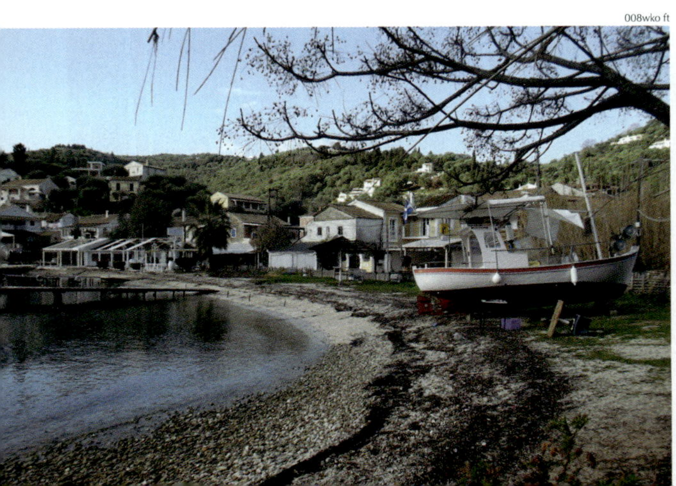

Wer die **Rundwander-Variation Erimitis-Rundweg** wandert, geht an dieser Stelle jedoch nach links.

Nach 400 Metern erreichen wir eine asphaltierte, aber wenig befahrene Straße. Wir gehen diese links aufwärts, aber bereits nach einem halben Kilometer zweigen wir in einer scharfen Rechtskurve wieder links auf einen **Fußweg (R1)** ab. Diesen bergauf führenden Pfad wandern wir bis zu einem verfallenen Stall. Danach geht es abwärts wieder in Richtung Meer zurück auf den Weg, auf dem wir gekommen sind. Obwohl wir nun den gleichen Landschaften und Buchten begegnen wie auf dem Hinweg, erscheinen uns diese doch wieder genauso schön und so erreichen wir nach etwa 30 Min. unseren Ausgangspunkt.

Wir kommen nach 700 Metern an einer weißen Kiesbucht heraus. Hier gehen wir links und nach zehn Metern noch einmal links in einen kleinen sehr dichten Wald, der uns in wenigen Gehminuten zum Strand von Avlaki führt, neben dem sich der dritte See ausbreitet.

Nun wandern wir auf die kleine Siedlung am Ende des Strandes zu – hinter dem letzten Restaurant folgen wir der Straße in eine 90-Grad-Linkskurve und dann ihrem weiteren Verlauf, bis wir nach 800 Metern zu einer großen Jachtwerft kommen. Kurz dahinter weist uns ein **Wegweiser (13)** mit einem Marathonläufer nach rechts in einen Schotterweg. Dieser schnurgerade Weg führt uns in 400 Metern wieder zu einer Kiesbucht. Wir gehen links bis zu deren äußerstem Ende, wo uns der Marathonläufer in einen kleinen **Pfad (14)** führt. Unterhalb einer Villa leiten uns rote Punkte zu deren betonierter Zufahrt, im Anschluss steigen wir drei Treppen hoch und gehen links weiter. Wir kommen zum Tor einer anderen Villa, das an einer Säule befestigt ist. Hinter dieser führen uns die Punkte in einen Schotterweg und dann auf einen Wiesenpfad, der uns oberhalb einer weiteren Bucht durch diese Villengegend führt. Dort, wo er endet, wenden wir uns nach links und gehen den Betonpfad bergauf. Wir folgen ihm durch eine 90-Grad-Kurve und 100 Meter weiter kommen wir an eine breite Straße, in die wir rechts einbiegen. Nach wenigen Minuten, an einer kleinen Verzweigung folgen wir dem Straßenverlauf und erreichen wenig später die Hauptsstraße nach Kassiopi. Hier gehen wir rechts und in wenigen Minuten sind wir im **Zentrum von Kassiopi.**

Das relativ große Dorf **Kassiopi** – einst neben Korfu-Stadt wichtigstes Handelszentrum der Insel – besticht durch den Charme seines malerischen Hafenbeckens. Darum herum gibt es zahlreiche gastronomische Angebote, die uns einladen, den Rest des Tages hier zu verbringen – umweht von einem frischen Lüftchen und dem beruhigenden Anblick der ein- und ausfahrenden Fischerboote und Segeljachten. Ein bekannter Gast Kassiopis war übrigens war im Jahr 1745 Giacomo Casanova.

Sehenswert in Kassiopi ist die **Kirche Panagia Kassopitra.** Sie wurde bereits zur Zeit der römischen Besatzung auf den Fundamenten eines antiken Zeustempels errichtet. Nach ihrer Zerstörung durch türkische Angreifer wurde sie dann von den Venezianer wieder aufgebaut. Das Haus im Dachgeschoss der Kirche war zu dieser Zeit die Wohnung des Priesters und nur durch eine Zugbrücke zu erreichen. Die Kirche birgt sehenswerte Fresken aus dem 17. Jahrhundert, doch nicht nur deshalb wurde sie über die Grenzen Korfus und Griechenlands hinaus bekannt. Denn am 8. Mai 1530 hat sich hier der Legende nach ein Wunder ereignet: Wenige Tage zuvor stand in Korfu ein junger Mann namens Stefanos zu Unrecht vor Gericht. Ihm wurde Getreidediebstahl vorgeworfen, ein Vergehen, das vom strengen venezianischen Justizsystem grausam bestraft wurde: Stefanos durfte sich aussuchen, ob ihm die Hände oder die Augen entfernt werden sollten. Er entschied sich für die Blindheit, denn der ohnehin vaterlose junge Mann brauchte seine Hände zum Arbeiten. Stefanos' Mutter brachte ihn in die Kirche der Panagia Kassopitra, wo noch in der gleichen Nacht das Wunder geschah: Dort wo einst Stefanos dunkelbraune Augen waren, leuchteten am nächsten Morgen zwei grüne Augen. Die Geistlichen der Insel bestätigten das Wunder und informierten umgehend die venezianischen Behörden. Stefanos erhielt eine Entschuldigung sowie eine großzügige Abfindung. Die Kirche der Panagia Kassopitra wurde überregional bekannt und ihr zu Ehren wurden an verschiedenen Stellen auf der Insel gleichnamige Kirchen errichtet. Noch immer wird der 8. Mai in Kassiopi gefeiert.

Genau gegenüber der Kirche führt ein Weg zu den Ruinen der alten **byzantinischen Festung.** Ein Spaziergang um die Wehranlage bietet immer wieder schöne Ausblicke auf Kassiopi und den Hafen. Teile der Fassaden wurden mit EU-Mitteln saniert, was besonders in der Dunkelheit zur Geltung kommt wenn sie eindrucksvoll angestrahlt werden.

Tour N2
Von Spartilas über Alt-Peritheia an die Küste

19 km
6 Std.
anspruchsvoll

Das Dorf **Spartilas,** nach Süden ausgerichtet, eingebettet zwischen Bergen und dem Meer in einer Höhe von etwa 400 Metern, ähnelt einem lebendigen Museum. Die Häuser des mittelalterlichen Dorfes scheinen in den steilen Felshang hineingewachsen zu sein. Die schmalen Gässchen, gerade breit genug für einen Esel mit seinen Packtaschen, schlängeln sich durch das Dorf, vorbei an den immer noch in traditioneller Weise kalkgetünchten Hauswänden, Marmor- und Steinbögen. Spartilas hat in den letzten Jahren – auch durch den CorfuTrail – an Beliebtheit gewonnen. Viele der alten, ungenutzten Häuser wurden an Ausländer verkauft, die sie größtenteils liebevoll restauriert haben.

Länge: 19 km
Dauer: 6 Std.
Schwierigkeit/Charakter: anspruchsvolle Weitwanderung. Zu Anfang gehen wir gut eine Stunde stetig bergauf und überwinden dabei einen Höhenunterschied von 500 Metern, knöchelhohe Schuhe sind wegen der felsigen Untergrundbeschaffenheit unabdingbar. Über weite Strecken gibt es keinen Schatten und keine Einkehrmöglichkeit, dafür unvergleichbare Fernblicke. Auf dieser Tour werden wir mit unerwartet vielfältigen Landschaftsformationen und tollen Ausblicken überrascht. Am Ende erwarten uns lange flache Strände und das Naturschutzgebiet um die Andinioti-Lagune. Der drei Kilometer lange Streckenabschnitt zwischen WP 9 und WP 12 ist nahezu weglos und sollte nicht von unerfahrenen Wanderern begangen werden.
Übernachtung: einige Privatunterkünfte in Spartilas, Zimmer und Hotels am Etappenziel
Einkehr: am Gipfel des Pantokrator, in Alt-Peritheia und am Etappenziel
Öffentliche Verkehrsmittel: Zum Ausgangspunkt Linie A 14, A 15, Richtung Sokraki/Agios Panteleimonas, vom Etappenziel gibt es keine Busverbindung, daher müssen Wanderer, die mit öffentlichen Verkehrsmitteln unterwegs sind, die Wanderung in Almyros beenden.

Rundwander-Variation: Rundweg über kleine Dörfer und die Andinioti-Lagune (Start am Etappenziel, Rückweg ab WP 17)
Länge: 12 km
Dauer: 3½ Std.
Schwierigkeit: einfach zu gehen, aber z.T. steile Anstiege.

Kurzwander-Variation: Alt-Peritheia – Almyros (WP 13 bis WP 18)
Länge: 7 km
Dauer: 2½ Std.
Schwierigkeit: einfach, aber z. T. über unwegsame Abschnitte

Wegbeschreibung

Im Dorfzentrum von **Spartilas** direkt an der Straße steht die **Kirche Agios Spyridon,** hier beginnen wir unsere Wanderung. Links neben der Kirche führt ein Treppenweg zum Glockenturm, den wir unterschreiten. Anschließend gehen wir etwa 10 Meter nach rechts und kommen an einen verzweigten Treppenweg. Wir wählen die linke Alternative. Am Ende der Treppe gehen wir rechts bergauf in eine Betonstraße. Kurz hinter einem Wasserdepot, direkt am Anfang einer 180-Grad-Linkskurve **verlassen wir den Hauptweg (1)** und gehen geradeaus weiter in einen Betonweg, der wenig später zu einem unbefestigten Feldweg wird. Wir bleiben etwa 200 Meter auf diesem Weg, und bevor der Weg wieder bergab führt, zweigt vor einer Trockenmauer nach links ein **Pfad (2)** ab, den wir einschlagen, rote und gelbe Punkte und ein Pfeil an einer Mauer weisen uns den Weg.

Ab jetzt können wir uns kaum mehr verlaufen – trotzdem gibt es Wegmarkierungen. Der Pfad führt uns durch mit Trockenmauern eingefasste Nutzgärten und bietet uns immer wieder herrliche Blicke, sodass wir die Wanderung trotz des steilen und langen Anstiegs genießen. Hinter den Gärten beginnt die Vegetation dichter und schattiger zu werden. Wir begegnen Lorbeer- und Erdbeerbäumen, Mastix-Sträuchern und viel Erika. Am Wegesrand wachsen Salbei und Thymian. In zahlreichen Kurven windet sich der Weg aufwärts, doch nach etwa 30 Min. haben wir in einer Höhe von 670 Metern den höchsten Punkt erreicht. Hier, am **Scheitelpunkt (3)** zweigen wir auf einen schmalen Pfad nach rechts (es gibt rote und gelbe Markierungen) ab, der uns in wenigen Minuten zu einer halb verfallenen Kirche führt.

Die Taxiarches-Kapelle

Die Kapelle ist den **Erzengeln Michael und Gabriel** gewidmet, den sogenannten Taxiarches. Sie liegt auf halber Höhe zum Berg Pantokrator und war in der Vergangenheit eine Station für die Pilgerer auf ihrem Weg zum Kloster am Gipfel, das am 6. August seine traditionelle Kirchweih feiert (– und auch heute noch pilgern in der Woche vor dem 6. August Gläubige aus allen Richtungen Korfus zum höchsten Gipfel der Insel, um dort im Kloster die Ikone des Allmächtigen zu ehren.) Hier bei den Taxiarches war der steilste Anstieg geschafft, die Pilgerer konnten sich ausruhen und den Erzengeln wurde zum Dank eine Kerze angezündet. Leider wird das Gebäude sich selbst überlassen und so ist das Dach mittlerweile eingefallen und die schönen Fresken im Inneren der Kirche sind dem rauen Bergklima ungeschützt ausgesetzt.

Das Besondere hier ist jedoch ohne Zweifel die **Aussicht.** An klaren Tagen überblickt man die gesamte Küstenlinie, die Buchten von Ipsos, Dassia und Gouvia mit seiner Marina bis zum Hafen und der Alten Festung, vorgelagert die beiden Inseln Lazareto und Vido. Genau gegenüber liegt der zweithöchste Berg Korfus, der Agios Deka.

Die Fresken in der Taxiarches-Kapelle sind Wind und Wetter ausgesetzt

009wko ft

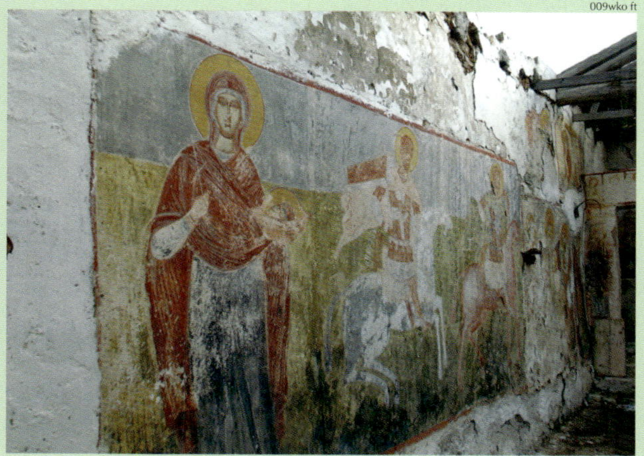

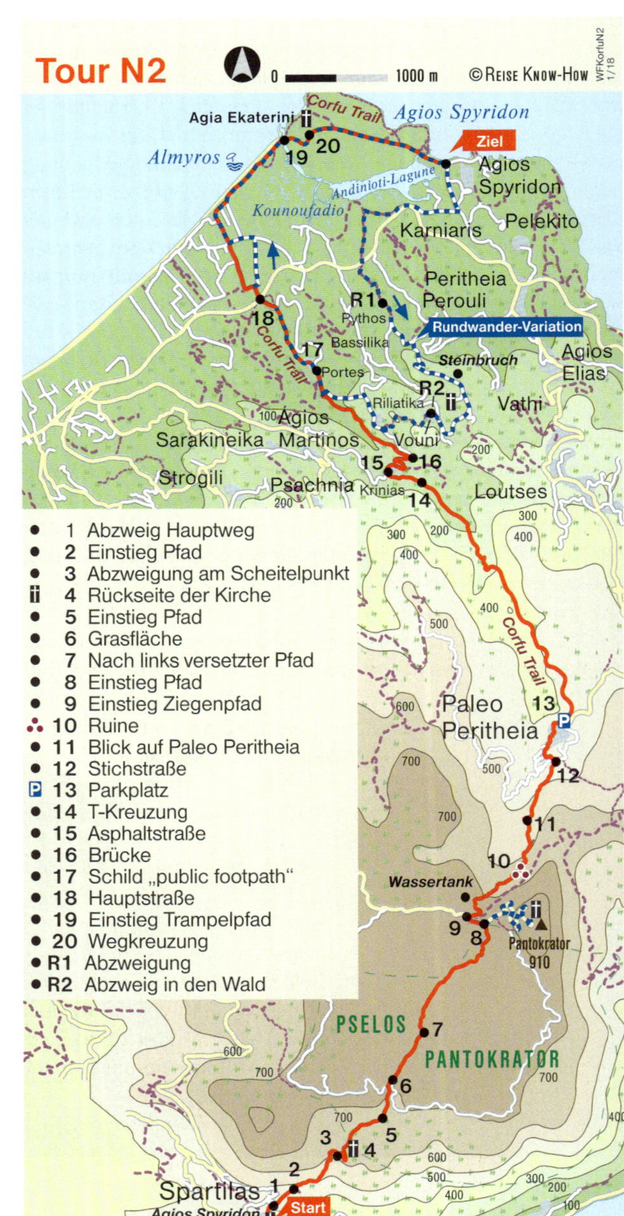
Tour N2
0 1000 m
© Reise Know-How
WFKorfuN2 1/18
Corfu Trail
Agios Spyridon
Agia Ekaterini
Ziel
Almyros
Andinioti-Lagune
Kounoufadio
Agios Spyridon
Pelekito
Karniaris
Peritheia
Perouli
R1
Pythos
Rundwander-Variation
Bassilika
Portes
Steinbruch
Agios Elias
R2
Riliatika
Vathi
Agios Martinos
Sarakineika
Vouni
Strogili
Psachnia
Krinias
Loutses
Paleo Peritheia
Wassertank
Pantokrator 910
PSELOS
PANTOKRATOR
Spartilas
Agios Spyridon
Start
1 Abzweig Hauptweg
2 Einstieg Pfad
3 Abzweigung am Scheitelpunkt
4 Rückseite der Kirche
5 Einstieg Pfad
6 Grasfläche
7 Nach links versetzter Pfad
8 Einstieg Pfad
9 Einstieg Ziegenpfad
10 Ruine
11 Blick auf Paleo Peritheia
12 Stichstraße
13 Parkplatz
14 T-Kreuzung
15 Asphaltstraße
16 Brücke
17 Schild „public footpath"
18 Hauptstraße
19 Einstieg Trampelpfad
20 Wegkreuzung
R1 Abzweigung
R2 Abzweig in den Wald

Wir gehen um die **Kirche** herum, denn auf ihrer **Rückseite (4)** setzt sich unser Weg fort. Wir kehren von ihr ab und lassen uns von den verschiedenfarbigen Wegmarkierungen durch das schattenlose Gelände abwärts leiten. Etwa 300 Meter hinter der Kirche gelangen wir wieder in dichtere Vegetation und bald schon befinden wir uns in einem Wald. Wir wandern entlang moosbewachsener Bäume und Felsen, die seit einer Ewigkeit dort zu liegen scheinen. Man sollte jetzt auf die roten und gelben Zeichen achten, denn etwa 200 Meter nach dem Betreten des Waldes führt ein schmaler moosiger **Pfad (5)** seicht bergauf nach links, ein schwach zu erkennendes gelbes Zeichen markiert den **Einstieg.**

Wir folgen diesem uralten Pilgerweg ca. 400 Meter aufwärts und stehen nach einer kurzen Kletterpartie an dessen Ende auf einer Schotterpiste. Zu unserer Rechten sehen wir bereits den Pantokrator mit seiner bizarren Antennenlandschaft. Wir haben mittlerweile eine Höhe von 750 Metern erreicht und sind 2,5 Kilometer gewandert.

Wir folgen der Schotterpiste nach rechts – ein gelber Pfeil an der Felswand weist uns den Weg – doch schon nach 100 Metern biegen wir in einer scharfen Rechtskurve nach links auf eine **Grasfläche (6)** ab. In der Wiese zeichnet sich ein von Weidetieren ausgetretener Pfad ab, rote und gelbe Tupfer, später auch blaue und orangene sowie Flatterbänder an den Büschen bestätigen uns, dass wir auf dem richtigen Weg sind, auch wenn die roten Pfeile in die entgegengesetzte Richtung zeigen. Abwechselnd wandern wir jetzt über Grasflächen mit Maulwurfshügeln und Rinderfladen unter schattigen Kermeseichen und steigen dabei immer wieder über Trockenmauern. Zunächst gehen wir in Richtung Pantokrator, dabei behalten wir immer die verschiedenfarbigen Markierungen auf den vereinzelten Steinen im Auge. Dort wo es scheint, dass die Wiesen enden, halten wir nach der nächsten Markierung Ausschau – immer findet man irgendwo einen Tupfer oder ein Band oder man erkennt den ausgetretenen Wiesenpfad. Es wechseln sich steinige, leicht bergauf führende Wegabschnitte mit Grasflächen ab, über die wir mal etwas mehr rechts, mal etwas mehr links, mal kreuz und quer wandern. Immer finden wir Zeichen zur Orientierung. Später setzt sich der **Pfad nach links versetzt (7)** fort.

Nach knapp einer Stunde gehen wir auf der letzten Grünfläche dann nicht mehr direkt auf die Antennen zu, sondern hal-

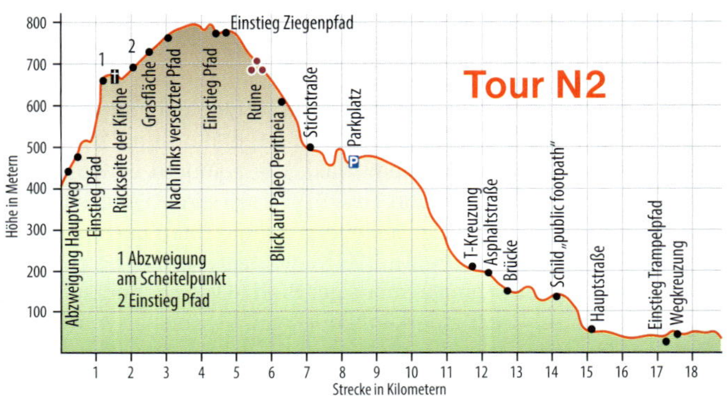

ten links auf einen Wassertank aus Beton zu, der in der Ferne bereits zu erkennen war. Schließlich zweigen wir vor der letzten Wiese rechts in einen **Pfad (8)** ab, der uns durch den steinigen Hang bald zur Fahrstraße führt, an dessen Rand die Zisterne steht. 4,5 Kilometer sind wir bis hierher gewandert und haben eine Höhe von 800 Metern erreicht.

Abstecher zum Gipfel des Pantokrator

Über die breite Fahrstraße erreichen wir die höchste Erhebung Korfus, den Gipfel des Pantokrators. Im Altertum hieß der **höchste Berg Korfus** Istoni und die Venezianer nannten ihn „Monte San Salvatore". Sein heutiger Name „Pantokrator", der „Allmächtige", leitet sich von dem gleichnamigen Kloster ab, das hier im 14. Jahrhundert fast auf dem Gipfel in einer Höhe von etwa 910 Metern errichtet wurde. Der Legende nach soll ein Schäfer hier oben eine Ikone gefunden haben, für die man später das Kloster baute. Während einer türkischen Belagerung wurde dieses zerstört und erst gegen Ende des 17. Jahrhunderts wieder aufgebaut. Das **Kloster** wird in den Sommermonaten von einem Mönch bewohnt und man kann es besichtigen. Die Kirche beherbergt Fresken aus dem 17. Jahrhundert und stimmungsvolle versilberte Ikonen und Leuchter. Besonders hervorzuheben ist die Ikone des Allmächtigen an der Kirchendecke.

Am **6. August** feiert das Kloster ein beeindruckendes Kirchweih. Der Klosterplatz wird gesäubert und das Innere geweißt, die Böden werden mit Lorbeerblättern bestreut, Myrtenzweige verzieren die Ikonen. Am Vorabend machen sich Pilger mit Kerzen auf den Weg zur Kirche, wo die ganze Nacht über Gottesdienst gehalten wird. Mit dem ersten Tageslicht beginnen die Kleinhändler, ihre Ware preiszugeben und die Musiker stimmen ihre Instrumente ein. Bis in die Nacht hinein wird gefeiert.

In der Nähe des Klosters befindet sich ein **Café.** Und direkt davor eine wenig ansehnliche Ansammlung von **Sendemasten.** Es handelt sich dabei um Radio- und Fernsehantennen der öffentlichen und privaten Rundfunk- und Fernsehsender aus Athen und Korfu. Das Sendezentrum Pantokrator bedient neben Korfu auch die anderen Ionischen Inseln, Teile des Festlands, Südalbanien und Süditalien.

Vom Wassertank aus folgen wir der Hauptstraße etwa 100 Meter bergab. Hier zweigt eine breite Straße nach rechts ab, die wir ignorieren. 20 Meter dahinter führt jedoch ein nur schlecht markierter, schmaler **Ziegenpfad (9)** in den Hang hinein ab. Er windet sich auf einer Länge von fast drei Kilometern streckenweise ohne feste Wegführung zum Dorf Paleo Peritheia hinab, das wir wenig später schon in der Ferne erblicken. Zur Orientierung wurden hier Bänder an das Brandkraut gebunden, welches hier reichlich wächst. Wir folgen immer dem ausgetretenen Pfad, der uns an zwei Ruinen vorbei führt. An der zweiten **Ruine (10)** gehen wir dicht vorbei, bevor der Pfad sich nach unten schlängelt. Es wird jetzt etwas steiler, jedoch wandern wir nicht bis in die Schlucht hinunter, sondern immer am Hang entlang mit Blick auf eine Straße. Erst später wenden wir uns von dieser ab und wieder **dem Dorf Paleo Peritheia zu (11),** das wir jetzt deutlich erkennen.

Unten angekommen gehen wir auf der Erdstraße nach links, verlassen diese, aber bereits nach wenigen Metern wieder in eine **Stichstraße (12)** nach rechts und weitere 50 Meter danach zweigen wir an einem Zaun ebenfalls nach rechts ab. Auf einem uralten Steinweg gelangen wir in wenigen Minuten direkt ins Zentrum von **Alt-Peritheia.**

Nach einem Rundgang durch das Dorf und einer Rast gehen wir zum Dorfausgang, wo der einzige **Parkplatz (13)** ausgewiesen ist. Gleich gegenüber der Terrasse der Taverne Ognistra führt der **Corfu Trail** in Richtung Norden aus dem Dorf heraus.

Paleo Peritheia

Das Dorf Paleo Peritheia war früher ein reiches Dorf – sieben Kirchen konnten sich die Einwohner leisten – und es war Sitz der Gemeindeverwaltung. Gut versteckt auf 450 Metern Höhe reichen die Wurzeln dieses venezianischen „Geisterdorfs" bis ins 14. Jahrhundert zurück. Damals lebten die Bergbauern Peritheias in der Hauptsache von der Viehzucht. Es gab nur wenig Landwirtschaft, die nicht im Dorf selbst, sondern auf weit entfernten Feldern Richtung Acharavi und Kassiopi betrieben wurde. Dort entstanden nach und nach zwölf Siedlungen, in denen die Peritheianer den Winter verbrachten. Mit Ankunft der ersten Malariamücken im Frühjahr zogen sie jedoch wieder ins obere Dorf um, wo sie die „gefährlichen" sechs Monate verbrachten. Erst 1950 verschwand die Malaria von Korfu und die Peritheianer konnten ohne Angst das ganze Jahr über an den Küsten leben. Mit Einzug des Tourismus' auf Korfu in den 1960er Jahren wanderten auch die letzten Einwohner nach „unten" aus und bald war Paleo Peritheia ein verlassenes Dorf. Erst in den letzten Jahren sind mehrere Häuser wieder aufgebaut worden und es haben sich einige Tavernen angesiedelt. Dennoch hat man als Besucher einen lebendigen Eindruck von der Vergangenheit und der Lebensweise der früheren Bewohner.

Über den Namen *Peri-Theia* gibt es zweierlei Theorien: Die Erste führt den Namen auf das griechische Wort *Thea* = Sicht zurück, denn von den umliegenden Bergen ist das Dorf gut zu sehen. Laut der zweiten Version hat die hohe Anzahl der Kirchen, die um das Dorf herum gebaut wurden (*Theos* = Gott) mit der Namensgebung zu tun.

Wir wandern nun fast 1,5 Kilometer auf einem sehr gut ausgebauten Wanderweg, der sich dann zu einem schmalen Pfad verengt. Es geht immer abwärts durch einen kurzen, schattigen Laubwald, später durch teils dorniges Gestrüpp und viel falschen und echten Salbei entlang einer Trockenmauer. Je weiter wir hinabwandern, desto schöner wird die Aussicht auf das gegenüberliegende Albanien. Bald rückt auch schon die Andinioti-Lagune in unser Blickfeld, die wir später noch aus der Nähe sehen werden.

Nach knapp einem Kilometer auf diesem Pfad verdeckt uns erneut ein Laubwald die Sicht. Es ist hier herrlich schattig und kühl, zwischen moosbewachsenen Felsen und Bäumen steigen wir in Serpentinen weiter abwärts. Nachdem wir ein trockenes Bachbett überquert haben, geht es kurz bergauf. Nach ca. einer Stunde (ab Paleo Peritheia) verlassen wir den Wald auf einen gut ausgebauten Wirtschaftsweg, der uns zwischen Olivenhainen in Richtung der Siedlung Krinias führt. An einer **T-Kreuzung (14)** gehen wir links und erreichen kurze Zeit später das Örtchen, das wir auf seiner Betonstraße durchqueren. Am Ende der betonierten Dorfstraße treffen wir auf eine **Asphaltstraße (15),** die wir nun etwa 500 Meter abwärtsgehen. Hinter einer kleinen **Brücke (16)** biegen wir nach links auf einen Schotterweg ab, der sich nach etwa einem Kilometer zu einem Pfad verengt. Dieser führt uns ein kurzes Stück über offene Grasflächen entlang von Trockenmauern durch eine Olivenkultur. Gelbe Punkte auf den Steinen helfen uns bei der Orientierung, auch wenn diese unter Umständen mit Olivennetzen bedeckt sind.

Wir treffen auf eine Betonstraße, die wir nach links abwärts bis ins Dorf Portes gehen. Dort folgen wir der Dorfstraße nach rechts, bis wir die letzten Häuser erreicht haben. Die Straße gabelt sich und wir folgen dem linken Zweig in eine Sackgasse. Hier ist ein CT-Schild an einem Strommast angebracht und ein **Schild** weist auf einen **„public footpath" (17)** hin.

Am Ende der Sackgasse gehen wir um das umzäunte Grundstück des letzten Hauses herum und treffen auf einen grasbewachsenen Weg, auf dem wir etwa 10 Meter nach links gehen. Hier zweigen wir in einen nach rechts abwärts führenden Pfad entlang einer Natursteinmauer ab. Dieser verengt sich nach ca. 100 Metern und führt uns etwas oberhalb zwischen zwei Trockenmauern entlang. Wegmarkierungen sind leider selten. Einen Feldweg, auf den wir nach weiteren 100 Metern stoßen, überqueren wir und wandern genau gegenüber auf einem schmalen Pfad abwärts weiter – zunächst durch einen Olivenhain, später wieder durch einen Laubwald und dichteres, feuchtkaltes und dornigeres Gestrüpp. Der Pfad endet nach 300 m an einer unschönen Freifläche, die als Müllhalde genutzt wird.

Dahinter treffen wir auf eine Asphaltstraße, der wir nach links abwärts bis zur **Hauptstraße (18)** folgen. Hier ist für diejenigen, die mit öffentlichen Verkehrsmitteln unterwegs sind, die Tour zu Ende, denn um die Ecke befindet sich die letzte erreichbare Bushaltestelle. Wir gehen 20 Meter nach rechts und zweigen auf eine Straße nach links zum Strand Almyros ab. Nach 50 Metern

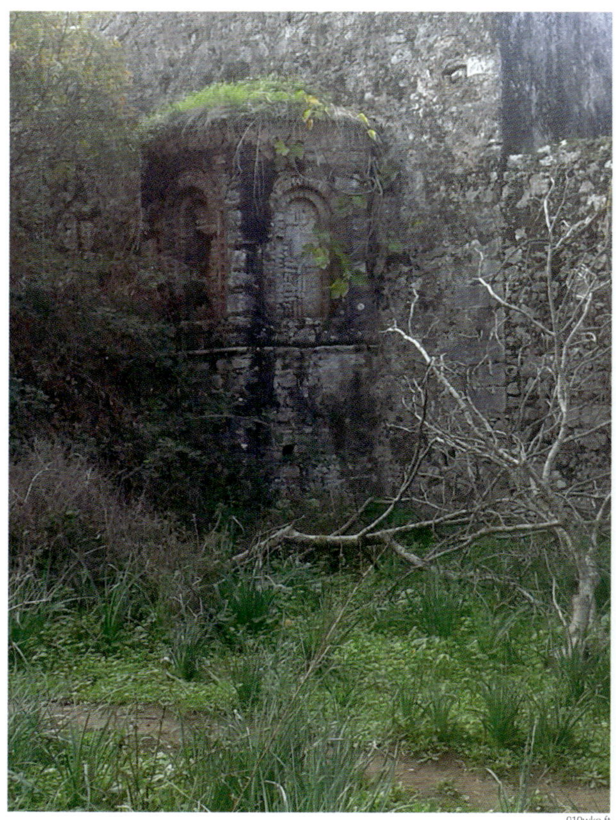
010wko ft

gehen wir an einer Gabelung links und folgen dann immer dem schnurgeraden Straßenverlauf, bis wir nach ca. einem Kilometer die Küste erreichen.

Am Strand angekommen knickt die Straße nach rechts ab und führt uns nun parallel zum Meer. Nach den letzten Häusern wird sie zu einer Sand-Schotterpiste – links von uns das Meer, rechts die Dünenlandschaft von Almyros. Nach ca. einem Kilometer überqueren wir eine Eisenbrücke über den ersten Zufluss zur Andinioti-Lagune. Hinter der Brücke gehen wir direkt gegenüber

Uralt ist die dreiseitige Apsis der Klosterkirche Agia Ekaterini

in einen schmalen **Trampelpfad (19).** Blaue Wegweiser mit der Nummer 1 helfen uns jetzt bei der Orientierung. Zwischen niedrigen Sträuchern und viel falschem Salbei geht es leicht bergauf in einen Wald hinein. Nach 300 Metern halten wir uns den blauen Markierungen entsprechend zunächst an der **Wegkreuzung (20)** rechts und dann geradeaus.

Links von uns sind wenige Meter weiter durch die hohen Eukalyptus- und Pinienbäume die Überreste des Klosters Agia Ekaterini zu sehen.

Kloster Agia Ekaterini

Das Kloster Agia Ekaterini wurde Anfang des 18. Jahrhunderts erbaut, die ursprüngliche Kirche ist jedoch bereits weitaus älter. Die dreiseitige Apsis des Heiligtums der Kirche wurde auf das 12. oder 13. Jahrhundert datiert. Auch die Konstruktion der Kirche und des Glockenturms belegt ihren byzantinischen Ursprung. Möglicherweise ist diese vernachlässigte Ruine ein wichtiges Dokument der Kirchengeschichte Korfus. Es handelt sich um ein vollständiges Klostergelände mit Olivenmühle, Zellen, Speichern und Wirtschaftsgebäuden. Es gibt einen Eingang auf der linken Seite der hohen Klostermauer, in welche die Ostwand der Kirche integriert ist. Es lohnt sich, einen Streifzug durch das Gelände und das verfallene Gebäude zu unternehmen. Außen gibt es auch eine Treppe, über die man vorsichtig in die oberen Gebäudeteile gelangen kann. Auch ist ein Bauwerk erhalten, das noch bis vor wenigen Jahrzehnten als Gefängnis genutzt worden ist, der untere Teil gehörte zu einer Art Festungsgebäude.

Der Weg führt jetzt gerade durch einen Eukalyptuswald, an dessen Ende wir auf einen Wirtschaftsweg treffen. Wir gehen geradeaus weiter an einem Zaun entlang durch das Naturschutzgebiet hindurch. Rechts von uns liegt die Lagune, die aber nicht zu sehen ist. Wir erreichen die zweite Brücke, die über den anderen Zulauf zur Lagune führt.

Jetzt sind wir bereits in **Agios Spyridon.** Gegenüber ist die Küstenstadt Agio Saranta in Albanien zu sehen. Wir gehen den Strand entlang, an dessen Ende es Einkehr- und Einkaufsmöglichkeiten gibt.

Variation: Rundweg über kleine Dörfer und die Andinioti-Lagune

Startpunkt dieser Rundwanderung ist **„Dimitras Supermarkt“,** zu dem wir vom Strand aus nach etwa einem halben Kilometer auf der Ausfahrtstraße von Agios Spyridon gelangen. Wir gehen direkt gegenüber in die asphaltierte Fahrstraße, passieren eine rosa gestrichene Kirche und kommen nach etwa einem halben Kilometer zur Hauptstraße Kassiopi – Acharavi. Hier gehen wir rechts und verlassen sie bereits nach knapp 100 Metern wieder, indem wir einem schräg rechts abzweigenden Weg folgen. Wir können hier auch bereits einen ersten Blick auf die Andinioti-Lagune werfen, die wir später von oben noch besser betrachten werden können.

Der Weg ist anfangs noch asphaltiert, wird aber später zu einem unbefestigten Schotterweg, auf dem wir knapp 500 Meter weiter wandern. Vor einer rosa gestrichenen Mauer wenden wir uns nach links ab. Wir gehen an zwei privaten Einfahrten vorbei, die wir rechts von uns liegen lassen und gelangen nach weiteren 500 Metern wieder an die Hauptstraße. Diese überqueren wir, denn genau gegenüber geht unser Weg, der hier mit einem Fischotter gekennzeichnet ist, weiter. Eine Betonpiste führt uns durch Oliven-Mischwald aufwärts, anfangs steiler, später etwas moderater. Wir durchqueren gepflegte Olivenhaine, die uns Schatten und eine angenehme Kühle spenden. Nach etwa 12 Minuten erreichen wir die Vorgärten und etwas später die ersten Häuser des kleinen Dörfchens **Pythos.** Wir gehen an der ersten **Abzweigung (R1),** rechts ins Dorf hinein und folgen dann der engen Dorfgasse links aufwärts. An einer Kreuzung hinter dem Ortsschild gehen wir weiter geradeaus aufwärts auf der wenig befahrenen Straße, die durch bewirtschaftete Olivengrundstücke führt. Etwa 300 Meter hinter dem Dörfchen erreichen wir eine Kreuzung, an der wir dem Pfeil entsprechend weiter aufwärts ins Dorf **Vouni** gelangen. Hier gibt es noch ein paar alte, der klassischen korfiotischen Architektur entsprechende Häuser. Wir bleiben auf der Straße und gehen um das Dorf herum. Jetzt lohnt sich ein Blick zurück auf das imposante albanische Bergmassiv und die Meerenge zwischen Korfu und dem Festland.

Die Straße führt uns oberhalb eines Steinbruchs recht steil bergauf zu einer weiteren kleinen Wohnsiedlung. Etwa 3,5 Kilometer sind wir bis hierher gelaufen. Endlich geht es jetzt mal bergab – wir passieren nach 300 Metern eine kleine Kirche mit einem modern gestalteten Glockenturm. Alle Abzweigungen ignorierend folgen wir unserer Straße, die jetzt eher einer Schotterpiste denn einer Fahrstraße gleicht. Wir treffen auf blaue Wegmarkierungen mit der Nummer 2 und folgen diesen zunächst in eine weitere Wohnsiedlung. Hinter dem Dorf verlassen wir unsere Straße in einer fast 180-Grad-Linkskurve und gehen entsprechend der blauen 2 **in den Wald hinein (R2).**

Der Fußweg führt uns durch einen dichten Olivenwald. Je nach Jahreszeit kann es sein, dass wir unter Olivennetzen gehen oder über sie hinweg. Das Gelände wird später offener und bietet jetzt einen traumhaften Blick auf das Meer, die Küste und die Lagune. Auch den Steinbruch, den wir bereits passiert haben, sehen wir jetzt noch einmal von der anderen Seite. Wir bleiben auf dem gut markierten Wanderweg 2, der uns jetzt wieder in dichteres Gehölz führt. Der Weg wird immer schmaler und führt uns oberhalb eines Privatgrundstücks recht steil abwärts, an diesem vorbei und weiter hinunter, bis wir auf die Dorfstraße von Riliatika gelangen. Wir wenden uns nach rechts, verlassen den Wanderweg 2 und gehen mit Blick aufs Meer bis zum Ende des Dorfes. Hier weist ein Pfeil nach links zum Dorf Portes, das wir nach 800 Metern erreichen. Wir gehen bis zum Ende des Dorfes und folgen ab dem **Schild „public footpath" (17)** den Beschreibungen der Streckenwanderung N2.

Das ganze Jahr über blühen Wildblumen auf Korfu

011wko ft

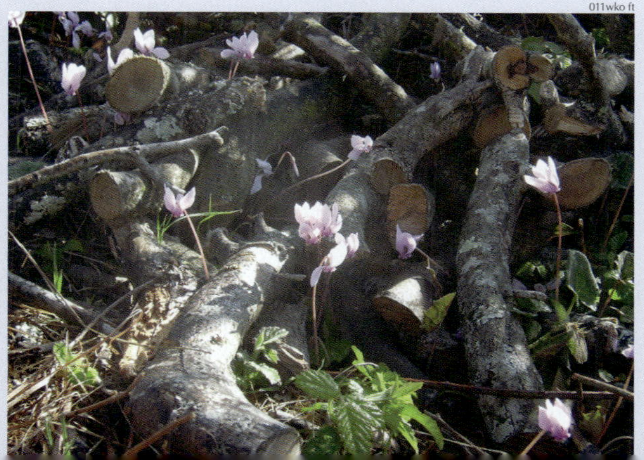

Die Andinioti-Lagune

Die Andinioti-Lagune ist von großer ökologischer Bedeutung und wurde daher zusammen mit dem sie umgebenden Areal in das Netz von Schutzgebieten der NATURA 2000 aufgenommen. Das geschützte Gebiet umfasst die Lagune selbst, die über zwei Mündungen mit dem offenen Meer verbunden ist, und dem umgebenden Sumpf „Kounoufadio". Gespeist wird das Feuchtgebiet von Quellwasser aus dem Pantokrator-Gebirge.

Insgesamt acht verschiedene Biotope wurden in diesem Areal verzeichnet; um den See herum wachsen Binsen, dahinter bieten Dünen und Schilf, felsige und sandige Bereiche sowie die dichte, angrenzende Vegetation Lebensraum für zahlreiche, zum Teil seltene Pflanzen und Tiere. Gräser und feuchtigkeitsliebende Pflanzenarten und Wildblumen, wie die Seelilie, findet man in Andinioti und 16 verschiedene Orchideenarten wurden hier gezählt.

Das empfindliche Ökosystem stellt für Zugvögel einen wichtigen Bezugspunkt dar – 180 Arten sind bisher gezählt worden, darunter Reiher, Kormorane, Wildenten und Schwäne.

Das wichtigste der geschützten Tiere ist jedoch der auf der Roten Liste der gefährdeten Arten gelistete Fischotter, der hier in großer Zahl vorkommt (auch wenn er für Hobbyjäger ein begehrtes Ziel darstellt).

Fischfang wird in der Lagune nur extensiv betrieben, überwiegend wird Aal, Barsch, Meeräsche und Dorade gefangen.

012wko ft

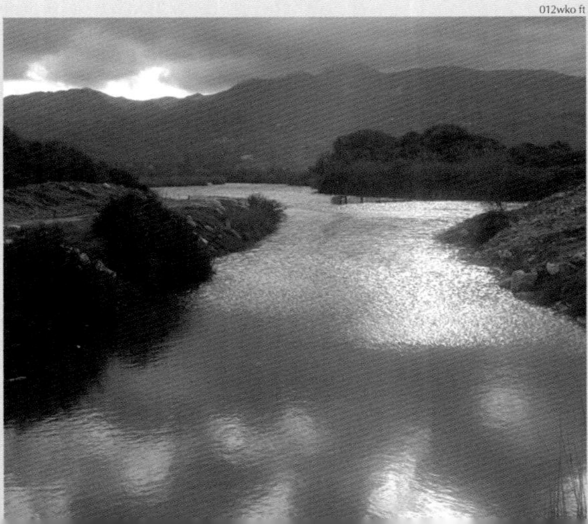

Tour N3
Verlassene Dörfer

8,2 km
3 Std.
mittelschwer

Der kleine Ort **Porta** war Anfang des vergangenen Jahrhunderts ein wichtiges Handelszentrum, das Korfu-Stadt mit Baumaterial aus den Steinbrüchen oberhalb der Ortschaften belieferte. Direkt neben der Kirche gibt es die Taverne „The Old School", die – wie der Name verrät – im alten Schulhaus beherbergt ist. Das Gebäude und der Kirchplatz wurden im alten Stil restauriert und verlocken zu einem kleinen Rundgang. Das Schulgebäude ist ziemlich groß für so ein kleines Dorf, doch in der Vergangenheit war es mehr als das: Im Erdgeschoss befand sich im hinteren Teil das Leichenhaus, davor ein Kafeneion, während die Schulräume im ersten Stock untergebracht waren. Die Taverne ist in der Sommersaison täglich am Nachmittag geöffnet.

Länge: 8,2 km
Dauer: 3 Std.
Schwierigkeit/Charakter: mittelschwerer Rundweg. Eine moderate Höhenwanderung, die uns über wunderbare Wege zu den teils verlassenen Dörfern der Pantokrator-Region führt.
Übernachtung: an der Küste unterhalb von Porta
Einkehr: nur in Porta
Öffentliche Verkehrsmittel: nicht empfehlenswert. Der Bus nach Porta (auf der Linie Corfu – Cassiopi) fährt nur sehr unregelmäßig.

Wegbeschreibung

Wir starten diesen Rundweg neben der Taverne „The Old School" an der **Kirche Agia Varvara,** oberhalb des Örtchens **Porta,** wo wir parken können. Wir gehen etwa einen halben Kilometer bergab, bis wir zur Ortsmitte von Porta gelangen, wo uns ein **Kafeneion (1)** noch auf einen Kaffee vor der Wanderung einlädt. Über einen schmalen Stufenweg hinter dem Gebäude, in dem das Kafeneion untergebracht ist, gehen wir rechts (hier gibt es einen Umgebungsplan, außerdem weist uns ein Wegweiser in Form eines Marathonläufers, dem wir noch öfter begegnen werden, den Weg) und gelangen so auf dessen Rückseite. Von hier aus geht es abwärts auf einen steinigen, gerölligen Trampelpfad. Dieser Fußweg führt uns zunächst durch ein Gelände aus Büschen und niedrigen Bäumen, später durch einen dichten Laubwald, entlang von mystisch wirkenden Felsen.

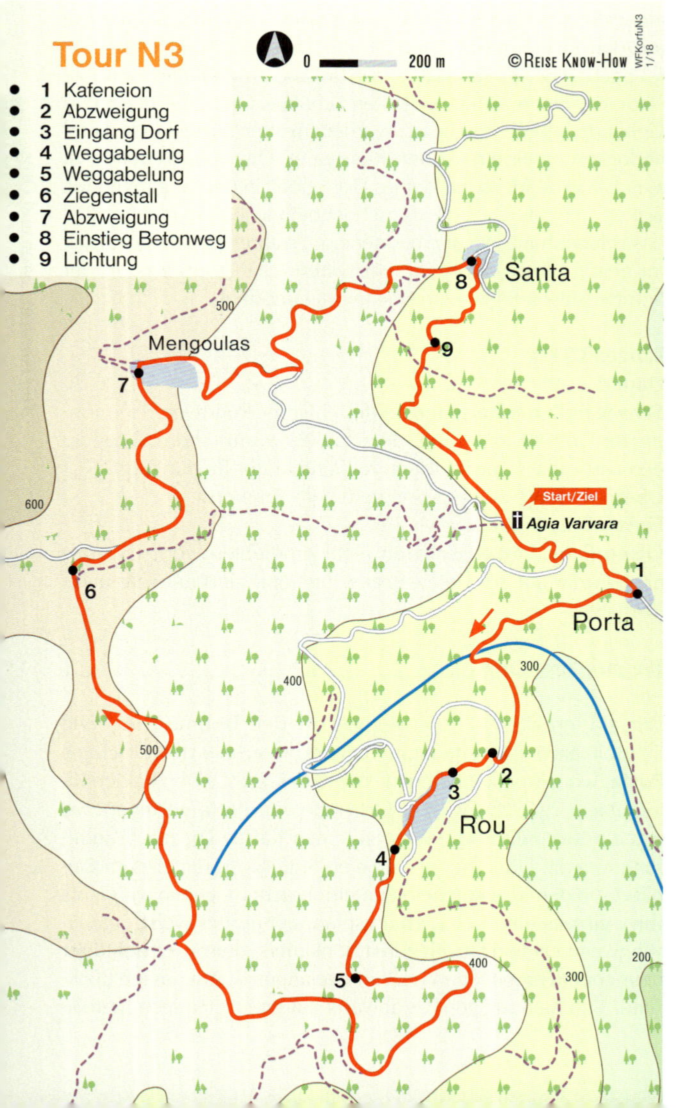

Nach weiteren 500 Metern, an der tiefsten Stelle, die einer Geröllwüste ähnelt, überqueren wir einen Bach und anschließend geht es im spitzen Winkel links bergauf weiter.

Der Aufstieg auf diesem uralten, mit grobem Naturstein gepflasterten Pfad führt uns nach etwa 400 Metern zu einer Schotterstraße, die wir etwa 30 Meter nach rechts gehen. **Hier zweigt in spitzem Winkel ein Weg nach links ab (2),** der uns zu einem mit falschem Salbei und Ginster bewachsenen Hügel führt. Über einen Fußweg gelangen wir zu einer steinernen Treppe, die uns direkt in das sehr liebevoll restaurierte **Dörfchen Rou (3)** führt. Ein Rundgang durch dieses ehemalige Ruinendorf, das mittlerweile als exklusive Feriendestination genutzt wird, lohnt sich.

Wir verlassen den Komplex nach links auf der Straße, aber bevor diese steil abwärts führt biegen wir nach links in einen Schotterpfad in den nicht restaurierten Teil des Dorfes ab. An den Ruinen vorbei verlassen wir diese Straße nach ca. 40 Metern in einer Linkskurve über drei Stufen bergauf in einen Wiesenpfad. Zwischen uralten Trockenmauern orientieren wir uns an orangefarbenen Markierungen und/oder an den Wegweisern mit dem Marathonläufer. 100 Meter weiter, an einer **Weggabelung (4)** gehen wir links bergab. Wir kommen durch einen dichten, grünen Kermeseichenwald und überqueren nach 300 Metern einen Bach. Etwa 20 Meter weiter passieren wir einen sehr alten, bewachsenen Brunnen und wenig später kommen wir an eine kleine **Weggabelung (5),** wo wir uns links halten, um anschließend ziemlich steil bergauf zu klettern. Der Anstieg lohnt sich aber, denn nun wandern wir entlang moosbewachsener Hänge auf einem Bergkamm über herrlich weichen Waldboden abwärts. Links unter uns ist bald das Meer sowie das Dörfchen Rou zu sehen.

Der breite, schattenlose Höhenweg, der immer wieder fantastische Blicke auf die gegenüberliegende Küste sowie den höchsten Gipfel mit seinen Antennen bietet, führt uns in weitem Bogen am Fuß des Pantokrator-Gebirges entlang. Links und rechts von uns wächst Besenginster, der im Frühjahr herrlich blüht. Wir kommen an eine Kreuzung und gehen dem Marathonläufer folgend nach rechts. Nach etwas mehr als einem Kilometer gelangen wir an einen alten **Ziegenstall (6),** wo Straßen in drei Richtungen abzweigen. Wir bleiben auf unserem Weg, gehen geradeaus weiter, an den Gebäuden vorbei in einen aufwärts führenden Pfad. Entlang einer Wasserleitung wandern wir auf dem gut ausgebauten Schotterweg 150 Meter bis zu einer Kreuzung. Hier gehen wir geradeaus, weiter entlang der Wasserleitung.

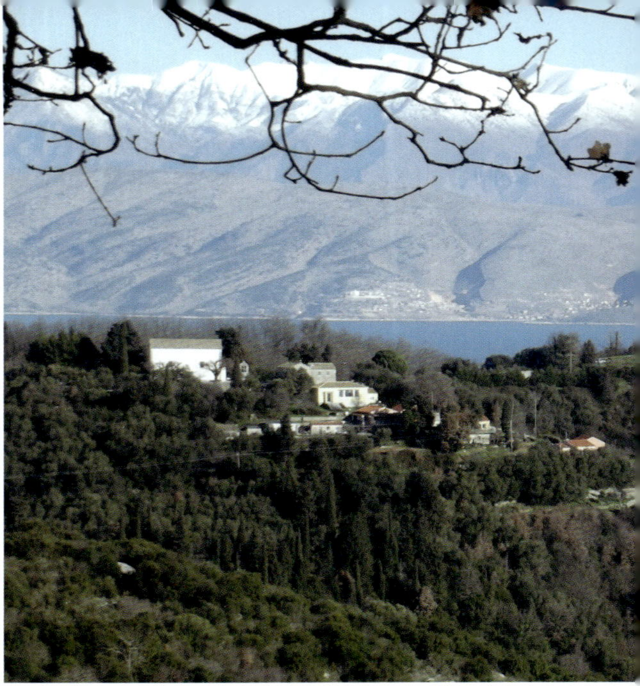

Nach 600 Metern macht die Straße eine Linkskurve und wir erkennen jetzt rechts unter uns das Ruinendorf Mengoulas. An einem rostigen Zaun hinter einem auf einen Stein gemalten blauen Pfeil, der in die Gegenrichtung zeigt, **zweigt ein stufi-**

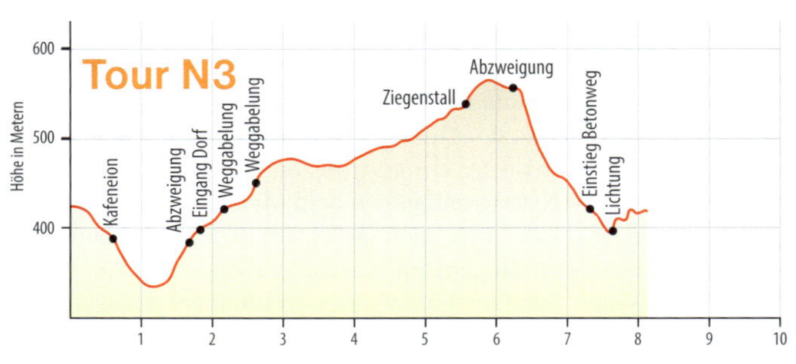

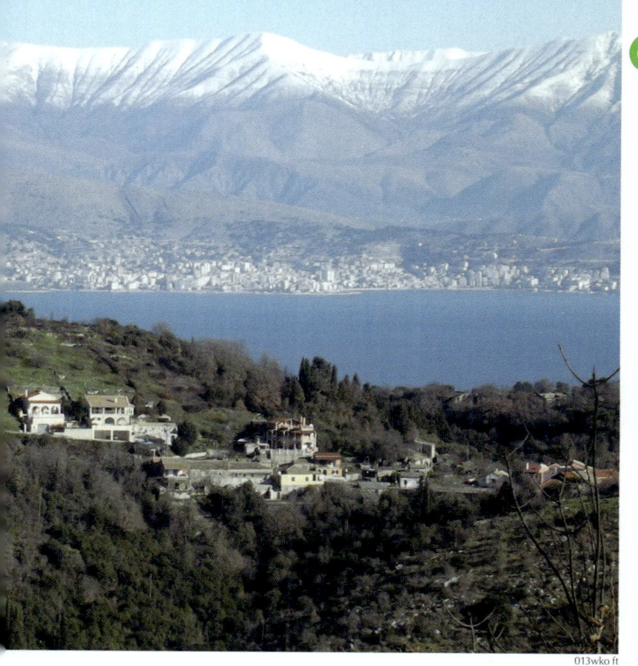
013wko ft

ger, steiniger, schmaler Pfad nach rechts (7) zu einer Freifläche ab. Entsprechend der verschiedenfarbigen Punkte überqueren wir diese Wiese und kommen bald in das alte Dorf. Zwischen den verfallenen Häusern von **Mengoulas** erkennt man Bemühungen einzelner Investoren, Mauern und Wege wieder instand zu setzen. Am Dorfende wurde eine Olivenmühle wieder aufgebaut. Über einen hübschen Steinweg gelangen wir oberhalb des einzigen bewohnten Hauses weiter abwärts durch das Dorf bis zur Straße. Auf dieser gehen wir 400 Meter abwärts bis zu einer Kreuzung, an der wir links abbiegen.

Nach etwa 700 Metern erreichen wir das Ortseingangsschild des Örtchens **Santa** und nach weiteren 100 Metern zweigen wir gegenüber eines hellblau-grau gestrichenen, zweistöckigen Gebäudes nach rechts auf einen **betonierten Weg (8)** ab, der uns in eine kleine, abwärts gelegene Nachbarschaft führt. Entlang

Zum Greifen nah liegt das albanische Festland – im Winter sind die Berge schneebedeckt

der Terrassen und einer Allee aus Blumentöpfen kommen wir zu einer asphaltierten Straße. Diese verlassen wir jedoch direkt wieder, noch bevor sie eine Linkskurve macht, und gehen nach rechts auf einen kleinen betonierten Pfad, der hinter einigen Häusern an einem winzigen Dorfplatz endet. Diesen Platz überqueren wir schräg links und wandern über einen Wiesenpfad in einen Olivenwald hinein. Immer an einer Trockenmauer entlang geht es bald schon wieder durch ursprüngliche Vegetation über wunderbaren, luftigen Erdboden. Wir überqueren nach 200 Metern einen Bach und kommen in dichten, dunklen Wald. An einer kleinen **Lichtung (9)**, ca. 60 Meter weiter, halten wir uns in spitzem Winkel rechts aufwärts. Der Pfad ist teilweise dicht zugewachsen, aber wir können ihn immer irgendwie erkennen. Nach 100 Metern kommen wir an eine breite Schotterstraße – schräg links gegenüber setzt sich der Pfad fort. Wir passieren ein verfallenes Haus und einen Brunnen und es geht nun bergab durch eine saftige, grüne Landschaft. Nach gut 500 Metern kommen wir zu einer Zisterne, links davon liegt die **Kirche Agia Varvara,** unser Ausgangspunkt.

Der Marathonläufer – Wegweiser nach antikem Vorbild

014wko ft

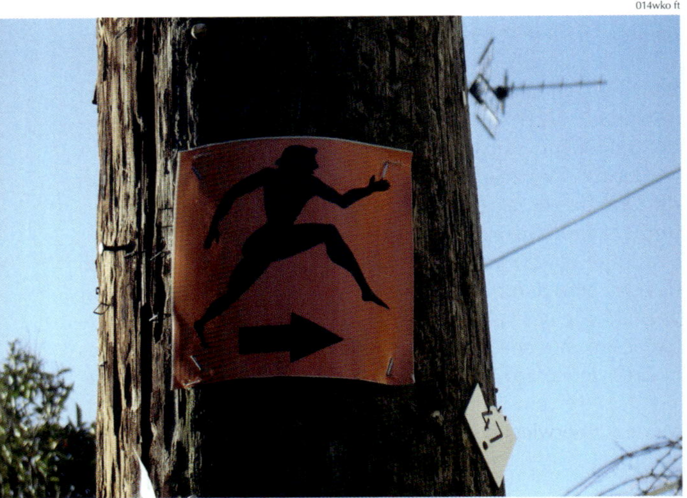

Tour N4
Die Höhlen im Pantokrator-Gebirge

4,6 km
1½–2 Std.
mittelschwer

Die grasbewachsenen, felsigen Flächen am Fuß des Pantokratormassivs wurden und werden heute noch als Weideflächen für Rinder, Schafe und Ziegen genutzt. Der Name des Ortes **Anapaftiria** bedeutet in etwa „Platz zum Ausruhen", denn hier machten die Schäfer und Rinderhirten auf ihren Wegen Station.

Länge: 4,6 km
Dauer: 1½–2 Std.
Schwierigkeit/Charakter: mittelschwerer Rundweg. Ein kurzer, aber spannender Rundweg am südlichen Fuß des Pantokrator-Gebirges, der an zwei großen begehbaren Höhlen vorbeiführt. Die als Weidefläche genutzte Gegend ist schattenlos, doch es gibt atemberaubende Aussichtspunkte. Feste knöchelhohe Schuhe sind auf dem ersten felsigen Wegabschnitt notwendig.
Übernachtung: in Acharavi
Einkehr: keine Einkehrmöglichkeiten
Öffentliche Verkehrsmittel: Linie A12 Richtung Loutses, Ausstieg in Anapaftiria. Der Bus fährt nicht täglich!

Wegbeschreibung

Startpunkt der Wanderung ist **Anapaftiria** an der einzigen Kreuzung im Zentrum des Dorfes, an der auch der Bus hält. Hier ist ein Wegweiser, der nach rechts „To the cave" ausweist. Wir folgen dem Wegweiser nicht (auf diesem Weg werden wir zurückkommen), sondern gehen ca. einen halben Kilometer auf der Dorfstraße abwärts. Vor einem **gelb gestrichenen Haus (1)** zweigen wir nach rechts in einen steil bergauf führenden Wiesenpfad ab, den wir anhand der blauen Tupfer auf Steinen und Bäumen finden. Der Weg führt auf eine Anhöhe und geht schließlich in einen uralten Rindertriebweg über. Zwischen Trockenmauern geht es zunächst wieder abwärts, wir wandern über felsigen, unwegsamen Untergrund durch das Weideland, auf dem überwiegend falscher Salbei und verschiedene Gräser wachsen. Immer wieder begegnen wir blauen Wegmarkierungen, obwohl der Weg gut zu erkennen ist. Nach etwa 400 Me-

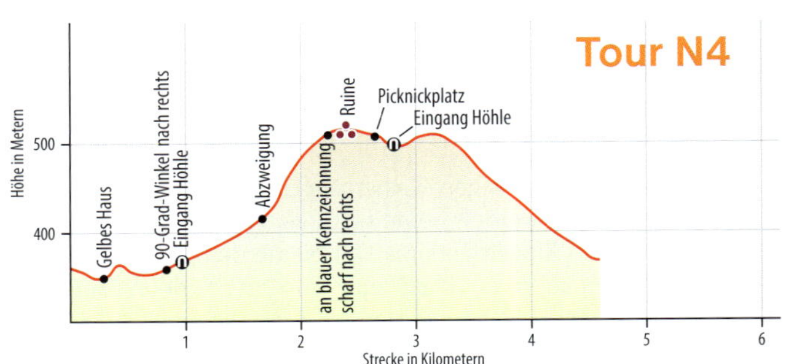

tern verlassen wir den Triebweg im **90-Grad-Winkel nach rechts (2)** und gehen jetzt parallel zu einer Mauer leicht bergauf. Bald führen uns die blauen Markierungen jedoch von der

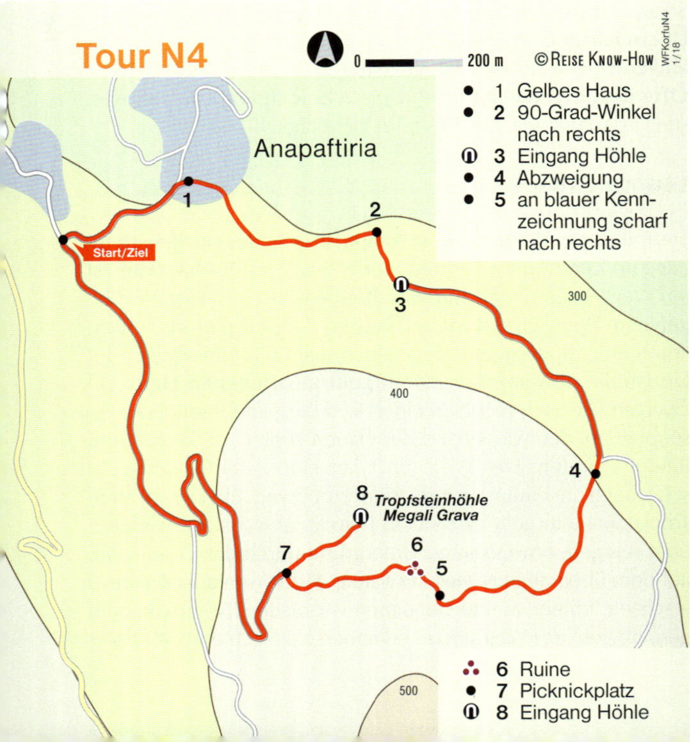

Tour N4

0 200 m

Anapaftiria

Start/Ziel

300

400

500

Tropfsteinhöhle Megali Grava

- 1 Gelbes Haus
- 2 90-Grad-Winkel nach rechts
- 3 Eingang Höhle
- 4 Abzweigung
- 5 an blauer Kennzeichnung scharf nach rechts
- 6 Ruine
- 7 Picknickplatz
- 8 Eingang Höhle

Mauer weg und auf eine Felswand zu. Wo es nötig ist, umgehen wir die größeren Steinhaufen und erreichen in wenigen Minuten die untere Höhle. Den blauen Punkten folgend finden wir den **Eingang in diese geräumige Höhle (3),** die eher als große Schlucht, denn als Höhle bezeichnet werden kann. Zahlreiche Krähen und die herabtropfende Feuchtigkeit verbreiten eine mystische Geräuschkulisse. Wer früh genug kommt, trifft noch die große Rinderherde an, die hier über Nacht einen sicheren Unterstand hat.

Wir verlassen die Höhle und treffen auf einen breiten Weg, dem wir nun etwa 15 Minuten folgen. Der Blick links unter uns ist atemberaubend: Man sieht die gesamte Nordostküste bis hin zum Erimitis, vor der Küste erkennen wir eine relativ große Fischfarm mit ihren kreisrunden Reusen.

Nach ca. 600 Metern zweigt ein durch blaue Markierungen **deutlich gekennzeichneter Pfad nach rechts ab (4).** Wir gehen jetzt steil bergauf, über teils stufenförmig angeordnete Felsen, auf dem ausgetretenen Wiesenpfad. Je höher wir kommen, desto karger ist die Landschaft, sodass man den Pfad und die blauen Punkte, an denen wir uns orientieren, sehr gut sieht. Sollte mal keine Markierung zu erkennen sein, folgen wir den Hinterlassenschaften der Tiere, deren Glocken hier oben zeitweise die einzigen Geräusche verursachen.

Nach weiteren 600 Metern wenden wir uns entsprechend der **blauen Kennzeichnungen scharf nach rechts (5)** und klettern auf eine Anhöhe. Dahinter breitet sich eine Hochebene aus, die wir durchqueren, dabei passieren wir eine **steinerne Ruine (6)** auf der rechten Seite. Am Ende der Hochebene sehen wir einen einzelnen Eichenbaum, an dem ein blaues Schild mit der Nummer 2 hängt. Es weist uns auf einen jetzt wieder deutlich erkennbaren Trampelpfad.

Zunächst eben, später bergab führt uns dieser Pfad in 300 Metern zu einer Straße. Dieser folgen wir nach rechts und gelangen direkt zu einem kleinen **Picknickplatz (7)** mit einer herrlichen Aussicht auf die Andinioti-Lagune bis nach Albanien. Der Zweck der Häuschen direkt daneben ist auf Anhieb nicht ersichtlich. Vielleicht handelt es sich um Unterstände für die Kühe. Wir folgen der Straße ein kleines Stück nach rechts – im weiteren Verlauf ist sie nicht mehr befestigt. Der Wiesenweg leitet uns an einigen weiteren Unterständen vorbei, durch einen ummauerten Zugang und endet schließlich am Fuß der Schlucht, an der sich der **Eingang der Höhle „Megali Grava" (8)** befindet. Er ist groß und relativ eben, sodass wir die Höhle betreten können (Vorsicht bei Nässe!).

Wenn wir von der Höhle zum Picknickplatz zurückkommen, folgen wir einfach der Hauptstraße in Serpentinen steil abwärts, bis zum **Ausgangspunkt** zurück.

Fassade aus regionalem Naturstein

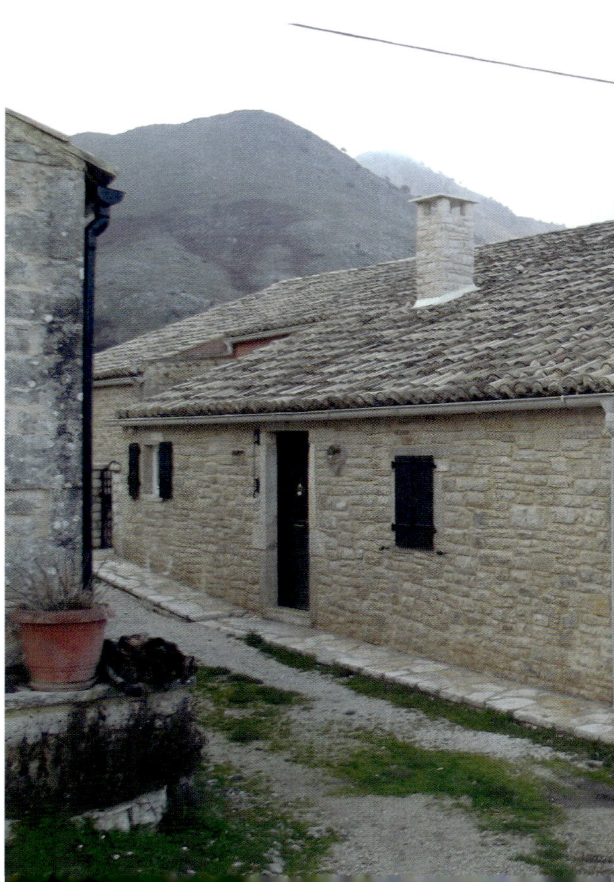

Megali Grava

In der riesigen Megali Grava (*Megali* = groß, *Grava* = Grotte) herrscht eine verwunschene Atmosphäre. Stalaktiten und dunkelgraue felsenartige Gebilde umgeben uns. Die hohe Feuchtigkeit, die aus dem Berg über uns herabtropft, hat eine eindrucksvolle Pflanzenwelt entstehen lassen. Wilde Tauben, Krähen und Fledermäuse nisten in der Felswand über der Höhle und erfüllen die Luft mit ihrem Geschrei. Einst floss hier ein unterirdischer Fluss und Archäologen gehen davon aus, dass hier in prähistorischer Zeit Menschen lebten.

015wko ft

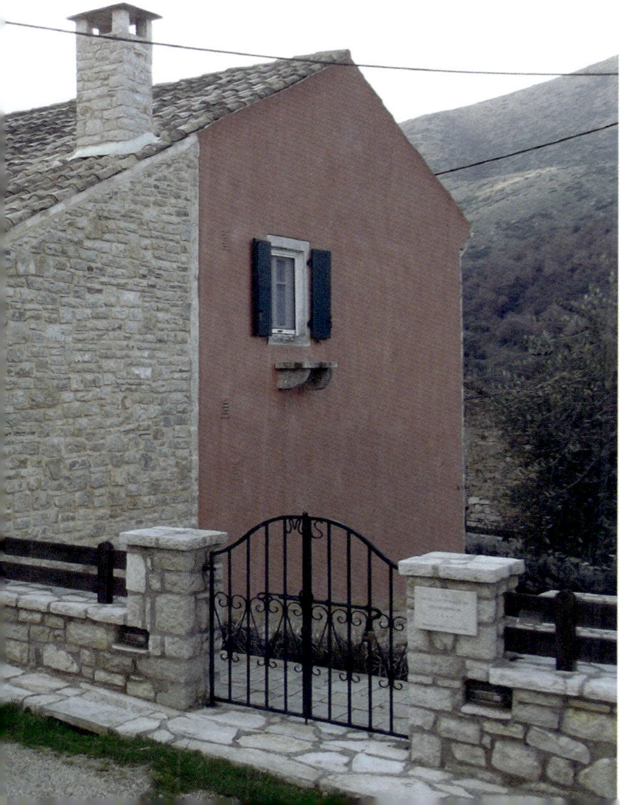

Tour N5 Aufstieg von Acharavi über Lafki und weiter nach Strinilas

14,2 km
5 Std.
mittelschwer

Der Küstenort **Acharavi** ist ein relativ modernes Dorf mit gut ausgebauter touristischer Infrastruktur und einem breiten, langen Sandstrand. Neben den zahlreichen Geschäften und Gaststätten lohnt sich ein Besuch im Volkskundemuseum, in dem neben alten Fotos, Büchern, Schriftstücken und Münzen auch Möbel, Hausrat, Werkstätten sowie Kleidung aus der Zeit um das Jahr 1800 ausgestellt sind. Genau gegenüber befindet sich eine Ausgrabungsstätte, ein antikes, beheizbares Badehaus, das zu einem größeren römischen Anwesen gehört haben muss - ein Beweis dafür, dass diese Region bereits in vorchristlicher Zeit besiedelt war. Ivi hieß damals diese antike Stadt, benannt nach einer von Zeus' Töchtern. Im Jahr 32 vor Christus wurde sie von dem römischen Herrscher Octavios zerstört und ihr Name wurde in Achari Ivi (Freudloses Ivi) und später in Acharavi umgetauft.

Freudlos blieb die Region um Acharavi lange Zeit, denn früher war sie ein sumpfiges Malariagebiet und außerdem - wie alle Küstenorte - ständig in Gefahr, von Piraten angegriffen zu werden. Erst durch den beginnenden Tourismus erwachte Acharavi zum Leben und entwickelte sich bald zu einem lebhaften Feriendorf, dessen Glanz mittlerweile verblasst, aber nicht verloren ist.

Länge: 14 km
Dauer: 5 Std.
Schwierigkeit/Charakter: mittelschwer. Dieser Weg beginnt in Acharavi und endet auf einer Höhe von 700 Metern in Strinilas. Obwohl wir fast die ganze Zeit über bergauf wandern, ist diese Tour nicht so anstrengend wie sie scheint, da zwischen den Steigungen immer wieder Hochebenen liegen, auf denen wir verschnaufen können. Die Aussichtspunkte, die wir unterwegs passieren, sind spektakulär und während des Aufstiegs können wir die sich ständig ändernde Morphologie und Vegetation der Landschaft beobachten.
Übernachtung: in Acharavi
Einkehr: unterwegs in Lafki, in Petalia und am Etappenziel

Öffentliche Verkehrsmittel: Zum Ausgangspunkt Linie A3 Richtung Acharavi, vom Etappenziel gibt es von Montag bis Freitag am frühen Nachmittag einen Bus nach Korfu-Stadt.

Rundwander-Variation: Rundweg von Acharavi nach Lafki und wieder nach Acharavi (Rückweg ab WP 9)
Länge: 12 km
Dauer: 4 Std.
Schwierigkeit: schwer, stellenweise lange und steile Abschnitte, einige sehr unwegsame Abstiege – daher sind knöchelhohe Schuhe unbedingt notwendig

Kurzwander-Variation: Lafki – Petalia (WP 10 bis WP 14)
Länge: 6 km
Dauer: 2 Std.
Schwierigkeit: mittel, mit längeren Anstiegen

Der Eingang zum Kloster Panagia ton Dromon mit seinem Drachenrelief

016wko ft

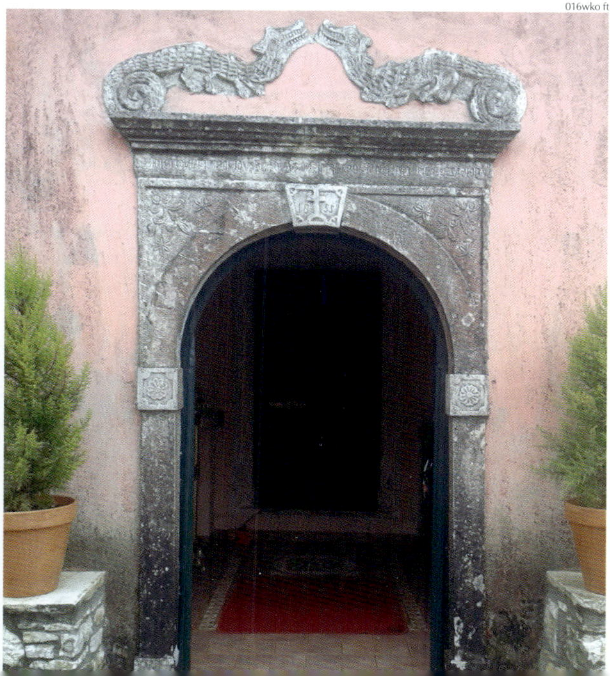

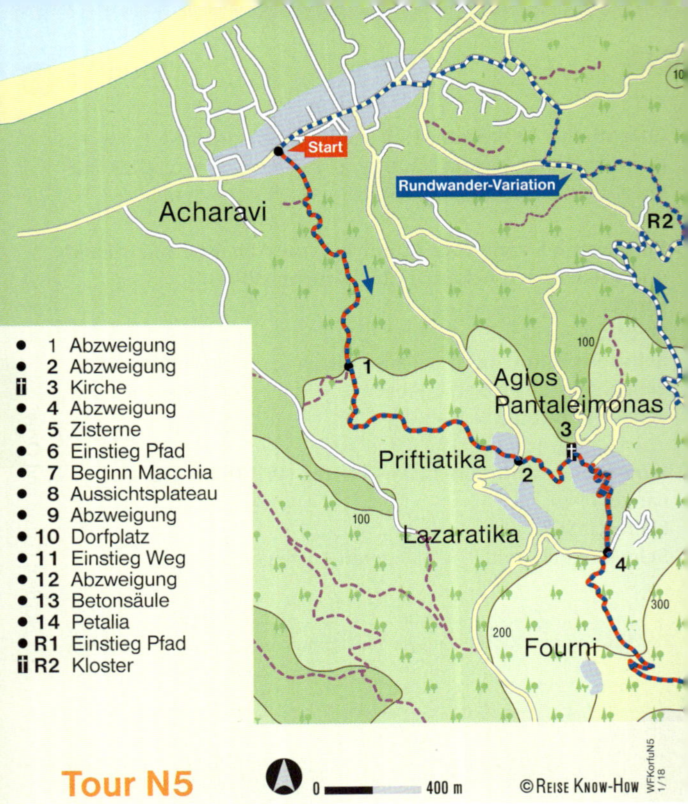

Wegbeschreibung

Schräg gegenüber dem Museum in **Acharavi,** etwa 50 Meter hinter den Ausgrabungen in Richtung Acharavi-Zentrum, beginnt unser Wanderweg. Wir gehen hinter dem ersten (unbewohnten) Gebäude rechts den Betonweg aufwärts (hier ist ein blaues Zeichen an der Mauer), der schon bald schmaler wird. Die natursteinerne Wegbefestigung und die uralte moosbewachsene Mauer deuten darauf hin, dass es sich hier um einen historischen Weg handelt – vermutlich wurde er bereits von der antiken Bevölkerung benutzt, um von der Küste in die Berge zu gelangen. Nach 250 Metern setzen wir an einer Gabelung unseren Weg nach rechts fort. Der Weg ist überall gut mit **blauen Schildern (Wanderweg 4) und Zeichen markiert.** Wir überqueren ein meist trockenes Bachbett, anschließend steigt der

Weg recht steil an und führt uns in etwa einem Kilometer durch Olivenhaine, Laub- und Nadelwälder bis zu einem großen, verfallenen Gehöft.

Hinter dem Gehöft gelangen wir an eine T-Kreuzung, an der wir den linken, aufwärtsführenden Weg wählen. Etwa 200 Meter weiter **zweigt nach links ein schmaler Pfad ab (1).** Hier folgen wir nicht der blauen 5, sondern achten auf die hellblauen Weg-

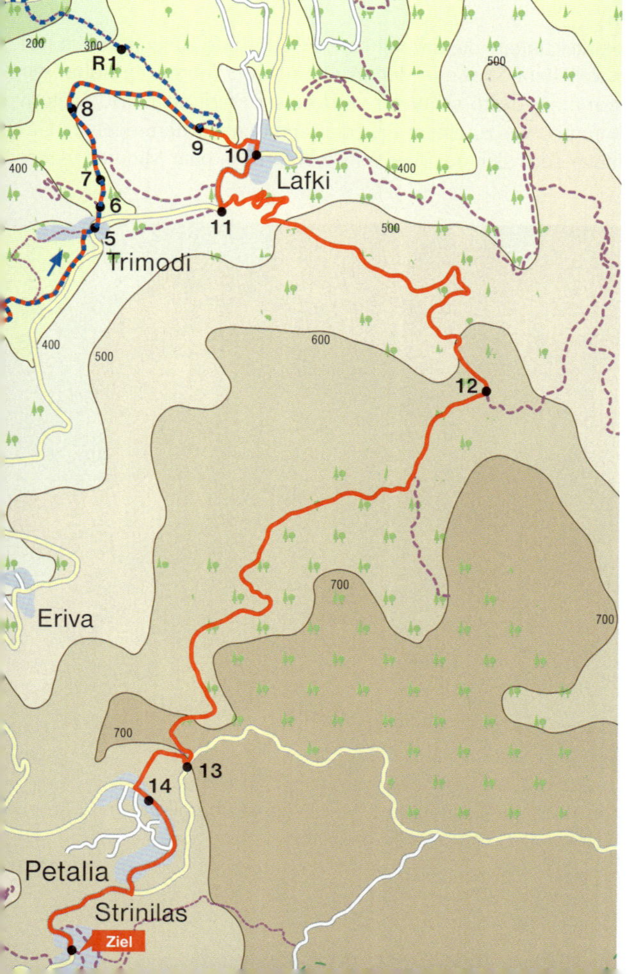

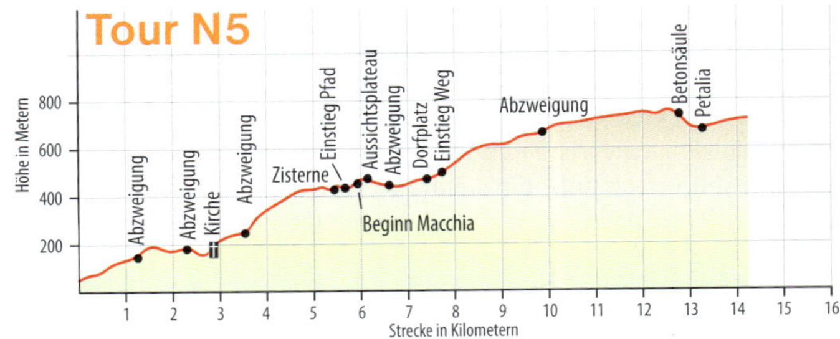

markierungen, die uns vor einer Absperrung zunächst noch fast parallel zur Straße in den Wald aufwärts führen. Je höher wir kommen, desto schmaler wird dieser Pfad, nach 150 Metern kommen wir zu einem Brunnen, um den wir herumgehen. Dahinter setzt sich der Weg aufwärts fort. Ein paar Minuten weiter

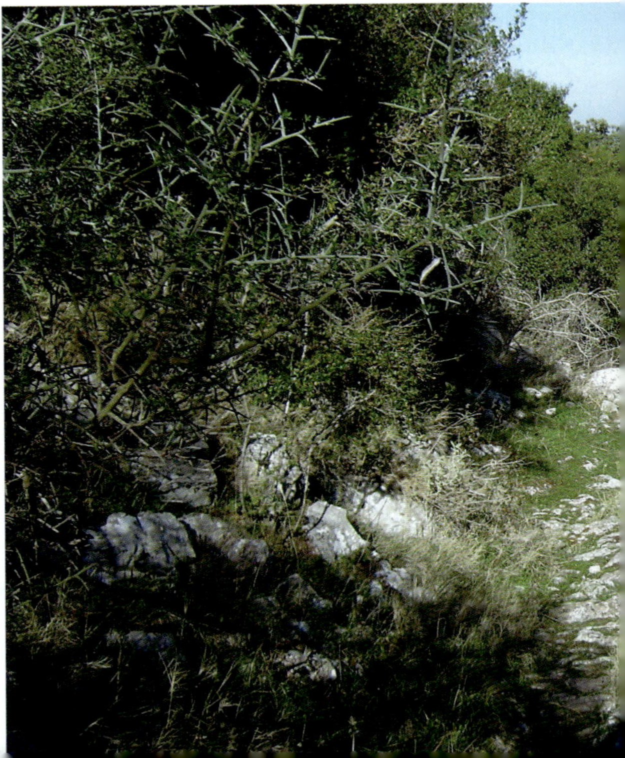

stoßen wir auf einen Feldweg, in den wir links abbiegen. Zwischen den vereinzelten, verfallenen Häusern und den Olivenbäumen können wir jetzt immer wieder schöne Blicke auf das Dorf Acharavi, das Meer und die Berge von Albanien erhaschen.

Nach 400 Metern kommen wir zu einer Gabelung, an der wir links weiter gehen und nach wenigen Minuten sind wir in der kleinen Siedlung **Priftatika.** 2,3 Kilometer sind wir bereits gelaufen. Wir gehen ins Dorf hinein und kurz danach kommen wir auf eine Asphaltstraße, die wir nach rechts weitergehen. Bereits nach 20 Metern verlassen wir diese bereits wieder nach links und dann direkt wieder links in einen **abwärts führenden Pfad (2).** Jetzt können wir schon unser nächstes Etappenziel erken-

Es heißt, dass der Weg nach Trimodi in der Antike bereits als Fluchtweg vor römischen Angreifern diente

017wko ft

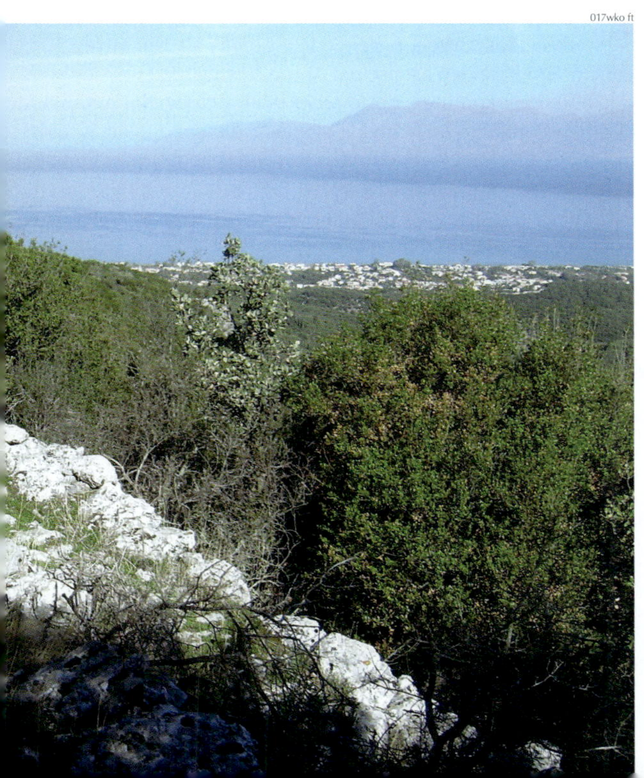

nen: das alte Dorf **Agios Panteleimonas.** Wir wandern abwärts durch einen Laubwald und überqueren eine Betonbrücke. Anschließend geht es bergauf und wenig später sind wir an der **Kirche (3)** von Agios Panteleimonas angekommen, an der wir vorbeigehen. Dahinter führt ein Stufenweg ins alte Dorf hinauf. Wir folgen ihm, wobei wir uns immer an den blauen Zeichen orientieren, die auf die Wände der Häuser gepinselt wurden. Deren Zustand zeugt davon, dass heute nur noch die wenigsten von ihnen bewohnt sind.

Am Ende des alten Dorfes, das Anfang des vergangenen Jahrhunderts noch über 700 Einwohner hatte, treffen wir auf eine anfangs noch asphaltierte Straße, in die wir nach rechts abbiegen und der wir etwa 600 Meter aufwärts folgen. Dann zweigt in einer scharfen Rechtskurve ein **kleiner Pfad (4) nach links steil bergauf** in das Pantokrator-Gebirge ab. Unter unseren Füßen wird es felsig, bald sind wir in einem Laubwald – im weiteren Verlauf schlängelt sich unser Pfad gut markiert in Serpentinen entlang des mit Sträuchern dicht bewachsenen Berghanges. Es heißt, dass dieser Weg in der Antike bereits als Fluchtweg vor den unbarmherzigen römischen Angreifern genutzt worden sei.

Je höher wir kommen, desto mehr lohnt sich ein Blick zurück: Das Panorama hinter Acharavi bis nach Albanien besticht einmal mehr. Die Wegmarkierungen werden seltener (rote Punkte entlang einer Wasserleitung in die Gegenrichtung ignorieren wir), dennoch kann man sich in dieser Gegend so gut wie nicht verlaufen. Nach etwa einem Kilometer wird der Weg breiter, die Vegetation lichter und nach einem weiteren halben Kilometer sehen wir die Ortschaft **Trimodi,** die wir wenig später erreichen. Wir gehen die Dorfstraße aufwärts bis zur Hauptstraße und treffen dort auf eine große **Zisterne aus Beton (5).**

Vor der Zisterne laufen wir entsprechend dem blauen Pfeil nach links und gleich nach 20 Metern wieder links in einen kleinen, abwärts führenden Schotterweg. Nach etwa 100 Metern weist uns ein etwas verstecktes, blaues Schild an einem Baum in einen **winzigen Pfad (6),** der uns steil bergab bis zu einem Bachbett führt. Nachdem wir dieses überquert haben, geht es wieder aufwärts durch feuchte, schattige Vegetation. Obwohl der Pfad nicht immer deutlich sichtbar ist und nach einigen Minuten von den Olivenkulturen weg in eine **macchiaähnliche Vegetation führt (7),** kann man ihn dank der blauen Markierungen nicht verfehlen.

Durch das Gebüsch hindurch erreichen wir nach ein paar Minuten eine Schotterstraße, in die wir links abzweigen, um wenig später das Highlight dieser Tour zu erreichen: Vom **Plateau des Berges (8)** aus überblicken wir die gesamte Nordküste von Korfu – unter uns Acharavi, links davon die Orte Roda, Sidari, das Kap Drastis und die Orte an der Westküste bis zum Hügel Afionas. Im Hintergrund die Diapontischen Inseln. Und rechts erkennt man sogar noch einen Zipfel der Andinioti-Lagune.

Wir gehen den Weg weiter abwärts und kommen bald wieder in einen Wald.

Etwa nach 700 Metern **zweigt ein Weg schräg nach links hinten ab (9)** und für diejenigen, die die Rundwanderung wandern, beginnt hier der Rückweg nach Acharavi: (Wer vorher noch in Lafki einkehren möchte, folgt den Beschreibungen der Streckenwanderung bis WP 10).

Für die Rundwander-Variation 1: Rundweg von Acharavi nach Lafki und zurück:

Am **Abzweig (9)** folgen wir den beiden blauen Schildern mit den Nummern 3 und 4 und wandern etwa 400 Meter auf diesem breiten Weg bis dieser dann plötzlich im Wald endet. Man könnte meinen, es geht hier nicht weiter, doch etwa 10 Meter vor dem Ende finden wir auf der rechten Seite einen blauen Punkt und einen Pfeil, die uns den versteckten **Einstieg in einen sehr kleinen Pfad weisen (R1).** Es geht zunächst sehr steil abwärts über laubbedeckten felsigen Untergrund zwischen moosbewachsenen Steinen und dichten Laubbäumen hindurch, immer entlang dieses schmalen, doch gut erkennbaren Weges. Der Abstieg ist nicht einfach, zum Glück können wir uns an Bäumen und Zweigen festhalten und kommen so Serpentine um Serpentine den Hang hinunter. In einer Talmulde müssen wir etwas aufpassen, denn hier zweigt der Pfad – durch Pfeile auf zwei dickeren Steinen markiert – nach links ab. Es geht nun etwas leichter, immer noch bergab, bevor wir auf eine Asphaltstraße treffen. Diese gehen wir nach links und durchqueren bald eine kleine Siedlung. 400 Meter weiter, hinter dem letzten Haus, zweigt in einer Linkskurve ein Betonweg nach rechts ab, dem wir abwärts folgen. Nach weiteren 800 Metern biegen wir rechts in einen Schotterweg ab und an der Gabelung darauf halten wir uns wieder rechts. Etwa 300 Meter weiter treffen wir auf eine Asphaltstraße, auf der wir noch einmal rechts gehen. Einen halben Kilometer danach achten wir auf blaue Schilder mit den Nummern 3 und 4 an einer Zypresse, denn hier müssen wir links abbiegen. Ein kleines braun-gelbes Schild weist uns hier bereits auf Griechisch den Weg zum Kloster Panteleimonas. Wenig später erreichen wir dieses **Kloster (R2).** Hier halten wir uns links und entdecken in etwa 20 Meter Entfernung ein turmartiges, mit Efeu bewachsenes verfallenes Gebäude, das einem ehemaligen Großgrundbesitzer gehört hat.

Dahinter führen uns blaue Punkte auf einen Pfad in den Wald hinein. Wir treffen nach wenigen Minuten auf einen breiten Wirtschaftsweg, den wir ein kurzes Stück nach rechts gehen, kurz danach jedoch schräg links abbiegen. Es geht knappe 100 Meter auf einem breiten Waldweg weiter, bis die Schilder uns nach links in einen schmalen Pfad führen. Jetzt laufen wir bergab, überqueren ein Bachbett und kommen wieder auf einen Wirtschaftsweg. Diesem folgen wir nach links, wandern zwischen Oliven hindurch, bis wir nach 300 Metern auf eine Asphaltstraße treffen. Wir gehen rechts, passieren zwei alte Gebäude, hinter denen in einem scharfen Winkel rechts aufwärts ein Schotterweg verläuft. Diesen müssen wir einschlagen. Leider werden die Wegmarkierungen spärlicher.

Jetzt geht es noch mal ein kurzes Stück bergauf, es gibt wenig Schatten, der Untergrund ist steinig. Wir kommen in eine kleine Ansiedlung von Häusern, zu einer T-Kreuzung, hier zweigen wir links ab, gehen abwärts und können bald schon das Dorf Acharavi sehen. Wir gehen weiter, an der Schule von Acharavi biegen wir links ab und kommen auf diesem Weg ins Zentrum von Acharavi.

Wer weiter nach Petalia und Strinilas wandert, geht am **Abzweig (9)** geradeaus. Wenige Minuten später erreichen wir das Dorf **Lafki,** an der T-Kreuzung rechts ist der **Dorfplatz (10)** mit seiner Kirche und gegenüber lockt uns die Taverne Nefeli zu einer Erfrischung nach dem langen Aufstieg.

Anschließend wandern wir auf der Hauptstraße etwa 300 Meter aus dem Dorf heraus. Nun beginnt auf der linken Seite ein **mit X3 ausgeschilderter Weg (11),** der streng bergauf führt. Zunächst geht es durch einen Zypressenwald, bald weichen die Bäume einer niedrigen Macchia-Vegetation, durch die das grandiose Panorama unter uns noch einmal sichtbar wird. Nach 700 Metern biegen wir in Richtung Pantokrator-Gebirge ab und nach einem Kilometer haben wir den steilsten Anstieg hinter uns gebracht – nun geht es sanfter bergan. Überwiegend Erika und Erdbeerbaum wachsen jetzt am Wegesrand. Der Höhenweg dazwischen ist breit und bequem zu gehen und wir lassen uns von ihm auf einer Strecke von fast 5 Kilometern leiten. Interessant ist die sich immer wieder verändernde Morphologie und Vegetation: Hochebenen mit Weideflächen wechseln sich mit waldähnlichen und gebirgigen Wegstrecken ab.

Nach 2,3 Kilometern ignorieren wir in einer Rechtskurve einen **Abzweig nach links (12)** und wandern auf dem Hauptweg weiter, wobei wir alle Abzweigungen ignorieren. Nach etwas mehr als 4 Kilometern auf diesem herrlichen Weg breitet sich noch einmal das gesamte Panorama Nordkorfus vor uns aus, bevor der Weg dann wieder abkehrt und etwa einen halben Kilometer weiter an der Hauptstraße endet. Am Straßenrand befindet sich dann eine **Betonsäule (13)** mit Stromzähler, der zu einem Wasserspeicher gehört.

Hier wenden wir uns um 180 Grad nach rechts und finden an der Betonsäule den Einstieg in einen schmalen, mit Natursteinen befestigten Pfad, der hinter der Zisterne abwärts führt. Stellenweise ist der Weg stark zugewachsen, aber immer deutlich zu erkennen und so erreichen wir in wenigen Minuten das Dorf **Petalia (14)** (was vom griechischen Wort für „Hufeisen" abgeleitet wurde, wegen der hufeisenförmigen Bergformationen, in denen das Dorf sicher eingebettet liegt). Wir treffen auf die betonierte Dorfstraße und folgen ihr abwärts in den winzigen Ortskern.

Wer nach dieser Wanderung in ein Restaurant einkehren möchte, wandert noch einen Kilometer weiter auf der Hauptstraße ins Nachbardorf **Strinilas.** Auf dem malerischen Dorfplatz mit seiner riesigen Ulme gibt es Einkehrmöglichkeiten und einen hübschen Laden mit selbstgemachten Souvenirs.

Das malerische Dorf **Strinilas** liegt auf einer Höhe von 680 Metern und ist somit das höchstgelegene Dorf Korfus. Seinen Namen hat es dem harten, steinigen Untergrund zu verdanken (*Strinilas* = steiniger Boden).

Wenige Minuten außerhalb der Ortschaft liegt das **Kloster Panagia ton Dromon,** das einen Besuch wert ist. Die ursprüngliche Kirche existierte bereits im Jahr 800 n. Chr. als eine der ältesten Kirchen Korfus und diente als Vorbild für das Kloster Pantokrator. Ihren Namen „Jungfrau der Wege“ verdankt sie ihrer Lage, denn an der Stelle, an der sie gebaut wurde, kreuzten sich damals die einzigen Wege hier oben, welche die Bergdörfer (Alt-Peritheia, Alt-Sinies) mit Mittelkorfu verbanden. Das Drachenrelief über der Tür zum Haupthaus zeigt an, dass dieses Kloster auf der Apollon- (oder auch St. Michaels-)Linie liegt, einer seit der Antike erwähnten geraden Linie zwischen Irland und dem Orient. Das Kloster kann besichtigt werden, allerdings gibt es keine feste Öffnungszeiten.

Einkehrtipp: Taverne A la Palea

Etwa 100 Meter weiter abseits des Dorfplatzes liegt die Taverne A la Palea und der Name (*palea* = alt) ist hier auch Programm: „Wie in alten Zeiten“ wird hier die traditionelle Küche der Region serviert, neben Gegrilltem gibt es köstliche Gemüse und Wildkräuter sowie verschiedene hausgemachte „Pitten“.

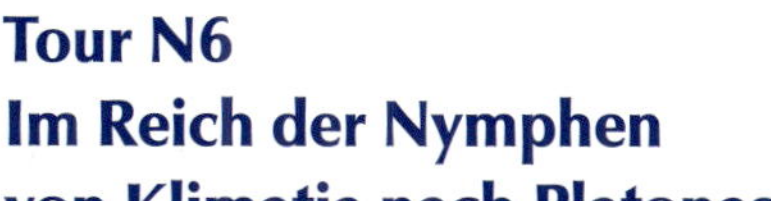

Tour N6
Im Reich der Nymphen von Klimatia nach Platonas

11 km
3½ Std.
mittelschwer

Das wasserreiche **Tal von Nymfes** ist besonders an sonnigen Tagen ein Paradies für Wanderer. Ergiebige Wasserfälle sorgen für ein immer frisches, angenehmes Mikroklima und die dichte Vegetation spendet auch im Sommer ausreichend Schatten.

Das kleine Dorf **Klimatia** befindet sich auf 220 m Höhe und findet kaum je Beachtung in den Reiseführern. Dabei ist der unscheinbare Ort Ausgangspunkt zu einigen einzigartigen Sehenswürdigkeiten der Insel, die wir auf dieser Tour entdecken werden.

Länge: 11 km
Dauer: 3½ Std.
Schwierigkeit/Charakter: mittelschwer, ein schöner Weg mit interessanten Sehenswürdigkeiten. Weite Strecken gehen über gut ausgebaute Wege durch alte, schattige Olivenhaine. Es gibt aber auch einige steile An- und Abstiege durch unwegsames, zugewachsenes Gelände, daher sind festes Schuhwerk und lange Hosen erforderlich.
Übernachtung: in Acharavi
Einkehr: Unterwegs in Nymfes (Pause ist ratsam), am Etappenziel gibt es ein Kafeneion
Öffentliche Verkehrsmittel: Zum Ausgangspunkt Linie A17 Richtung Nymfes, Ausstieg in Klimatia Endhaltestelle, vom Etappenziel Linie A3

Rundwander-Variation: Nymfes – Platonas – Nymfes (ab WP 6)
Länge: 6,7 km
Dauer: 2¼ Std.
Schwierigkeit: mittelschwer, steiler Abstieg durch unwegsames Gelände

Kurzwander-Variation: Klimatia – Nymfes (vom Ausgangspunkt bis WP 6)
Länge: 7 km
Dauer: 2–2½ Std.
Schwierigkeit: mittelschwer mit einigen Steigungen

Wegbeschreibung

Wir beginnen unsere Wanderung am oberen Ende der Hauptstraße, die durch **Klimatia** führt. Direkt neben der Busendhaltestelle folgen wir einem Hinweisschild zum Kloster Agia Triada nach links. Nach 400 Metern erreichen wir zunächst eine **kleine gelbe Kirche mit Namen Agios Spyridonos (1).** 50 Meter dahinter gabelt sich unser Weg: Die Straße, auf der wir uns befinden, ist jetzt im Mittelteil mit einem Natursteinpflaster belegt,

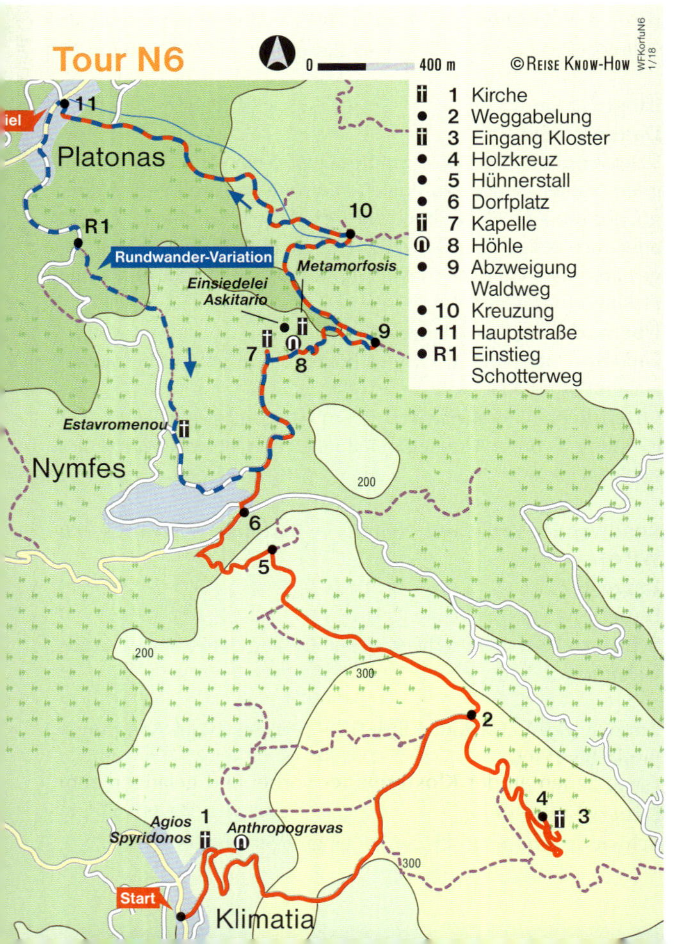

während die andere uns streng bergauf in Richtung Kloster führt. Wir bleiben zunächst auf dem gepflasterten Fußweg, der uns in weniger als 100 Metern zu einer Höhle führt:

Abstecher zur Höhle Anthropogravas (5 Minuten Gehzeit)

Die Höhle Anthropogravas (Menschenhöhle) wirkt unauffällig, gehört aber zu den eindrucksvollsten Höhlen Griechenlands. Ihre Länge beträgt 52 Meter, an ihrer breitesten Stelle misst sie 34 Meter und ihre Höhe erreicht bis zu 6,50 Meter. Insgesamt umfasst sie eine Fläche von 1390 m^2 und soll einige der sehenswertesten Stalagmiten und Stalaktiten Griechenlands beherbergen. Leider ist sie nicht zu betreten. Zwar ist der Eingang groß genug, jedoch ist es kaum möglich, auf den rutschigen steil abwärtsfallenden Felsen in ihr Inneres zu gelangen.

In der Höhle wurden Münzen, Keramiken und Werkzeug aus vorchristlicher Zeit gefunden – Beweise dafür, dass sie tatsächlich seit der Antike von Menschen genutzt worden ist. Eine Reihe von Mythen und Geschichten untermauert diese Tatsache und es wird angenommen, dass die Grotte mehr als einmal als Zufluchtsort vor einem Piratenangriff genutzt wurde.

Nach dem Abstecher zur Höhle folgen wir nun der anderen Straße, die uns stetig bergauf führt und zunächst durch die Bäume hindurch immer wieder schöne Ausblicke auf das unterhalb liegende Dorf Klimatia ermöglicht. Schließlich biegt die Straße ab, führt in Kurven weiter bergauf und geht nach etwa 700 Metern in einen gut begehbaren, breiten Schotterweg über. Alle Abzweigungen ignorierend bleiben wir für die nächsten 1,2 Kilometer auf dem bergaufwärts führenden Hauptweg.

An der folgenden **Weggabelung (2)** wählen wir den oberen Weg und gehen weiter bergauf an einer Reihe von Zaunpfählen entlang. Hier haben wir einen schönen Blick auf den Strandort Acharavi und die gesamte Nordküste, rechts davon das Dorf Episkepsi. An einer weiteren Verzweigung nach 600 Metern bleiben wir auf der ausgebauten, befahrbaren Straße. Blaue Schilder mit der Nummer 5 begleiten uns jetzt bis hinauf zum Kloster.

Wir gehen an der **Klostermauer** vorbei und gelangen zum **Haupteingang (3)**. Dieser ist jedoch meist verschlossen, denn das Kloster hat keine festen Besuchszeiten. Nachdem wir um

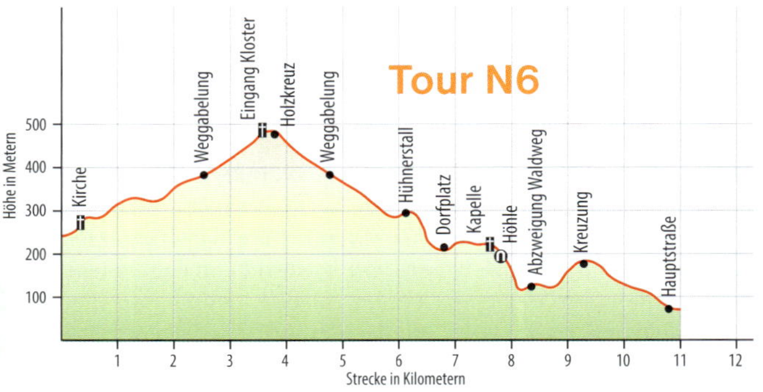

das Kloster herumgegangen sind, befinden wir uns jetzt an seiner Hauptzufahrt, unterhalb derer sich ein weiteres Gebäude befindet. In etwa 50 Metern Entfernung hinter einer geschotter-

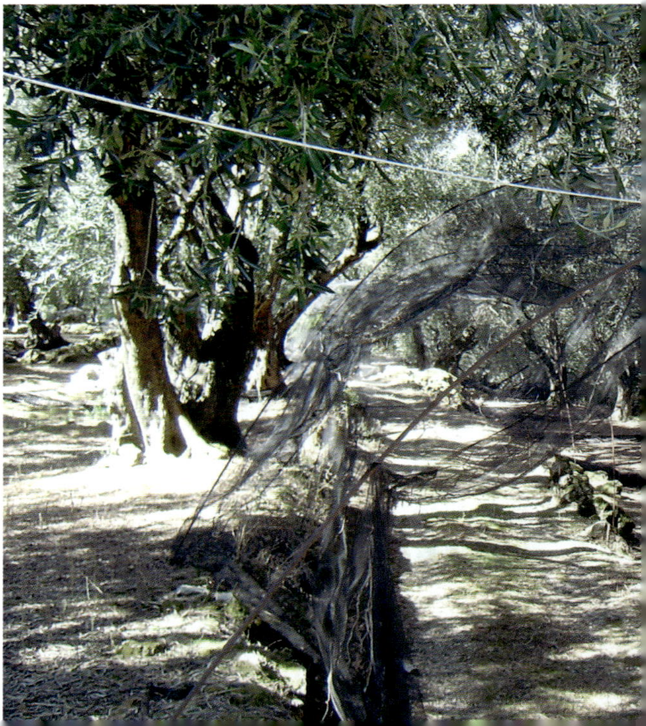

ten Grünfläche steht ein schlichtes **Holzkreuz (4),** von dem aus sich ein grandioses Panorama auf die Nordküste und die Diapontischen Inseln bis nach Albanien bietet.

Zurück an der Klosterzufahrt treffen wir wieder auf die blauen Wegweiser mit der Nummer 5, denen wir folgen, nun bergab. Wir kommen 200 Meter weiter an eine Kreuzung, an der wir uns rechts halten. Für 800 Meter befinden wir uns ab jetzt auf dem gleichen Weg, auf dem wir gekommen sind. Dann erreichen wir die **Weggabelung (2),** an der wir uns um 180 Grad nach rechts wenden und der blauen 5 nach unten folgen.

Von jetzt an geht es erst einmal bergab durch Olivenwälder. Bald eröffnet sich schon wieder ein Traumblick auf die Dörfer Episkepsi und Acharavi bis zum Meer und gegenüber nach Al-

Ein Tunnel aus Olivennetzen

018wko ft

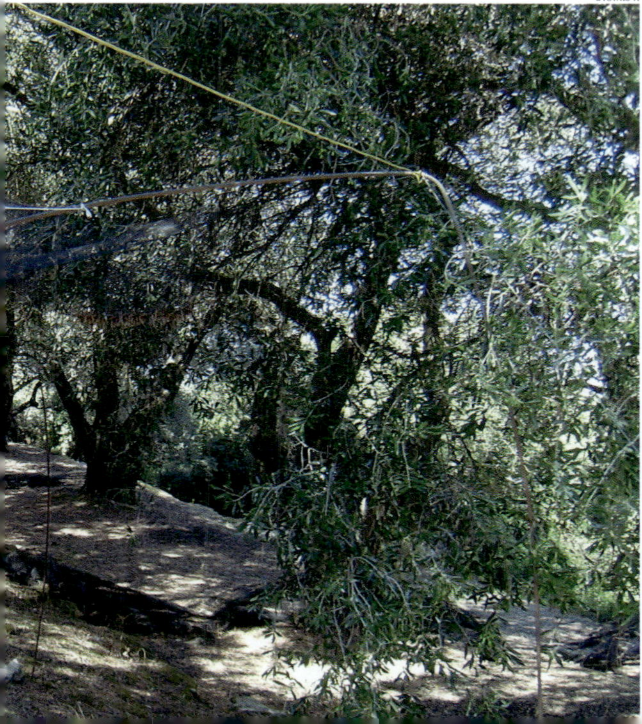

banien. Entsprechend den blauen Markierungen wandern wir gut einen Kilometer seicht abwärts, bis wir in einer 180-Grad-Linkskurve der blauen 5 auf einen rechts aufwärts führenden Betonweg folgen. Nach 20 Metern gabelt sich der Weg und wir gehen links an einem Zaun entlang. Bald gelangen wir in eine landwirtschaftlich genutzte, kleine Siedlung. Nach 250 Metern biegen wir an der ersten möglichen Abzweigung links ab und gehen an einem mit Glasscheiben ausgestatteten **Hühnerstall (5)** vorbei. Dahinter unterqueren wir einige gebogene Eisenstangen, über die Olivennetze gespannt werden, und folgen anschließend wieder der blauen 5 abwärts. Unsere nächste Etappe, das Dorf Nymfes, ist unterhalb jetzt schon deutlich zu sehen.

An einem rot und blau gekennzeichneten Olivenbaum müssen wir aufpassen, denn hier beginnt ein steiler, nicht gut zu erkennender Abstieg. Immer den blauen Punkten folgend schlängeln wir uns durch den Wald bis in den oberen Teil des Dorfes Nymfes. Nachdem wir eine Kirche passiert haben, erreichen wir bald die ersten Häuser. Von dort gelangen wir durch die uralten Gassen und über steinerne, moosbewachsene Treppen abwärts auf die betonierte Dorfstraße und schließlich auf die Asphaltstraße. Auf beiden halten wir uns jeweils rechts und kommen bald am **Dorfplatz von Nymfes (6)** an. Hier haben wir Gelegenheit zum Ausruhen, denn der große Platz mit seiner riesigen Platane spendet Schatten und direkt davor plätschert kristallklares Quellwasser aus mehreren Hähnen, mit dem wir unsere Trinkflaschen auffüllen können. 6,8 Kilometer und etwa 2 Std. sind wir bis hierhin gewandert.

Nymfes

Das Dorf Nymfes war bereits in der Antike als „Feendorf" bekannt, denn der Legende nach wohnten hier einst zahlreiche Nymphen, die als Töchter des Zeus galten. Es hieß, sie seinen aus den Bächen gekommen, geboren im Regen, den der Himmel zur Erde schickte und sie besäßen prophetische Fähigkeiten. Und wer hier zu Besuch ist, dem fällt es nicht schwer, sich vorzustellen, wie sie in diesen märchenhaften, dichten Wäldern aus hohen Zypressen und Olivenbäumen, Eichen und Platanen spielten und in den Bächen badeten. Heute beherbergt das 200 Meter über dem Meeresspiegel gelegene Dorf noch 800 Einwohner.

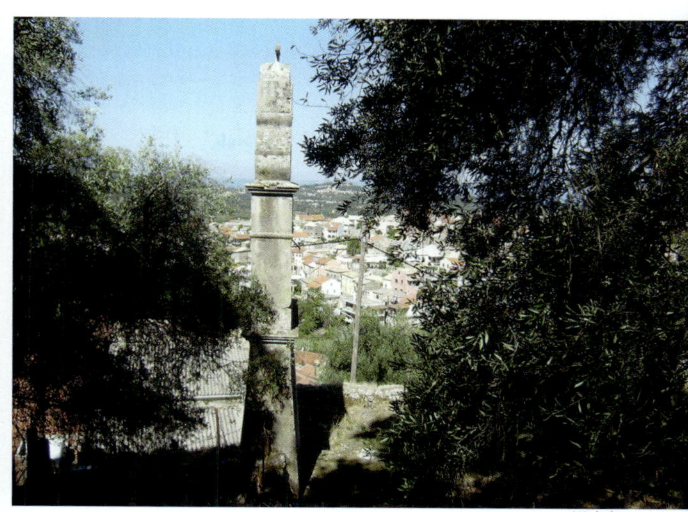
019wko ft

Nach einer Pause setzen wir unseren Weg fort, indem wir der Straße folgen, die links am Dorfplatz vorbei bergan verläuft.

Für die Wanderer des Rundweges ist hier der Start- und Endpunkt.

Nach einem kurzen, steilen Anstieg gehen wir, oben angekommen, nach rechts. Etwa 600 Meter wandern wir dann auf diesem gut ausgebauten Weg bis zu einer **Kapelle (7).** Vor der Kapelle zweigt nach rechts ein Pfad in den Wald ab, den wir einschlagen. Hier können wir uns nicht mehr auf die blauen Wegmarkierungen verlassen. Orange und später gelb gesprühte Zeichen weisen uns ab hier den Weg. Gleich dahinter gabelt sich der Weg und wir wählen die linke abwärts führende Möglichkeit, die in kurzer Zeit zu einem großen, verlassenen Kloster führt. Wir durchqueren den Klosterhof, steigen die Treppen abwärts und folgen dem Pfad einige Meter nach unten. Dort entdecken wir ein interessantes Denkmal: eine **Höhle (8),** in der einst ein Mönch lebte.

Das Dorf Nymfes

Einsiedelei Askitario und das Kloster Metamorfosis

Die Einsiedelei Askitario und das Kloster Metamorfosis sind zwei der ältesten Zeugnisse des Christentums auf Korfu und mit ihnen ist die ungewöhnliche Geschichte eines in Askese lebenden Mönches verbunden: Im 5. Jh. kam der orthodoxe Pater Artemios Paisios vom Festland gegen den Willen seiner Eltern nach Nymfes. Er entschloss sich, dort zu bleiben und grub, wie es heißt, mit eigenen Händen diese Höhle in den Stein, um in ihr zur Ruhe zu kommen und zu beten. Hier soll er bis ans Ende seines Lebens geweilt haben. Er meißelte auch eine Kapelle und einen Treppenweg in den Stein, der zum Gipfel seines Felsens führte. Von hier aus konnte er das Meer beobachten und eines Tages sah er ein Schiff sich nähern, auf dem er seine Eltern vermutete. Er befürchtete, dass diese ihn zur Rückkehr in ein weltliches Leben überreden wollten und grub daraufhin eine Grube unterhalb der Felswand. Dorthinein begab er sich, um zu beten. Seine Eltern fanden ihn begraben unter einem wuchtigen Stein, der sich vom Berg gelöst hatte. Sie versuchten, das Grab zu öffnen, doch als sie auf den Stein einschlugen, sprühte er Funken. Sie verstanden nun, dass sie sich dem Wunsch ihres Sohnes, hier begraben zu sein, ergeben mussten. So blieben auch sie am Ort und gründeten das Kloster.

Was man heute noch vom Kloster sieht, ist neueren Datums. Die Kirche ist dem Allmächtigen „Pantokrator" gewidmet. Seitlich davon befinden sich die Reste der Zellen und Wirtschaftsräume. Das Gebäude wurde in der Vorkriegszeit als landwirtschaftliche Lehranstalt genutzt, im Untergeschoss ist noch eine alte Olivenpresse erhalten. Man kann sich die einzelnen Phasen der Olivenölproduktion gut vorstellen: das steinerne Becken, in dem die Oliven gewaschen wurden, das steinerne Mühlrad, das von Pferden oder Eseln bewegt wurde sowie die eiserne Presse, mit der das Öl aus dem Olivenbrei gepresst wurde.

Am Askitario vorbei folgen wir den orangenen und gelben Punkten weiter in den dichten Laubwald hinein. Schon bald hören wir den Bach rauschen, auf den wir uns jetzt zubewegen. Der schmale Pfad ist anfangs gut erkennbar und er führt recht steil bergab, später wird er unwegsamer. Nach 300 Metern Abstieg sind wir im Tal angekommen und stoßen an einen Wirtschaftsweg. Diesem folgen wir nach rechts entlang des Baches etwa

200 Meter, bevor er mittels einer schmalen Holzbrücke den Bach überquert. Am anderen Ufer des Baches verläuft ebenfalls ein **Waldweg (9).** Wir wandern links weiter, parallel zum Bach. Nach etwa 200 Metern erblicken wir durch die Gewächse am Wegesrand eine kleine **Kumquat-Plantage** (siehe Exkurs).

Wir wandern etwa einen Kilometer auf diesem Weg, der durch urige, schattige Wälder und Olivenhaine aufwärts führt und zunehmend dichter zugewachsen ist. Dann kommen wir an eine **Kreuzung (10),** an der wir uns um 180 Grad nach links wenden und entlang eines niedrigen Zaunes, der ein gepflegtes Olivenanbaugebiet abgrenzt, weiter gehen. Wir passieren eine kleine Hütte auf der rechten Seite und bald darauf weitere mehr oder weniger verfallene Gebäude. Nur ein einziger Bauernhof am Ende dieser verlassenen Siedlung ist noch bewohnt.

Hinter der Siedlung folgen wir dem Weg, der jetzt besser ausgebaut ist und abwärts führt. Nach etwa einem weiteren Kilometer erreichen wir nach und nach die ersten Grundstücke der Ortschaft Platonas. Hier folgen wir dem Weg entlang der Häuser, der uns zur **Hauptstraße (11)** führt.

Die Kumquat

Die Kumquat ist neben Olivenöl die Spezialität Korfus und ein wahrer Exportschlager. Der englische Olympionike und Hobbybotaniker Sidney Merlin brachte die eigentlich in Asien heimische Pflanze, die dort kam kwat – „goldene Orange" – heißt, im Jahr 1860 nach Korfu. Sie passte sich schnell den klimatischen Bedingungen an und stieß auf Sympathie bei den Korfioten. Seit 1924 wird sie auf Korfu in großem Maßstab angebaut, und zwar überwiegend hier, in der Gegend um Nymfes – griechenlandweit der einzige kommerzielle Kumquat-Anbau. 140 Tonnen der Frucht werden hier jährlich auf 500.000 m^2 Anbaufläche geerntet und anschließend auf verschiedene Weise weiterverarbeitet. Die vitaminreichen, höchstens 5 cm langen Miniorangen werden im Ganzen mit Schale verzehrt. Ihr Geschmack ist eine Mischung aus Zitrone, Orange und Mandarine. Marmelade und Süßwaren werden aus der Frucht hergestellt, doch am beliebtesten ist sie in flüssiger Form. Kumquat aus Korfu ist eine geschützte Herkunftsbezeichnung für einen Likör, der nicht nur durch seine tieforange Farbe, sondern auch durch seinen fruchtigen Geschmack überzeugt.

Für die Wanderer des Rundwegs beginnt hier die Rückkehr nach Nymfes (ca 1½ Std.).

Für den Rückweg nach Nymfes gehen wir auf der Hauptstraße nach links, verlassen sie jedoch bereits etwa 150 Meter weiter, indem wir einem Schild folgen, das Nymfes in 2 km ausweist. Nach knapp 700 Metern, unmittelbar nach einer Leitplanke zweigt ein **Schotterweg (R1)** nach links aufwärts von dieser Straße ab, dem wir in den Wald hinein folgen. Etwa 30 Meter weiter verzweigt sich der Weg und wir wählen den rechten Zweig, der uns bergauf in einen zauberhaften Olivenhain führt. Es geht an einem Bach entlang, der je nach Jahreszeit mehr oder weniger Wasser führt, und den wir schließlich überqueren. Je höher wir kommen, desto mehr nähern wir uns der Straße, die bald zu hören ist. Dort angekommen, erreichen wir die Kirche Stavromenos (oder Estavromenou) „des Gekreuzigten". Auch dieses Bauwerk gehört zu den ältesten christlichen Denkmälern Korfus, da es sich um eine der beiden byzantinischen Kreuzkuppelkirchen Korfus handelt. Hier folgen wir der Straße nach links und es geht weiter aufwärts bis wir nach einigen Hundert Metern zum Ausgangspunkt zurückgelangen.

Das Kloster Metamorfosis mit seiner bewegten Geschichte

0120wko ft

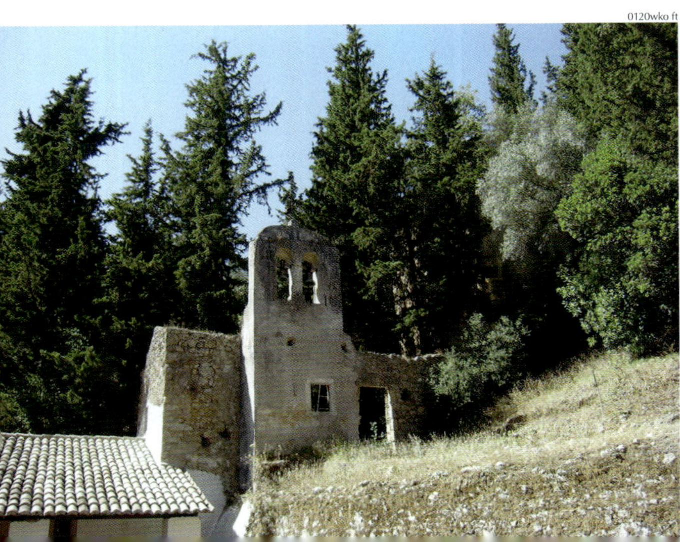

Tour N7 Der Sprung des Maultiers: Von Rekini nach Ano Korakiana

13,8 km
4½ Std.
anspruchsvoll

Der Name **Rekini** leitet sich wahrscheinlich von dem ehemaligen Großgrundbesitzer der Region ab, der hier auch eine Wassermühle betrieb. Denn die Gegend war früher aufgrund ihres Wasserreichtums ziemlich fruchtbar.

Länge: 13,8 km
Dauer: 4½ Std.
Schwierigkeit/Charakter: anspruchsvoll. Der erste Teil der Wanderung nach Valanio und Sokraki führt durch große, fruchtbare Wälder über einige lange, steile Anstiege. Nach einer Pause setzen wir unseren Weg durch offenere Landschaft fort. Drei schöne Bergdörfer lernen wir auf dieser Route kennen.
Übernachtung: in Sokraki und in Ano Korakiana gibt es einige Übernachtungsmöglichkeiten
Einkehr: in Sokraki, am Etappenziel
Öffentliche Verkehrsmittel: Zum Ausgangspunkt, Linie A3, Richtung Acharavi, Ausstieg in Rekini, vom Etappenziel Linie A13

Rundwander-Variation: Sokraki-Rundwanderung (ab WP 7)
Länge: ca. 6 km
Dauer: 2 Std.
Schwierigkeit: einfach

Kurzwander-Variation: Valanio – Sokraki (WP 3 bis WP 7)
Länge: 5 km
Dauer: 2 Std.
Schwierigkeit: mittelschwer, teils steile Anstiege

Wegbeschreibung

Der Ausgangspunkt dieser Tour ist kein Ort, sondern eine **Kreuzung, die Rekini genannt wird.** Wir erreichen sie, indem wir von der Hauptstraße Korfu – Sidari auf die Straße nach Acharavi/Roda abzweigen. An der Kreuzung können wir parken oder aus dem Bus aussteigen – in Sichtweite befindet sich die **Brücke,**

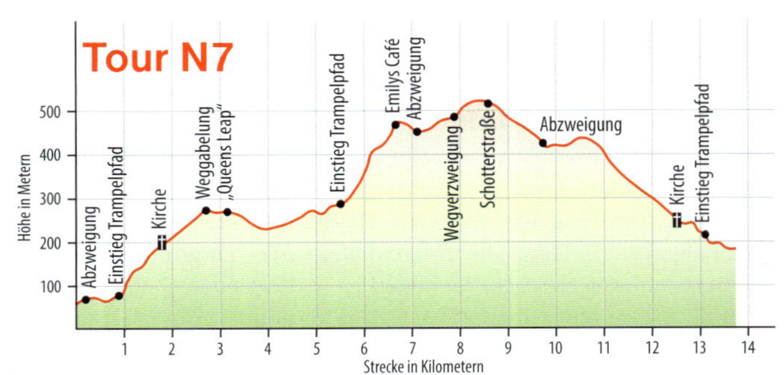

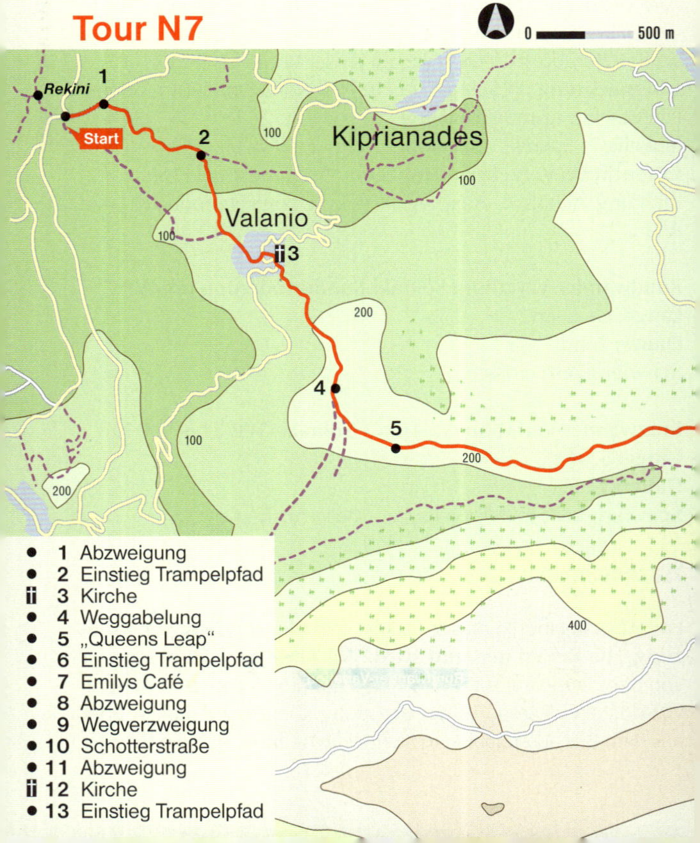

Tour N7

0 500 m

Rekini
Start
Kiprianades
Valanio
1
2
3
4
5
100
200
400

- 1 Abzweigung
- 2 Einstieg Trampelpfad
- 3 Kirche
- 4 Weggabelung
- 5 „Queens Leap"
- 6 Einstieg Trampelpfad
- 7 Emilys Café
- 8 Abzweigung
- 9 Wegverzweigung
- 10 Schotterstraße
- 11 Abzweigung
- 12 Kirche
- 13 Einstieg Trampelpfad

die den Melissoudi-Bach überquert, der Startpunkt unserer Wanderung.

Etwa 200 Meter hinter der Brücke in Richtung Acharavi zweigt nach rechts ein gut sichtbarer und **durch ein kleines CT-Schild markierter Schotterweg ab (1).** Wir starten unsere Wanderung auf diesem Weg, der uns in den Wald hineinführt. Bald hören wir rechts neben uns einen Bach plätschern. Der Weg wird schmaler und geht schließlich in einen Trampelpfad durch Gestrüpp und Gras über. Nach etwa 350 Metern führt er uns zu dem Bachlauf hinunter, um diesen zu überqueren. Am anderen Ufer steigen wir die Böschung nach rechts hinauf. Oben ange-

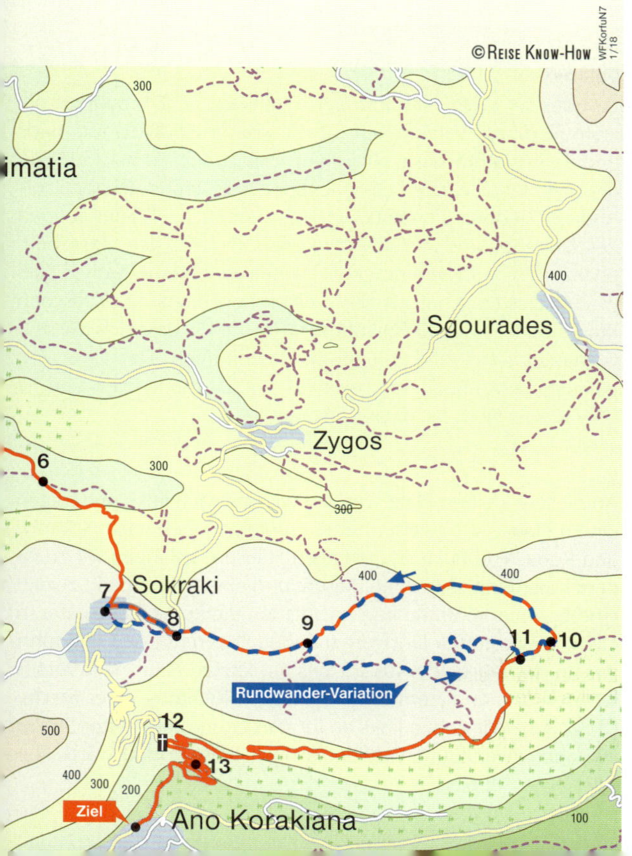

kommen richten wir uns nach links und folgen dem Weg, der uns weiter parallel zum Bach, der jetzt links von uns plätschert, führt. Nach 300 Metern müssen wir allerdings aufpassen: Hier zweigt versteckt ein **Trampelpfad (2),** der durch blaue und gelbe Markierungen an zwei Bäumen gekennzeichnet ist, rechts aufwärts ab. Zunächst über moosbewachsenen, felsigen Boden durch einen dichten, schattigen Niederwald, später in lichterer Vegetation entlang einer Olivenanpflanzung, geht es nun stetig bergauf. Wegmarkierungen sind hier spärlich, jedoch ist der Weg immer gut zu erkennen und wir folgen ihm bis wir auf einen breiteren Weg stoßen. Hier gehen wir links ins Dorf **Valanio.** An zwei weiteren Weggabelungen halten wir uns ebenfalls links und gelangen so zu einem kleinen Platz, der hier inmitten dieses Gewirrs aus Gässchen eine Art Kreuzung darstellt.

Valanio

Mitten im Wald entstand hier bereits im 14. Jahrhundert die erste Siedlung. Valanio war für die Römer ein Wort für „Bad" und es existieren tatsächlich Hinweise auf ein römisches Bad, das sich hier an einem nahegelegenen See befunden haben soll. Andere Theorien führen jedoch den Namen des Dorfes auf den des Eichenbaums „Velanidia" zurück, der vor der Massenanpflanzung von Oliven durch die Venezianer hier in großer Zahl wuchs. Das Dorf hat auf Korfu einen besonders musikalischen Ruf: Es zählt etwa 350 Einwohner und es heißt, dass sich alle 350 in irgendeiner Weise mit Musik beschäftigen. Der Chor von Valanio, „Koro" genannt, existiert seit Jahrhunderten und ist über Korfus Grenzen hinaus bekannt.

An diesem kleinen Platz wenden wir uns nach links und folgen einem blauen Wegweiser mit Kilometerangaben nach Acharavi und Roda. Vorbei an einigen alten Häusern gelangen wir zu einem Kafeneion. Zwischen diesem und einem Minimarkt zweigt eine betonierte Straße nach rechts ab, die kurze Zeit später in einen gepflasterten Dorfweg mündet. Er verengt sich und führt uns an das Dorfende, wo wir uns am letzten Haus nach rechts wenden und an einem Zaun entlang in Richtung einer **Kirche (3)** gehen. Wir gehen links an ihr vorbei und folgen der Straße zwischen zwei Zäunen auf der Asphaltstraße dorfauswärts. Der

Weg ist breit und zunächst noch befahrbar. Er führt bergauf auf eine Anhöhe, nach fast einem Kilometer sind wir an der höchsten Stelle angekommen. Kurz hinter einer Zisterne weist uns an einer **Weggabelung (4)** ein gelber Punkt nach links abwärts. 100 Meter weiter an einer weiteren Verzweigung gehen wir dem CT-Schild folgend weiter geradeaus in den bergauf führenden Weg. Etwa einen halben Kilometer danach begegnen wir einem Schild, auf dem dieser Platz als **„Queens Leap“ (5)** bezeichnet wird.

Queens Leap

Auf Griechisch heißt der Platz „Tis Moulas to Pidima“, was auf Deutsch so viel bedeutet wie „des Maultiers Sprung“. Hinter diesem eigenartigen Namen verbirgt sich eine tragische Geschichte, von der zwar niemand weiß, ob sie sich tatsächlich so zugetragen hat, die jedoch über die Jahrhunderte bis heute überliefert wird: Oberhalb des Weges befand sich in der Vergangenheit eine Burg. (Reste davon sind noch erhalten und werden von Historikern auf byzantinische Zeit datiert. Zentrum der alten Festung war eine Kirche, deren 800 Jahre alten Mauerreste mit ihren für die byzantinische Zeit typischen Keramik-Einlagerungen noch gut zu erkennen sind.) Denkt man sich die Olivenbäume weg, die es vor acht Jahrhunderten hier noch nicht gegeben hat, fällt es leicht, sich vorzustellen, was für eine strategisch wichtige Position diese Festung innehatte, denn sowohl nach Norden als auch nach Süden war das offene Meer zu überblicken und zu kontrollieren. Diese Burg wurde gern von Argyro besucht, der Tochter eines Königs, der mit seiner Familie in einer entfernten Festung lebte, die von hier aus zu sehen war. Eines Tages soll Argyro mit ihrem Maultier zur Quelle von Valanio geritten sein, um zu baden. Später stattete sie, wie üblich, der Burg einen Besuch ab. Als sie nach Hause zurückreiten wollte, erblickte sie in der Ferne plötzlich Flammen, die von der elterlichen Festung aufstiegen, und sobald sie gewahr wurde, dass Piraten ihre Heimat zerstört und verbrannt hatten, traf sie eine bittere Entscheidung: Sie verband sich selbst und dem Maultier die Augen mit ihrem Kopftuch und ihrem reich bestickten Gürtel und stürzte sich anschließend im wahrsten Sinne des Wortes in blinder Verzweiflung den Abhang hinunter.

Wir folgen diesem gut begehbaren Schotterweg, der uns durch den schattigen Wald mit seinen mächtigen Olivenbäumen nun sanft bergab führt. Vor uns sehen wir eine bewaldete Hügelkette – Vorläufer des Pantokrator-Gebirges. Alle rechts und links abzweigenden Wege ignorieren wir, erst nach etwa einem Kilometer halten wir uns an einer Wegverzweigung links.

1,3 Kilometer weiter kommen wir schließlich über eine mit Efeu berankte Metallbrücke, hinter der wir zunächst auf dem asphaltierten Weg weiter wandern. Etwa 50 Meter weiter lassen wir einen rechts abzweigenden Schotterweg rechts liegen. Etwa 10 Meter dahinter beginnt vor einer Trockenmauer ein **Trampelpfad (6),** der rechts aufwärts in den Wald hinein führt und dem wir folgen. Nur wenige Meter weiter erreichen wir einen alten Brunnen, an dem wir nicht rechts, sondern geradeaus weitergehen.

Der Weg ist schmal und stellenweise mit dornigem Unkraut bewachsen, weiter oben mit groben Natursteinen gepflastert, was zeigt, dass dieser Weg bereits vor vielen Jahrhunderten befestigt worden sein muss. Wir steigen in Serpentinen den Berg hinauf, bis wir aus dem Unterholz hinaus nach 600 Metern zu einer Lichtung gelangen. Hier halten wir uns links und bald sehen wir schon das Dorf Sokraki. An einer weiteren Verzweigung zwischen den Weinfeldern halten wir uns erneut links und wandern weiter bergauf alle Abzweigungen ignorierend. Schließlich stoßen wir an einen Zementweg im unteren Teil des Dorfes. Bald ist der Weg gepflastert und jetzt geht es noch einmal etwas steiler bergauf, bis wir kurz vor dem Dorfplatz auf die Straße treffen. Hier gehen wir rechts und kommen nach wenigen Schritten zu **Emilys Café (7).**

Einkehrtipp: Emilys Café

Gegenüber dem kreativ gestalteten Brunnen auf dem Dorfplatz von Sokraki befindet sich Emilys Café, der ideale Anlaufpunkt für eine kleine Pause. Neben der korfiotischen Ingwerlimonade gibt es hier natürlich auch alle anderen Erfrischungsgetränke sowie eine Auswahl an kleinen Snacks für eine Mittagspause. Der Inhaber setzt sich engagiert für den Wandertourismus ein und informiert seine Gäste gern über die lokalen Wanderwege.

Hier beginnt die Rundwander-Variation Sokraki – Korakiana – Sokraki

Sokraki

Das Dorf Sokraki gehört zu den ältesten Dörfern auf Korfu. Auch wenn sein Name erstmals in Schriftstücken aus dem Jahr 1347 im Zusammenhang mit dem Bau des Klosters auf dem Gipfel des Pantokrator auftaucht, so gibt es doch Hinweise darauf, dass hier bereits schon lange vorher Menschen gelebt haben. Sie lebten in der Hauptsache von Tierzucht und Weinanbau, den es hier vor der venezianische Zeit in gigantischem Ausmaß gegeben haben muss. (Es wird sogar überliefert, dass einige der Häuser während einer Dürre mit Lehm gebaut wurden, der mit Wein statt mit Wasser angemischt wurde.) Am oberen Ende des Dorfes erwartet uns ein spektakuläres Panorama – der Nordteil Korfus von Troumpettas bis nach Kassiopi breitet sich vor unseren Augen aus. Diese Aussicht wussten sich schon die deutschen Besatzer im Zweiten Weltkrieg zunutze zu machen: Hier oben war ein Stützpunkt der deutschen Soldaten, der den ältesten Dorfbewohnern noch in Erinnerung ist.

James-Bond-Fans kennen Sokraki übrigens aus dem Kino: Im Jahr 1981 raste Roger Moore als 007 in dem Film „For Your Eyes Only" (dt. „In tödlicher Mission") mit einem gelben Citroën 2CV in mörderischer Geschwindigkeit von hier aus eine Serpentinenstraße herunter, bevor er schließlich in den Abgrund stürzte.

Wir wandern vom Dorfplatz aus zurück und folgen der dorfauswärts führenden Straße etwa 400 Meter, bis auf der rechten Seite, gegenüber einem Heiligenschrein eine breite **Betonstraße abzweigt (8).** Wir folgen diesem zwischen hohen Kermeseichen gut begehbaren seicht ansteigenden Weg, bis er sich nach 800 Metern **verzweigt (9).**

Jetzt wandern wir geradeaus über herrlich luftigen Waldboden weiter und kommen 300 Meter weiter an eine Lichtung. Hier verzweigt sich der Weg und wir gehen direkt geradeaus in einen Waldpfad, der uns durch ein tunnelartig zugewachsenes Waldgelände abwärts führt. Nach 500 Metern überqueren wir einen Feldweg und setzen unseren Weg 3 Meter nach links versetzt fort. Zwischen Wiesen, Farnfeldern und niedrigen Gehölzen, später durch einen hohen Mischwald geht es jetzt für weitere 800 Meter auf diesem Pfad weiter, bis wir eine breite **Schotterstraße (10)** erreichen. Hier gehen wir rechts, aber nach 200 Metern ignorieren wir einen weiteren rechts **abzweigenden Schotterweg (11)** und gehen geradeaus.

Hier beginnt für Wanderer der Rundwanderung der Rückweg: Wir gehen wir rechts in den zunächst mehr oder weniger stark ansteigenden breiten **Schotterweg (11).** Nach 1,8 km gelangen wir so wieder zurück zur **Wegverzweigung (9),** wo wir der Linkskurve folgen, um nach wenigen Minuten auch die **Abzweigung (8)** zu erreichen. Jetzt wandern wir die Asphaltstraße nach links aufwärts, gehen an der Gabelung nach 30 Metern geradeaus in Richtung Tankstelle, folgen dann dem engen Straßenverlauf and gehen an der nächsten Gabelung wieder links aufwärts. Nach etwa 50 Metern zweigt rechts ein gepflasterter Steinplattenweg ab, der uns nach 100 Metern zum **Dorfplatz von Sokraki** zurückführt.

Für alle anderen geht es auf einem breiten Schotterweg abwärts und entspannt weiter. Der Weg ist gut zu laufen und so können wir unseren Blick über die Ostküste Korfus schweifen lassen. Rechts und links von uns wachsen die für Korfus Bergregionen typischen Sträucher. Dazwischen finden wir reichlich Salbei. Und natürlich die in dieser Region in großer Zahl vorkommenden **Kermeseichen** (siehe Exkurs).

Wir passieren insgesamt drei Sendemasten, bevor der Wegbelag sich langsam verändert: Je weiter abwärts wir gelangen, desto stabiler wird die Asphaltdecke und schließlich, nach etwas mehr als 2,5 Kilometern erreichen wir eine **Kirche (12),** die direkt an der Hauptstraße nach Korakiana steht. Wir wandern die Straße links abwärts, verlassen sie jedoch 700 Meter weiter schon wieder, um vor einem Metallzaun nach rechts in einen abwärts führenden **Trampelpfad (13)** einzubiegen. Bereits nach 100 Metern erreichen wir wieder die Straße, die jetzt sehr eng ist, denn wir sind bereits mitten im Dorf **Ano Korakiana** angekommen. Bis zum Dorfplatz sind es noch 300 Meter, kurz dahinter gibt es Einkehrmöglichkeiten und ein kleines Volkskundemuseum.

Wer mit öffentlichen Verkehrsmitteln unterwegs ist, findet die Bushaltestelle unterhalb der Dorfstraße auf der Verbindungsstraße nach Agios Markos.

075wko ft

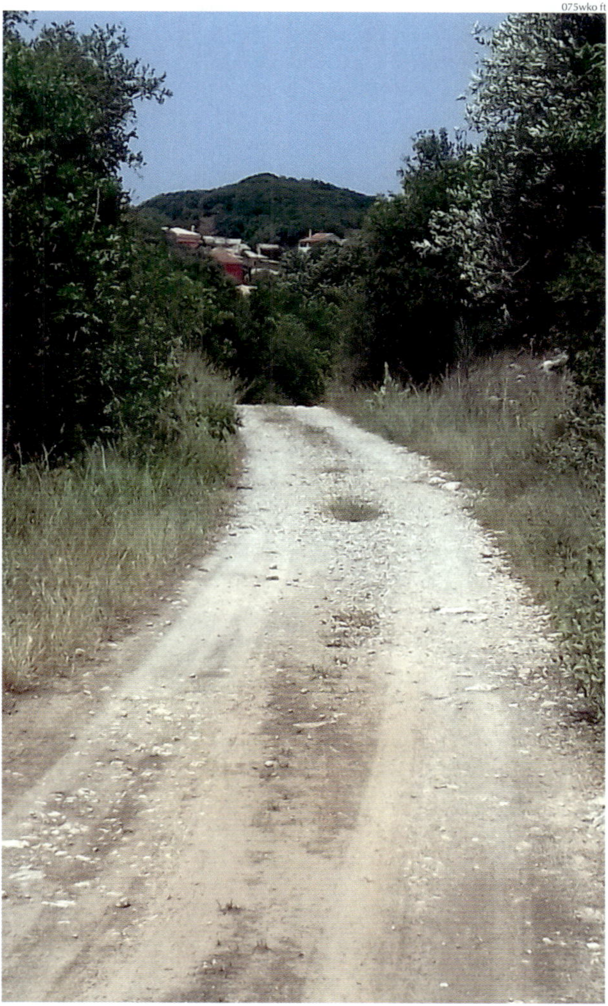

Die Kermeseiche

Die Kermeseiche war in der Vergangenheit eine wichtige Einkommensquelle für die Einheimischen, jedoch nicht aufgrund ihres Holzes oder ihrer Früchte: An den Wurzeln der Kermeseiche fand man die Kermeslaus, die zur Herstellung roter Farbe sehr begehrt war. Doch die Dörfler erfuhren wohl keinen Reichtum durch das wertvolle Insekt: Im Jahr 1414 erhielten die Dorfbewohner 11 Soldia (Venezianische Währung) pro Litra (entspricht etwa 405 Gramm) Schildlaus, welche auf dem Markt für 67 Soldia gehandelt wurden. 600 % Steuern erhielt die venezianische Landverwaltung.

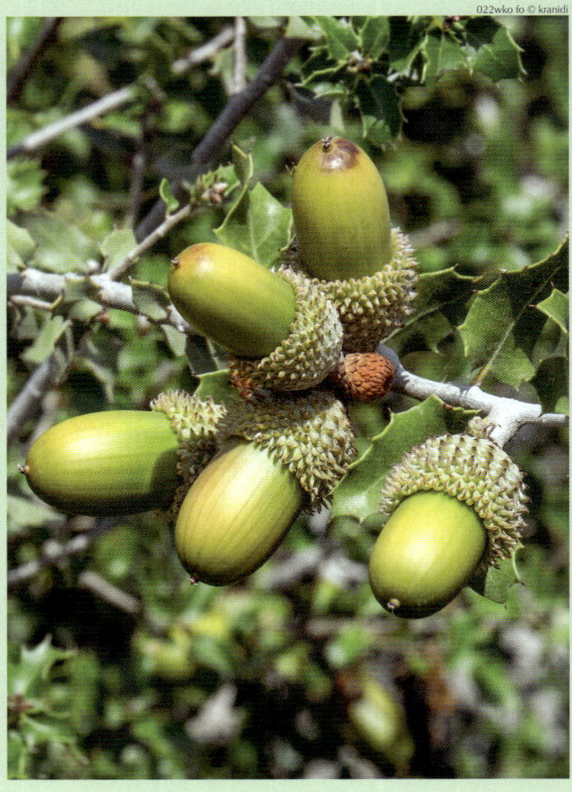

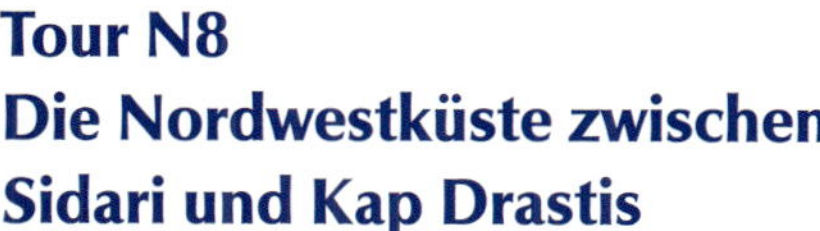

Tour N8
Die Nordwestküste zwischen Sidari und Kap Drastis

15,5 km
5 Std.
mittelschwer

Das Dorf **Sidari** im Nordwesten von Korfu hat seine Ursprünglichkeit bereits in den 1980er Jahren an den englischen Massentourismus verloren. Bars, Fast-Food-Restaurants, Reisebüros und Souvenirgeschäfte mit Billigwaren dominieren die Hauptstraße. Klingt wenig romantisch, dennoch hat Sidari eine landschaftliche Attraktion zu bieten: Westlich des Ortes beginnen bizarr wirkende Sandstein- und Lehmfelsen, die von Wellen, Wind und Sonne in beeindruckende Formationen verwandelt wurden. An einigen Stellen sind sie zugänglich und zwischen den Felsen gibt es kleinere Buchten und Fjorde mit schmalen Sandstränden. Unter dem Gestein befinden sich Höhlen und Felsentore, durch die man hindurchschwimmen kann. Das berühmteste ist der „Canal d'Amour", der mit verschiedenen Legenden verbunden ist: Verliebte, die hier hindurchschwimmen, würden fortan nicht mehr getrennt werden, heißt es. Eine andere Version besagt, dass am Ende des Kanals die große Liebe auf diejenige wartet, die ihn durchquert! Über den Ursprung dieser Sagen ist jedoch nichts bekannt – vielleicht entsprang sie der Fantasie einiger junger Männer, die diese romantischen Geschichten zu ihren Gunsten auszunutzen wussten.

Länge: 15,5 km
Dauer: 5 Std.
Schwierigkeit/Charakter: mittelschwer. Eine lange und nicht unanstrengende, aber ausgesprochen vielseitige Rundwanderung mit einigen steilen Anstiegen. Überwiegend auf breiten Waldwegen durchwandern wir hohe, alte Olivenhaine und erreichen als Highlights Korfus nordwestlichsten Punkt Kap Drastis sowie den legendären Canal d'Amour. Auf dem Weg bieten sich Bade- und Einkehrpausen an.
Übernachtung, Einkehr: zahlreiche Möglichkeiten sowohl am Ausgangspunkt/Etappenziel als auch unterwegs in Avliotes und Peroulades.
Öffentliche Verkehrsmittel: Zum Ausgangspunkt Linie A2 Richtung Sidari, Ausstieg an der Kreuzung nach Acharavi, vom Etappenziel Linie A1

Kurzwander-Variation: Avliotes – Sidari (WP 10 bis Etappenziel)
Länge: 6,5 km
Dauer: 2½ Std.
Schwierigkeit: mittelschwer

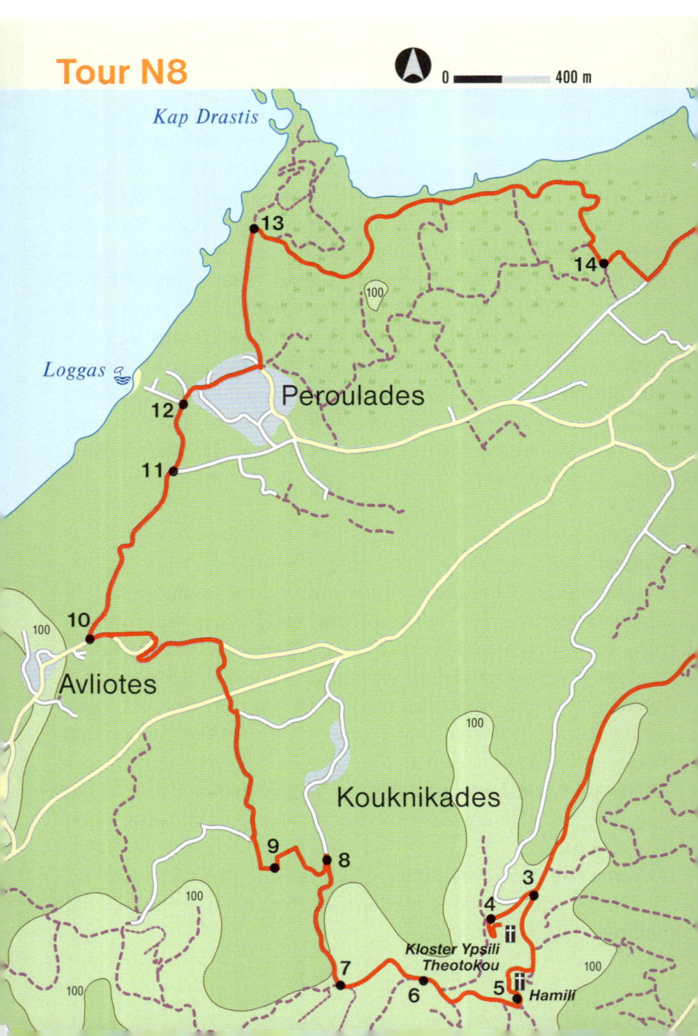

Wegbeschreibung

Startpunkt dieser Wanderung ist am südöstlichen **Ortsausgang von Sidari.** Wer mit dem Bus anreist, verlässt diesen bereits an der Kreuzung der Verbindungsstraße zwischen Kavvadades und Acharivi. Zwischen zwei großen Supermärkten folgen wir der Hauptstraße knappe 100 Meter in Richtung Zentrum und biegen noch vor der Taverne Oasis in die erste kleinere Seitenstraße nach links ab.

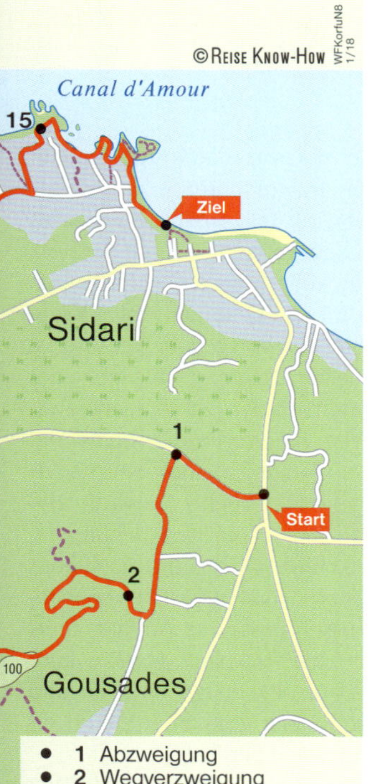

Wer mit dem **Auto** anreist und in Sidari parkt, wandert die Hauptstraße in die dem Dorfzentrum entgegengesetzte Richtung und passiert nach etwa einem halben Kilometer die Taverne Oasis. Direkt dahinter biegen wir rechts in die o. g. Seitenstraße ab.

Nun gehen wir ca. 300 Meter auf dieser Straße, bis wir zwischen einer gelben Mauer und einem Zaun wiederum nach links in einen **asphaltierten Fahrweg einbiegen (1)**. Wir durchqueren eine Niederung mit vereinzelten Häusern und landwirtschaftlich genutzten Grundstücken. Nach 500 Metern treffen wir auf eine von links kommende Straße. Wir wandern noch gut 50 Meter weiter und biegen dann in einen nach rechts abzweigenden Schotterweg ab, der sich kurze Zeit später **verzweigt (2)** – wir wählen den rechten geschotterten Weg.

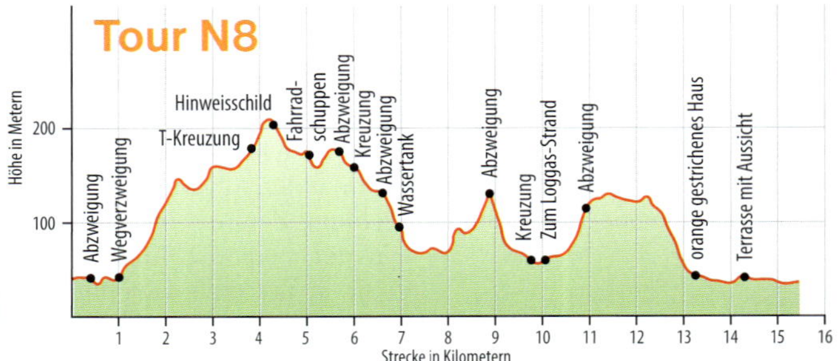

Wir wandern auf einem zunächst sanft, später etwas stärker bergauf führenden Weg. An den Traktorspuren erkennt man, dass er landwirtschaftlich genutzt wird. Bald erreichen wir einen Olivenhain und etwa 10 Gehminuten weiter öffnet sich der Blick auf die Ebene von Sidari. Es geht weiter bergauf, wir kommen auf eine Anhöhe und nach etwa 1,5 Kilometern an eine **T-Kreuzung (3),** wo wir nach rechts weiter aufwärtsgehen. Der Weg ist hier breiter, wir befinden uns auf einer Erdstraße – ein einzelnes Haus passieren wir, später kommen auf der rechten Seite zwei Villen. Wir folgen dem Hauptweg, ignorieren die rechts und links abzweigenden Seitenwege, bis wir zu einer weiteren T-Kreuzung kommen, auch hier gehen wir rechts aufwärts. 200 Meter dahinter wird unser Weg zu einer asphaltierten Straße.

Hier steht ein blaues **Hinweisschild (4),** das uns nach links steil bergauf zum Kloster „Ypsili Theotokou" weist. Die von niedrigen Laternen und hohen Zypressen gesäumte Auffahrt führt uns in kürzester Zeit hinauf bis zum Parkplatz. Etwas weiter oberhalb steht das Kloster, das auf den ersten Blick alt und baufällig erscheint. Es ist verhältnismäßig groß, aber die unverputzte Fassade wirkt unschön und wenig gepflegt.

Nachdem wir von der reich mit Zitrusbäumen bestückten Grünfläche vor dem Kloster die Sicht auf das Tal vor Sidari genossen haben, verlassen wir das Kloster wieder auf der Zufahrtsstraße. Wir gehen dann rechts, ein kleines Stück auf dem Weg, den wir gekommen sind, zurück. Diesem folgen wir jedoch nur 200 Meter bis zu der Abzweigung, an der wir vorhin rechts gegangen sind. Jetzt biegen wir auf den abwärts führenden Weg ab. Nach 150 Metern verzweigt er sich, hier wählen wir den rechten Zweig, ebenso an der nächsten Verzweigung nach weiteren 150 Metern. Wir gehen jetzt auf die Kirche „Hamili" zu und oberhalb ihres Glockenturms gelangen wir rechts durch ein freigeschnittenes Macchiagelände um das Gebäude herum.

Kloster Ypsili Theotokou und Kloster Hamili

Wer das Glück hat, im **Ypsili Theotokou** den einzigen Mönch anzutreffen, der sich um die riesige Klosteranlage kümmert, wird eingelassen und kann einen Blick hinter die Klostermauern werfen: Innen wirkt das Kloster gepflegt und einladend. Wein rankt über einem rustikalen Esstisch und eine Katzenfamilie verleiht dem stillen Zentrum Lebendigkeit. Gegenüber dem Haupteingang gelangt man in die Kirche. Erbaut wurde das ursprüngliche Kloster der Heiligen Jungfrau Theotokou bereits im ersten Viertel des 10. Jahrhunderts. Und aus der gleichen Zeit stammt die Muttergottes-Ikone, die vor allem von russischen orthodoxen Gläubigen angebetet wird. Ebenfalls bedeutungsvoll und sehr alt sind einige Reliquien, die in der Kirche aufbewahrt werden. Es handelt sich um eines der größeren Klöster Korfus und war von großer religiöser und geschichtlicher Bedeutung. Im Jahr 1700 wurde das Gebäude renoviert. Ein Jahrhundert später, während der kurzen russischen Besatzungszeit auf Korfu, wurden Teile des Klosters ausgebaut. Zu dieser Zeit diente das Kloster auch dem russischen Heer als Kaserne.

Das ehemalige **Kloster „Hamili"** (das untere) war einst dem Kloster Ypsili (das obere) angeschlossen. Seit 2001 wird das Gelände von dem Verein „Lächeln des Kindes" genutzt. Der Verein unterhält griechenlandweit an verschiedenen Orten Heime für Waisenkinder oder Kinder aus schwierigen oder armen Familienverhältnissen, die wie Kinderdörfer organisiert sind. Hier, in Magoulades leben etwa 20 Kinder im Schulalter mit ihren Betreuern und Betreuerinnen. Eine Farm mit verschiedenen Tieren gehört zu dem Anwesen dazu. Manchmal läuft der Hofhund frei herum – er bellt zwar, aber ist ansonsten ungefährlich.

Wir verlassen das Gelände auf einem links abzweigenden Betonweg hinter dem **Fahrradschuppen (5)** und folgen der Linkskurve, die uns steil abwärts am Hühnerstall vorbei zu einer

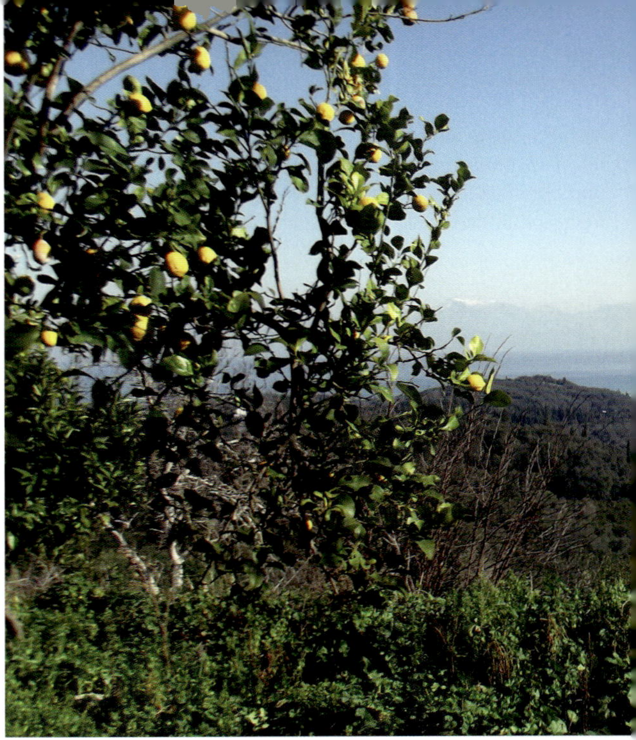

T-Kreuzung führt. Direkt vor uns ist ein Zaun, hinter dem sich die kleine Straußenfarm des Kinderheims verbirgt. Wir gehen rechts weiter, der Weg verzweigt sich erneut und wir wählen wieder den rechten Zweig, der uns nach 400 Metern zu einer Asphaltstraße führt. Diese gehen wir nach links, jedoch bereits nach knapp 100 Metern zweigen rechts zwei Kieswege von der Straße ab. Wir nehmen den zweiten **Abzweig (6),** der uns unterhalb und anfangs noch in unserer Gehrichtung parallel zur Hauptstraße in den Wald hineinführt. Nach ca. 5 Minuten und 450 Metern gelangen wir an eine kleine **Kreuzung (7)** und biegen hier rechts ab. Es geht abwärts auf einem gut ausgebauten Schotterweg durch einen Olivenhain in Richtung des Dorfes

Blick von oben auf Sidari

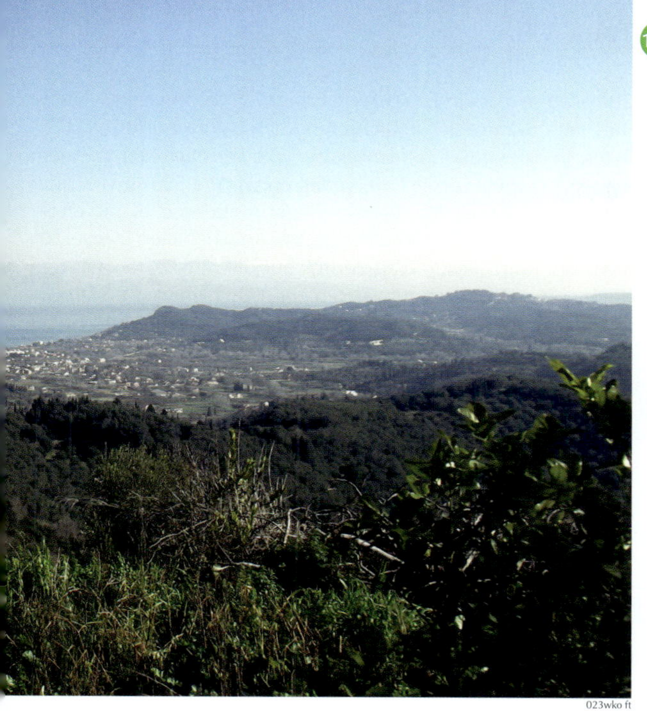
023wko ft

Avliotes, das wir vor uns sehen. Nach 600 Metern **zweigt von diesem ein Schotterweg nach links hinten ab (8),** der uns an einem Eisentor vorbei in den Wald führt. Der Weg endet nach an einem Grundstück, auf dem ein verlassenes Haus steht. Wir gehen links an dem Haus vorbei, auf einen Olivenbaum zu, an dessen Stamm ein roter Pfeil nach unten zeigt. Hier gehen wir durch den Olivenhain wenige Schritte bis zu der Betonsäule mit Stromzähler und von dort noch etwa 50 Meter weiter geradeaus zu einem **Wassertank (9).**

Jetzt ist der Weg wieder deutlich zu erkennen. Wir folgen ihm nach rechts abwärts bis zu einer T-Kreuzung in etwa 50 Meter Entfernung. Hier gehen wir rechts, ebenso an der Verzweigung, an die wir nach etwa 100 Metern kommen. Ab hier ist das Gelände offen – Oliven- und Obstpflanzungen wechseln sich mit Schilffeldern ab. 600 Meter weiter stoßen wir an eine große Autostraße. Direkt gegenüber setzen wir unseren Weg durch ein Sträßchen entlang eines Zaunes fort, das uns nach etwa

200 Metern an eine T-Kreuzung bringt. Wir gehen links weiter – die Straße windet sich in mehreren Kurven aufwärts ins Dorf Avliotes. In einer 180-Grad-Linkskurve, die wir nach knapp einem halben Kilometer erreichen, verlassen wir die Straße vor einer imposanten Mauer. Wir gehen vor der Mauer rechts und direkt anschließend links in einen Betonweg. An einer alten Häuserzeile vorbei führt dieser Weg zurück auf die Straße, der wir nun noch etwa 100 Meter aufwärts folgen. Noch vor der ersten Cafeteria des Dorfzentrums **biegen wir in eine in spitzem Winkel steil nach rechts abzweigende Straße ab (10).**

Wer jetzt eine kleine Rast machen möchte, geht geradeaus ins Dorf Avliotes. Nach wenigen Minuten kommt auf der rechten Seite die **Grill-Taverne Ilias.**

Die Straße führt uns in etwa 500 Metern bis zu den ersten großzügig angelegten Villengrundstücken des Nachbardorfs Peroulades. Wir folgen dem Straßenverlauf, der uns nach weiteren 400 Metern zu einer **Kreuzung (11)** bringt. Hier gehen wir links, 300 Meter weiter gibt es eine Stichstraße, an welcher der **Strand Loggas (12)** ausgeschildert ist. Wer möchte, kann hier eine Badepause einlegen (über eine Treppe durch die Klippe erreicht man den Strand) oder in einem der Panorama-Cafés einkehren.

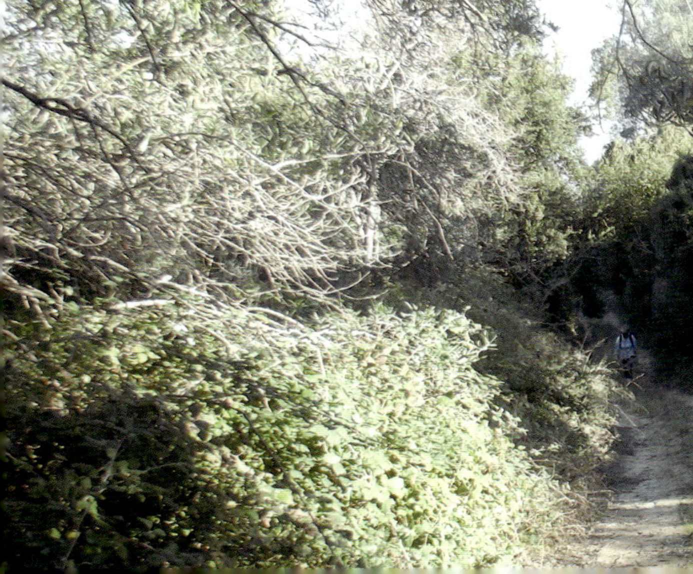

Nach diesem Abstecher gehen wir auf der Dorfstraße an den alten Häusern vorbei bis ins Dorfzentrum. In einem winzigen Lädchen gibt es noch einmal die Möglichkeit, etwas einzukaufen, direkt daneben liegt ein kleines Café. Auf der kleinen Dorfplatia ist auch die Schule und die Kirche des Dorfes. Wir gehen nah am Schul- bzw. Kirchhof vorbei und folgen der aufwärts führenden Straße durch einen Zypressenwald. Nach 600 Metern bricht die Asphaltdecke auf und ab dieser **Abzweigung (13)** geht es steil abwärts auf einer Erdstraße bis zum äußersten westlichen Punkt Korfus, dem Kap Drastis.

Abstecher zum Kap Drastis

Auch wenn von hier aus noch etwa eine Viertelstunde Abstieg bis zum äußersten nordwestlichen Punkt Korfus zu bewältigen sind – der Weg lohnt sich! Bei ruhiger See kann man sich im Meer erfrischen. Allerdings ist das eigentliche Kap in Privatbesitz und darf nur gegen Bezahlung betreten werden.

Ein wunderschöner, bequem zu gehender Weg

024wko ft

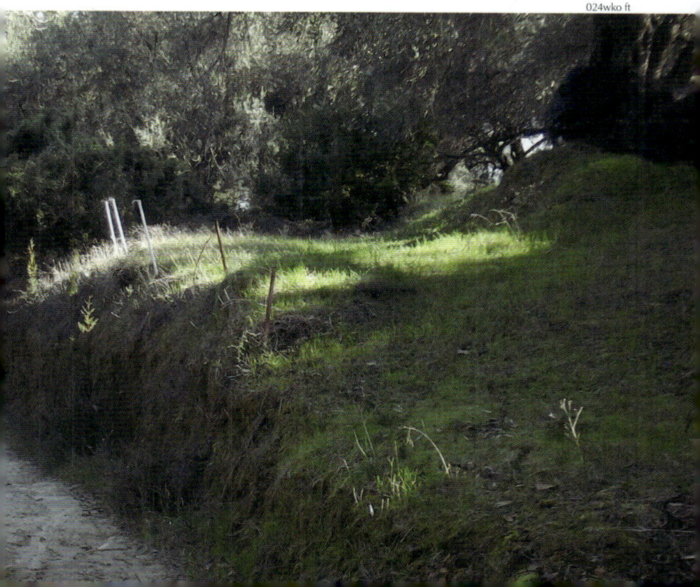

Wir gehen zurück bis zur **Abzweigung (13)** und biegen nach links in einen ausgeschilderten Wanderweg. Ein wunderschöner, bequem zu gehender Höhenweg, der mit blauen Wegmarkierungen gekennzeichnet ist. Links genießen wir anfangs die Aussicht auf das Kap und das offene Meer, später durchwandern wir einen herrlich schattigen Olivenhain. Dann wird die Landschaft offener und nach etwas mehr als einem Kilometer passieren wir zwei Sendemasten. Hinter diesem windet sich unser Weg jetzt ziemlich steil bergab durch einen Mischwald. Nach diesem Abstieg ignorieren wir einen Abzweig nach rechts und wandern geradeaus aufwärts weiter.

Bald blicken wir auf das Dorf Sidari, das von oben eigentlich ganz beschaulich wirkt. Nach einigen Hundert Metern kommen wir zu einem **orangefarben gestrichenen Haus (14),** vor dem wir links abbiegen. Ca. 150 Meter weiter erreichen wir die Hauptstraße. Wir wenden uns nach links und wandern jetzt auf einer Strecke von ca. 600 Metern zwischen den Pool- und Apartment-Anlagen bis wir gegenüber der „Summertime"-Anlage nach links in eine Hotel-/Apartmentanlage abbiegen. Wir durchqueren die Anlage und kommen zu einer Restaurant-Terrasse. Auf einem Betonweg umrunden wir den Pool und gelangen zu einer **Terrasse (15),** von der wir einen grandiosen Blick auf den „Canal d'Amour" genießen können.

Am Ausgang der Anlage gelangen wir über einige Treppenstufen auf einen schmalen Weg, der uns nun zwischen diesen interessanten Sandsteinformationen, der Küstenvegetation und zahlreichen Bars nach Sidari führt. Es handelt sich um einen gepflasterten öffentlichen Fußweg neueren Datums, der allerdings an vielen Stellen bereits der Erosion zum Opfer gefallen und durch Holzbrücken ersetzt oder betoniert worden ist. Nach 600 Metern erreichen wir den wenig attraktiven Strand, den wir bis zu seinem Ende entlangwandern. Hier beginnt die „Partymeile" von Sidari und wir können uns in einer der vielen Bars erfrischen.

Tour N9
Der Arillas-Trail

8,8 km
2½ Std.
einfach

Der kleine Küstenort **Arillas** hat in den vergangenen 40 Jahren eine erstaunliche Wandlung durchlebt, denn das ursprünglich winzige Fischerdorf hat sich zu einem Magneten für Individualreisende entwickelt. Die Mischung aus Tradition und alternativer, teils spiritueller Lebensweise in Einklang mit der Dorfstruktur und den Bewohnern macht den Ort für Korfu einzigartig.

Nicht zuletzt organisiert der örtliche Kulturverein Jahr für Jahr korfuweit bekannte Veranstaltungen und Feste. In Zusammenarbeit mit dem Fremdenverkehrsverein sorgt die Gemeinschaft aus eigener Initiative für die Verbesserung des Dorfbildes und der Infrastruktur. Der „Arillas-Trail" ist ein gelungenes Beispiel dafür.

Länge: 8,8 km
Dauer: 2½ Std.
Schwierigkeit: einfach. Eine kurze und hübsche Rundwanderung ins grüne Hinterland des freundlichen Küstenortes Arillas.
Übernachtung: zahlreiche Möglichkeiten überwiegend in privaten Apartmentanlagen
Einkehr: in Arillas, siehe Einkehrtipps
Öffentliche Verkehrsmittel: Linie A6 Richtung Arillas

Wegbeschreibung

Der Trail beginnt **in der Mitte vom Arillas-Strand.** Hier wandern wir auf der von der Küste abkehrenden Straße durch den kleinen Ortskern von Arillas, vorbei an Bars, kleinen Geschäften und Restaurants. 400 Meter weiter folgen wir einem rot-weißen Schild nach rechts in einen **Pfad (1).** Er führt uns zwischen diversen Anbauflächen zu einem Bach, den wir mittels einer provisorischen Brücke überqueren und dann in wenigen Minuten weiter zu einer Asphaltstraße. Hier gehen wir 200 Meter nach links, um dann wiederum nach links in einen **Stichweg (2)** abzubiegen, der uns in mehreren Schlenkern zunächst an einer Kalkbrennerei, den schon bekannten Bach entlang und dann oberhalb eines Solarparks entlang führt.

Schließlich erreichen wir das Ende dieses Pfades an einer **Asphaltstraße (3).** Diese überqueren wir und folgen dann der steil aufwärts führenden Straße schräg gegenüber. Bald durchqueren wir einen Weiler, weiter oberhalb, wo der Wegverlauf nach rechts abknickt, folgen wir den roten Pfeilen. An zwei weiteren Kreuzungen in kurzem Abstand gehen wir ebenfalls rechts, um in einer Linkskurve an einer Häuserreihe die vorläufig höchste Stelle zu erreichen. Ab jetzt führt die Straße abwärts in

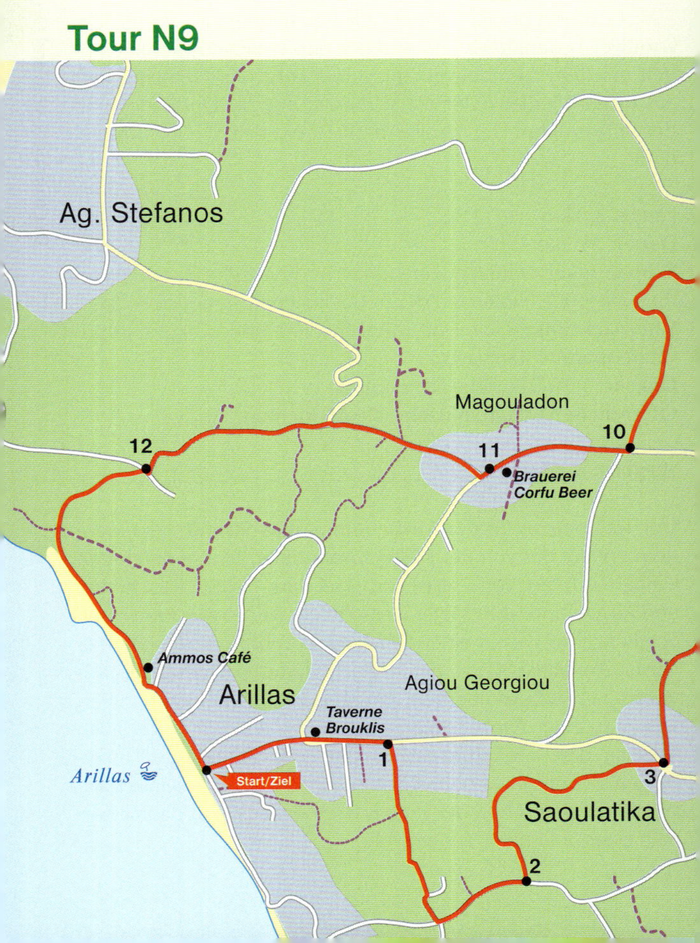

einen Olivenwald. Nach dem letzten Haus ist der Weg unbefestigt und wir wandern zunächst weiter bergab durch einen Mischwald. Nach wenigen Minuten **zweigen wir nach links ab (4)** und bald geht es ziemlich steil bergauf. Wir passieren eine große Schlucht, die Gremos genannt wird: Obwohl man den Eindruck hat, dass dieser riesige Krater künstlich geschaffen wurde, handelt es sich um eine natürliche Erscheinung. Doch Vorsicht: Die Abbruchkante ist nicht gesichert.

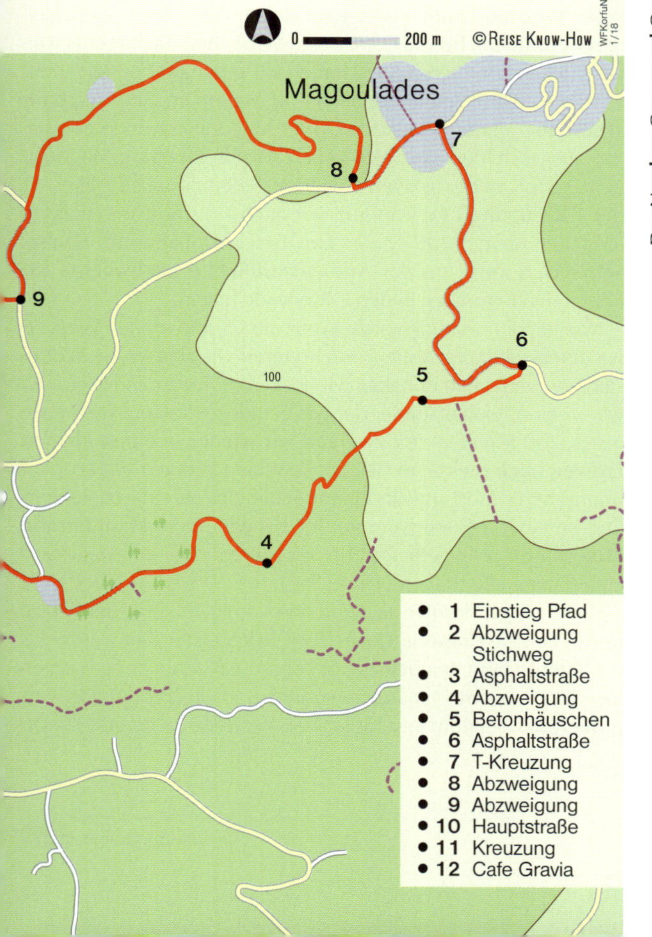

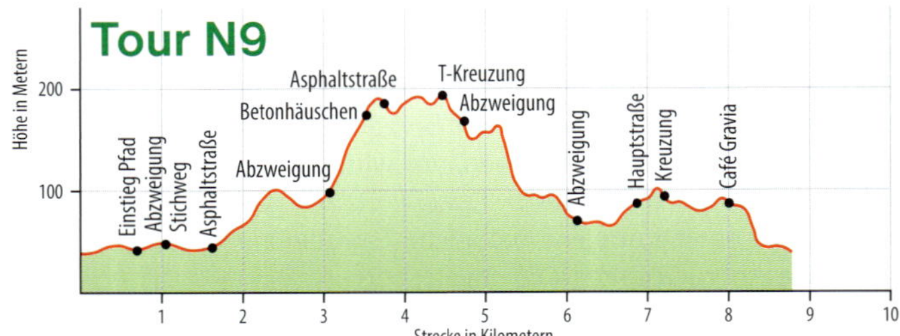

Der Weg führt immer weiter aufwärts bis er sich an einem kleinen **Betonhäuschen (5)** verzweigt. Wir gehen nach rechts weiter – den anstrengenden Teil haben wir geschafft und jetzt geht es bergab. Der Weg endet nach 300 Metern an einer **Asphaltstraße (6),** an der die beiden Dörfer Magoulades und Kavvadades ausgeschildert sind. Wir gehen links in Richtung Magoulades und folgen der ruhigen Höhenstraße bis zum Ende. Hier, an der **T-Kreuzung (7),** wandern wir nach links abwärts, bleiben aber nur für ca. 200 Meter auf dieser asphaltierten Straße. Schließlich weist uns das **Arillas-Trail-Schild nach rechts (8)** über einen Betonweg in den Olivenwald hinein.

Nun bleiben wir eine ganze Weile auf diesem breiten Weg. Etwa einen Kilometer weiter durchqueren wir eine kleine Wohnsiedlung und dahinter halten wir uns rechts. Kurz danach stoßen wir an eine Asphaltstraße, der wir geradeaus folgen, weiter abwärts. 200 Meter weiter **zweigen wir wieder in einen kleinen Erdweg nach rechts ab (9),** der sehr bald in einen Wiesenpfad übergeht. Er führt uns an einem Schilffeld, an einigen Feldern und an einer kleinen Farm vorbei, bis wir an die **Hauptstraße (10)** stoßen. Wir gehen rechts, passieren eine Tankstelle und kurz danach die Brauerei Corfu Beer.

Hier, fast am nordwestlichen Ende von Korfu, eröffnete 2006 Korfus einzige **Brauerei Corfu Beer.** In kürzester Zeit wurde das nach deutschem Reinheitsgebot gebraute Bier auf der gesamten Insel und darüber hinaus anerkannt und die Produktion vergrößert sich seitdem Jahr für Jahr. Mittlerweile produziert die Firma sieben verschiedene Biersorten. Die Produktionsanlage kann jeden Samstagvormittag besichtigt werden.

An der nächsten Straßenkreuzung biegen wir **nach rechts ab (11).** Wir gehen an zahlreichen Apartmenthäusern vorbei bis sich die Anliegerstraße schließlich verjüngt und nach 800 Metern an der Terrasse des **Cafés Gravia (12)** mit fantastischer Aussicht auf die kleine gleichnamige Insel mit ihren beiden Nebeninseln Sykia (Feigenbaum) und Gynaika (Frau) endet.

Was genau zu diesen Namensgebungen geführt hat, überlassen wir unserer Fantasie oder den Überlieferungen: Auf **Sykia** soll einmal ein Feigenbaum gewachsen sein, während **Gynaika** aus einem bestimmten Blickwinkel wie eine Frau erscheint, die auf einem Felsen sitzt und Wäsche wäscht. Auf der größten der drei Inseln, **Gravia,** gibt es eine kleine Badebucht. Hier gibt es auch genug Grünzeug, um eine hier lebende kleine Herde von Ziegen zu ernähren.

025wko ft

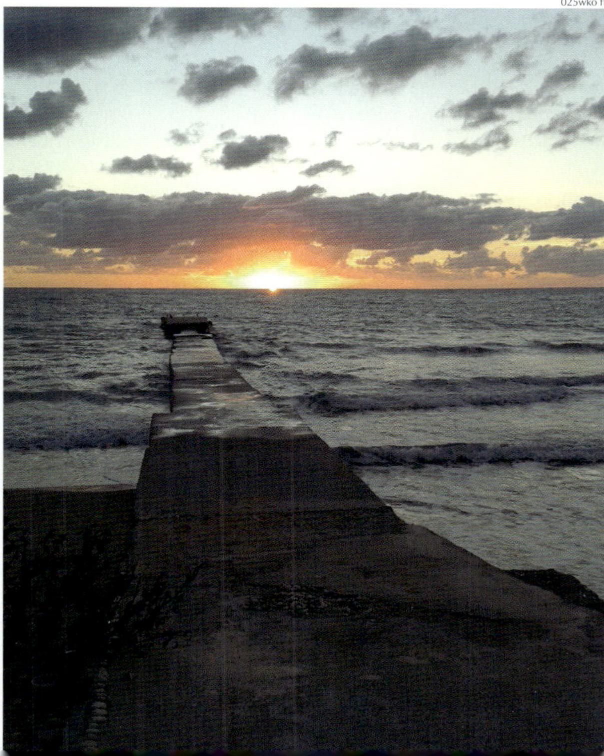

Schräg gegenüber dem Café beginnt ein gerölliger, breiter Pfad, der uns nun den Berg hinunter direkt zum **Strand von Arillas** zurückführt.

Einkehrtipp: Ammos Café

Direkt am wunderschönen Sandstrand von Arillas ist das Ammos Café *der* Treffpunkt für Gäste und Einheimische. Nach der Wanderung entspannen wir hier bei einem frisch gepressten Fruchtsaft, einem Glas Wein oder einem Cocktail. Für den kleinen Hunger gibt es köstliche Snacks und Salate, liebevoll zubereitet aus lokalen Produkten.

Wer größeren Hunger hat und die traditionelle korfiotisch/„arillotische“ Küche probieren möchte, verlässt die Strandlinie und folgt der Straße bis zur Taverne Brouklis.

Einkehrtipp: Taverne Brouklis

Das typisch korfiotische Restaurant Brouklis existiert bereits seit 1928 und hält seitdem in dritter Generation die Tradition der Familie aufrecht: Das Essen wird noch immer auf dem Holzkohlegrill und auf traditionelle Art der korfiotischen Küche aus frischen heimischen Zutaten zubereitet. Eigentümer und Wirt Dimitris gibt in fünf Sprachen Auskunft über die Umgebung und den Wanderweg, an dessen Schaffung er maßgeblich beteiligt war.

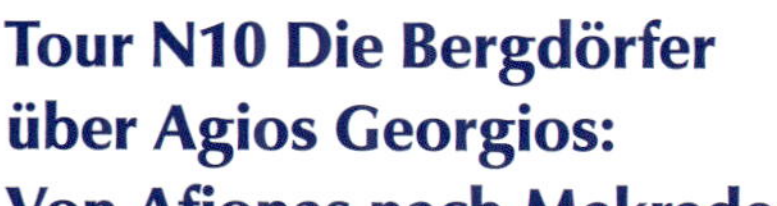

Tour N10 Die Bergdörfer über Agios Georgios: Von Afionas nach Makrades

10,5 km
3–3½ Std.
anspruchsvoll

Das Dorf **Afionas** befindet sich auf dem Nacken einer Halbinsel, die die beiden Badebuchten Arillas und Agios Georgios voneinander trennt. In dem malerischen alten Dorf, das nur zu Fuß oder per Esel erkundet werden kann, scheint die Zeit stehen geblieben zu sein. Doch die charmanten uralten Häuschen wurden liebevoll renoviert und in den winzigen Gärtchen und Innenhöfen blüht es in allen Farben. Ein Spaziergang durch die steinernen Gässchen endet an einem spektakulären Aussichtspunkt, der von den einheimischen „Louloudi" genannt wird.

Auch der letzte deutsche Kaiser, Wilhelm II., der begeisterter Hobbyarchäologe war und bereits Ausgrabungen in der antiken Stadt von Korfu geleitet hatte, beschäftigte sich eingehend mit Afionas. Gemeinsam mit Wilhelm Dörpfeld bereiste er den Nordwesten Korfus um Hinweise auf Homers Odyssee zu finden. Die beiden Archäologen fanden nicht, was sie suchten, konnten jedoch belegen, dass Afionas zu den am längsten besiedelten Gegenden der Insel gehört.

Überreste von Mauern, denen wir auf der Wanderung begegnen, belegen, dass Afionas in der venezianischen Besatzungszeit vermutlich eine Festungsanlage war.

Länge: 10,5 km
Dauer: 3–3½ Std.
Schwierigkeit/Charakter: anspruchsvoll. Eine anstrengende Tour, da immer wieder Höhenunterschiede überwunden werden müssen. Trotzdem ist der Weg wunderschön und vielseitig und bietet unbeschreibliche Fernblicke. Es lohnt sich, Badezeug und Schnorchel mitzunehmen und die Tour zu einem Tagesausflug mit Bade- und Einkehrpausen auszudehnen. Der Abstieg zur Zwillingsbucht, die längst kein Geheimtipp mehr ist, ist vor allem morgens empfehlenswert. Teilweise sind die Strecken sehr unwegsam und steil. Daher sind knöchelhohe Schuhe und eine gute Kondition erforderlich.
Übernachtung: in Afionas, Agios Georgios, Makrades, siehe Tipp
Einkehr: in Afionas, Agios Georgios, Makrades (siehe Tipp)

Öffentliche Verkehrsmittel: zum Ausgangspunkt Linie A6 Richtung Afionas, vom Etappenziel Linie A16

Rundwander-Variation 1: Agios Georgios – Afionas – Zwillingsbucht – Agios Georgios (ab WP 6)
Länge: 7,5 km
Dauer: 2½ Std.
Schwierigkeit: schwer, steile An- und Abstiege, knöchelhohe feste Schuhe erforderlich

Rundwander-Variation 2: Agios Georgios – Prinillas – Pagoi – Agios Georgios (Beginn am Strand von Agios Georgios, Rückweg ab WP 10)
Länge: 13,5 km
Dauer: 3½ Std.
Schwierigkeit: mittelschwer, lange Steigung zu Beginn der Wanderung

Blick auf Agios Georgios

076wko ft

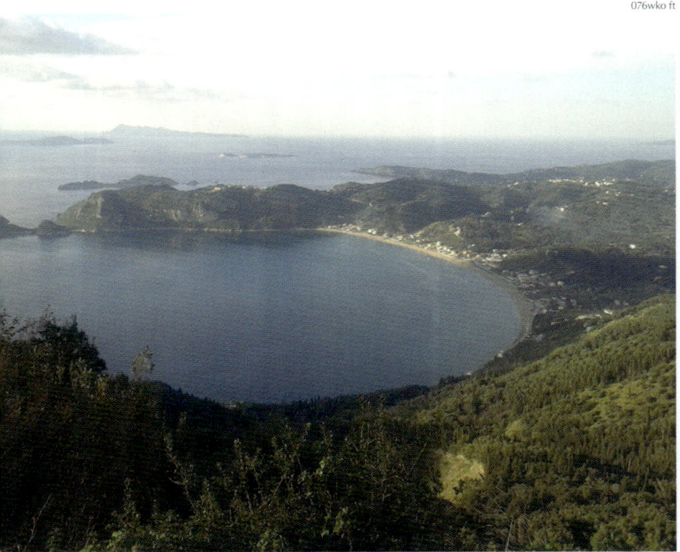

Wegbeschreibung

Unsere Tour beginnt am **Dorfplatz von Afionas** mit seiner Kirche. Hier endet die Straße und es geht nur noch zu Fuß weiter. Wir gehen an dem kleinen Lädchen „Oliven und Meer" (hier gibt es wunderbare Souvenirs zu diesen beiden Themen) vorbei, den gepflasterten Weg ins alte Dorf hinauf. Zwischen den uralten, liebevoll restaurierten Häuschen wandern wir durch die kleine Siedlung. An einer Wegverzweigung nach 100 Metern gehen wir geradeaus und kommen am Ende der Siedlung am **Aussichtspunkt „Louloudi" (1)** an. Vier Bänke sind nach Westen ausgerichtet.

Karavi

Besonders deutlich sieht man von hier einen kleinen Felsen, der den Namen Karavi (Schiff) trägt. Der Legende nach handelt es sich um das Schiff der Phäaken (der „Ureinwohner" Korfus), das der Meeresgott Poseidon aus Wut versteinert hat. Der König der Phäaken, Alkinoos, hatte sich nämlich erdreistet, dem Helden Odysseus auf seiner Reise von Troja nach Ithaka beizustehen, indem er ihm Aufenthalt in seinem Palast gewährte.

Ein anderer und ähnlicher Mythos besagt, dass es hier in vorchristlicher Zeit eine Stadt namens Pamflagona gab, die von einem König regiert wurde. Dessen Frau soll die Schwester der Phäakenkönigin, die weiter südlich lebte, gewesen sein. Eines Tages zog der König von Pamflagona in den Krieg, dort betrog er seine Frau mit der Königin des Feindeslandes. Als er dann in seine Heimat zurückkehren wollte, bat seine Frau, als sie sein Schiff erkannte, den Heiligen Nikolaos, den Untreuen zu bestrafen, sodass er nie wieder zurückkehren konnte. Der Heilige erhörte die betrogene Braut und versteinerte das königliche Schiff.

Am Ende des Wiesengeländes beginnt der Abstieg in die Zwillingsbucht: Wir folgen einem Holzschild, das uns ins Innere dieses von niedrigen Bäumen und Büschen begrünten Hügels führt. Nach 150 Metern begegnen wir einem zweiten Schild und nun geht es abwärts durch das korfutypische Macchia-Strauchwerk aus Myrte, Brombeersträuchern und Erdbeerbäumen. Der Weg ist felsig, teilweise sind die Steine lose und wir sollten vorsichtig

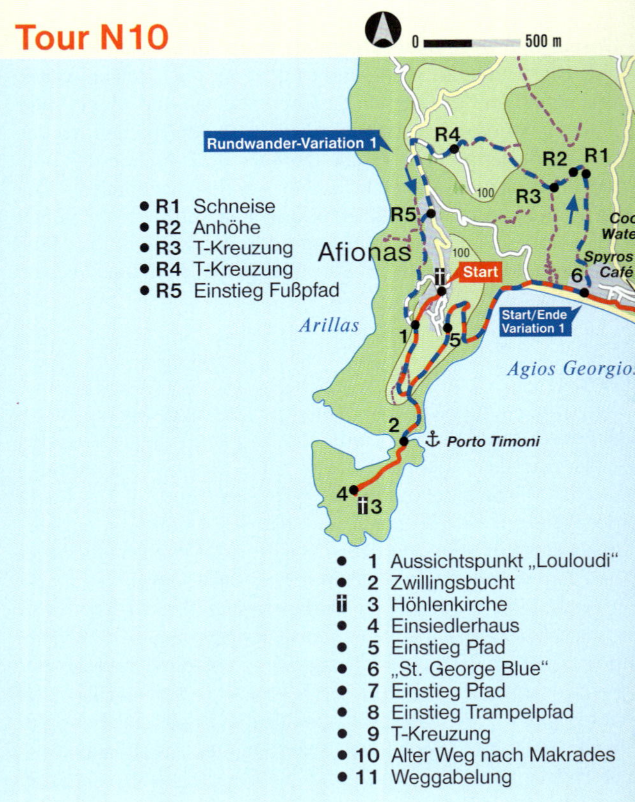

gehen. An einer Wegverzweigung nach 200 Metern folgen wir dem bergab führenden Zweig und erreichen nach etwa 15 Minuten und insgesamt einem Kilometer die **Zwillingsbucht (2).** Eine sehr schmale Landzunge trennt hier die beiden Buchten von Arillas und Agios Georgios: Wer ein Bad nimmt, kann die unterschiedlichen Wassertemperaturen in den beiden Gewässern wahrnehmen.

Anschließend folgen wir dem Pfad, der zwischen den beiden Buchten entlang führt, zu dem hinteren, dicht bewachsenen Hügel hinauf. An Wegverzweigungen passen wir auf, dass wir im-

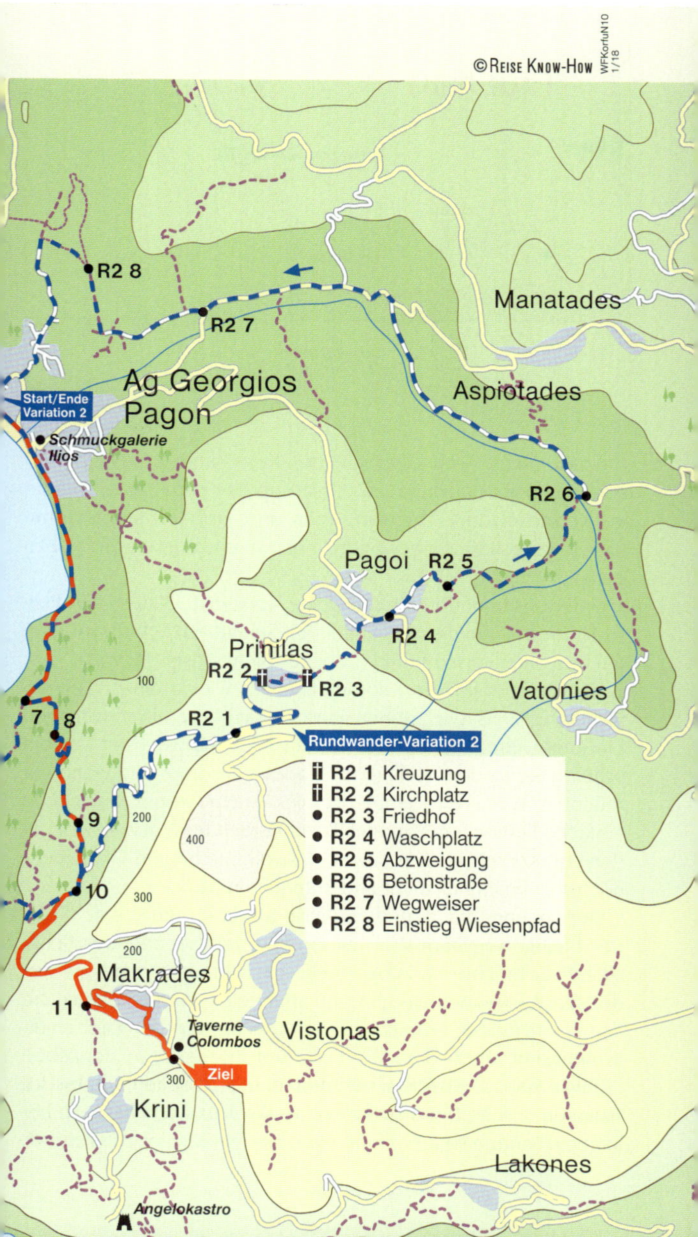
©Reise Know-How
WFKorfuN10 1/18
R2 8
R2 7
Manatades
Aspiotades
Ag Georgios Pagon
Start/Ende Variation 2
Schmuckgalerie Ilios
R2 6
Pagoi
R2 5
R2 4
Prinilas
R2 2
R2 3
Vatonies
100
7
8
R2 1
Rundwander-Variation 2
R2 1 Kreuzung
R2 2 Kirchplatz
R2 3 Friedhof
R2 4 Waschplatz
R2 5 Abzweigung
R2 6 Betonstraße
R2 7 Wegweiser
R2 8 Einstieg Wiesenpfad
9
200
400
10
300
200
Makrades
11
Taverne Colombos
Vistonas
Ziel
300
Krini
Lakones
Angelokastro

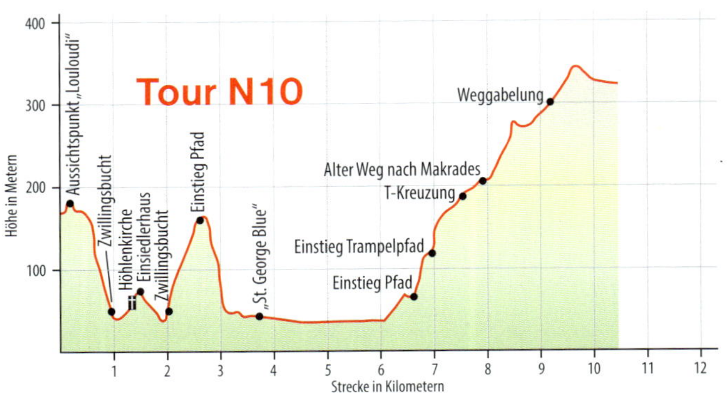

mer möglichst weit oberhalb der Küstenlinie gehen und so schlängeln wir uns durch das Gestrüpp den Berg hinauf. Niedrige Kermeseichen, Thymian, Erika und Erdbeerbäume dominieren, jedoch ist der Weg gut zu finden und auch relativ gut zu gehen.

Unter uns befindet sich der kleine, versteckte Naturhafen **Porto Timoni,** der in der Vergangenheit Seefahrern Schutz vor Piraten bot, da er vom offenen Meer aus nicht einsehbar war.

Nach einem halben Kilometer gehen wir an einer Wegverzweigung links und stehen kurz danach vor einer winzigen **Höhlenkirche (3),** die in den Stein hineingewachsen zu sein scheint. Sie ist dem Heiligen Stylianos gewidmet und wenn wir möchten, können wir einen Blick ins Innere werfen. Zahlreiche einfache Ikonen, ein Sandgefäß mit Kerzen und Öl zum Anzünden von Kerzen zeugen davon, dass die Kirche von Gläubigern noch regelmäßig besucht und unterhalten wird.

Der Legende nach fand ein Hirte an dieser Stelle eine Ikone des Heiligen Stylianos, als er ein verloren gegangenes Schaf suchte. Er brachte sie in die Kirche nach Afionas, damit sie von den Dorfbewohnern verehrt und angebetet werden konnte. Die Ikone war jedoch bereits am nächsten Tag aus der Kirche verschwunden, doch derselbe Hirte entdeckte sie in derselben Höhle erneut. Dieses Mal beschlossen die Afioniten, sie dort zu belassen und an Ort und Stelle eine Kirche zu errichten. Später kam ein Mönch sogar auf die Idee, hier ein Kloster zu gründen.

Man baute ihm ein Haus und einen Brunnen, legte einen Garten an, damit er sich in der Abgeschiedenheit versorgen konnte. Doch das Kloster wurde nie gegründet, einzig die Überreste des **Einsiedlerhauses (4)** stehen noch ein Stück unterhalb der Felsenkirche am Ende des anderen Zweiges der Wegverzweigung.

Wir gehen auf dem gleichen Weg, den wir gekommen sind, bis zur **Zwillingsbucht (2)** zurück. Von dort wandern wir den Berg hinauf, an zwei Weggabelungen halten wir uns jeweils rechts. Auf dem Gipfel des Hügels steht die gelb gestrichene Taverne „Porto Timoni", die wir ca. 15 Minuten später erreichen. Über einen kleinen Fußweg kommen wir zur Taverne und der kurze Abstecher lohnt sich – nicht nur der grandiosen Aussicht wegen.

Übernachtungs- und Einkehrtipp: „Porto Timoni"

An dieser spektakulären Stelle führen Kostas und seine Frau Olga mit ihren drei Kindern ihre überaus sympathische Familien-Pension „Porto Timoni". Die geräumigen, modernen Studios bieten den gleichen Panoramablick wie die große Terrasse der Taverne. Selbst in der Hauptsaison wohnt man hier wunderbar ruhig und genießt dank der Höhenlage ein angenehmes Klima. Im Übernachtungspreis ist ein reichhaltiges und frisches Frühstück enthalten. Die Küche wird von traditioneller griechischer und korfiotischer Küche bestimmt. Nach dem anstrengenden Aufstieg können wir uns hier erfrischen.

Nachdem wir von der Taverne den Fußweg wieder zurückgegangen sind, folgen wir dem Pfad noch etwa 50 Meter. Gegenüber einer Ansiedlung großer Agaven führt ein **unscheinbarer Pfad (5)** nach rechts, der zunächst sanft, später jedoch immer steiler den Hang hinab führt. Der Abstieg gleicht in weiten Teilen einer Kletterpartie und sollte sehr vorsichtig und nicht mit Straßenschuhen gegangen werden – wir steigen über die Felsen, kommen durch einen kleinen Kermeseichenwald und erreichen nach etwa 500 Metern eine Kiesbucht. Von hier aus müssen wir uns noch etwa 300 Meter den Weg nach links über die Brandungssteine an den Strand von Agios Georgios suchen.

Tipp: Spyros Bootstaxi

Wer sich den anstrengenden Aufstieg von der Zwillingsbucht und den nicht weniger mühsamen Abstieg nach Agios Georgios ersparen möchte, kann sich von Spyros Bootstaxi abholen und direkt ans andere Ende der Bucht bringen lassen. Tel. 0030 6937762980 (englisch). In der Hauptsaison sollte man den Transfer allerdings besser vorher buchen.

Jetzt geht es am Wasser entlang, bis wir nach einem knappen halben Kilometer die hellblau gestrichene **Apartmentanlage „St. George Blue" (6)** erreichen.

Für die Rundwander-Variation 1 ist hier der Einstieg.

Rundwander-Variation 1

Hinter den hellblauen Häusern führt uns ein Weg ins Inselinnere. Wir folgen diesem zwischen hohen Gräsern und Schilf etwa 700 Meter (Achtung: Bei Nässe ist der Weg lehmig, rutschig und nicht empfehlenswert!). Am linken Rand des Weges ist eine **Schneise (R1)** im dichten Schilf zu erkennen, wir gehen hier hinein abwärts und überqueren nach wenigen Metern einen Bach. Dahinter gelangen wir über einen ausgetretenen Wiesenpfad zu einem Olivenhain. Zwischen den ersten Bäumen folgen wir dem Pfad nach links bis auf die höchste Stelle einer **Anhöhe (R2).** Ab hier ist der Weg nun wieder breiter und deutlich zu erkennen. Wir gehen streng aufwärts weiter.

Nach 200 Metern stoßen wir an eine **T-Kreuzung (R3):** Hier gehen wir den Schotterweg rechts, weiter bergauf. Nach 600 Metern entlang junger Olivenkulturen und Privatgrundstücken gelangen wir zu einer weiteren **T-Kreuzung (R4).** Wir gehen wieder rechts, dieses Mal bergab und erreichen 300 Meter weiter die Straße nach Afionas. Jetzt gehen wir links, verlassen die Straße jedoch nach weiteren 300 Metern: Vor einer Linkskurve, gegenüber einem kleinen gelb gestrichenen Häuschens führt ein kleiner **Fußpfad (R5)** nach schräg hinten, relativ steil abwärts. Er windet sich in mehreren Kurven den Hang hinunter, vorbei an Hühnerställen, bis er 100 Meter weiter an eine kleine Straße stößt. Wir gehen links aufwärts, ignorieren ab jetzt alle Abzweigungen, bis wir nach knapp einem Kilometer unterhalb des **Aussichtspunkts „Louloudi" (1)** herauskommen.

Für die Streckenwanderung geht es über den langen Sandstrand von Agios Georgios ans andere Ende der Bucht. Eine Badepause in dem kristallklaren, aber meist kalten Wasser belohnt uns für die mühsamen Auf- und Abstiege. Wer einkehren möchte, hat auf dem Weg zahlreiche Möglichkeiten.

Einkehrtipps: „Cool Water" und Spyros Café

Einen gesunden Mittagssnack bekommt man im „Cool Water" in der Mitte der Bucht. Koch Nikos und sein Bruder Alekos servieren leichte Gerichte, die sie aus heimischen, zum Teil selbst produzierten Zutaten professionell zubereiten. Hier bekommt man typische korfiotische Produkte in einer jungen und modernen Variation.

Wer anschließend oder stattdessen Lust auf einen Kaffee oder Smoothie hat, wird im benachbarten Spyros Café perfekt bedient. Neben Kaffeespezialitäten gibt es Eis und eine große Auswahl an vitaminreichen Kaltgetränken.

Eingerahmt von zwei Höhenzügen öffnet sich die über 3 km lange **Bucht von Agios Georgios** hufeisenförmig gegen Süden. Und gleich, aus welcher Richtung man sich nähert, der Eindruck, der sich während der Abfahrt zum Strand dem Auge bietet, ist einfach unübertroffen: Türkis, Grün und Blau wechseln je nach Licht in fast unwirklichen Formationen – ein Farbenspiel, das den Besucher vom ersten Moment an verzaubert. Neben ihrer natürlichen Schönheit bietet dieser vom Massentourismus gänzlich verschonte Badeort außer Wassersport zahlreiche alternative Freizeitangebote wie Reiten, Yoga und natürlich Wandern. Außerdem gibt es hier die Möglichkeit, während des Urlaubs an Goldschmiede- und/oder Sandguss-Seminaren teilzunehmen und ein eigenes Schmuckstück herzustellen.

Wer die 2. Rundwander-Variation wandern möchte, startet am östlichen Ende der Bucht.

Hier, ganz am anderen Ende der langen Bucht, führt die Straße aufwärts an einer Taverne vorbei und dann zunächst moderat, im weiteren Verlauf sehr steil bergauf in einen Wald. Am Ende der Steigung weist ein blaues Schild auf eine weitere Taverne

Tipp: Ilios Schmuckgalerie

In der außergewöhnlichen Schmuckgalerie Ilios kann man während des Urlaubs seine kreative Ader ausleben. Ohne Vorkenntnisse können Erwachsene und Kinder ab 6 Jahren unter Anleitung erfahrener, deutschsprachiger Goldschmiede ihre eigenen Ideen verwirklichen. Kleine Steine, Muscheln oder Olivenkerne können auf diesem Weg zu einem ganz persönlichen und unvergesslichen Urlaubssouvenir werden. Einsteigerkurse dauern 2–4 Std. Genügend Zeit, um beispielsweise einen Anhänger aus Silber zu gießen oder einen einfachen Ring zu fertigen. Anmeldung und Information unter Tel. 0030 (0)26630 96043, ilios@ilios-living-art.com, Agios Georgios, Korfu.

hin. Nun geht es sanft bergab, bevor nach 300 Metern erneut eine kurze Steigung beginnt. An deren höchstem Punkt zweigt auf der linken Seite ein unscheinbarer **Pfad (7)** schräg nach hinten in den Hang ab. (Gegenüber dieses Einstiegs ist ein CT-Schild an einem Baum befestigt.)

Wir steigen den schmalen, bewachsenen Pfad hinauf, der uns zunächst am Rand eines terrassierten Olivenhains entlang führt, später kehrt er von diesem ab und schlängelt sich zwischen Macchia-Gebüsch weiter den Hang hinauf. Vorsicht beim Gehen ist geboten, denn stellenweise ist die Kante des Pfades abgebrochen und es kann passieren, dass sich Steine aus der uralten Natursteinbefestigung lösen. Besonders im Frühsommer kann der Weg zudem stark zugewachsen sein. Wir steigen etwa 300 Meter aufwärts, bis wir in einen urwaldähnlichen, verwilderten Olivenhain gelangen. An dessen Ende wurde links ein sehr schmaler **Trampelpfad (8)** in den Hang hineingeschlagen. (Wer ihn verpasst, wird spätestens 100 Meter weiter umkehren, denn wegen des Abrutschens einer oberhalb verlaufenden Straße ist auf dem ursprünglichen Weg kein Durchkommen mehr).

Der Aufstieg ist jetzt mühsam, Stöcke und/oder eine helfende Hand sind hilfreich und jeder sollte selbst entscheiden, ob er sich dieser Kletterpartie gewachsen fühlt.

Tipp: Es gibt zwischen WP 7 und WP 10 eine längere, aber etwas einfachere Version: Dazu gehen wir bei WP 7 geradeaus und folgen dem parallel zum Meer verlaufenden Waldweg einen halben Kilometer bis zur ausgeschilderten Taverne. An der Mauer eines großzügigen Villengrundstücks beginnt der Weg anzusteigen und nach etwa eineinhalb mehr oder weniger steil aufwärts führenden Kilometern – kehren wir vom Meer ab und folgen dann den Wegweisern, die vom örtlichen Kulturverein aufgestellt worden sind, in Richtung Makrades bis WP 10.

Oben angekommen verlassen wir den Pfad in den gut begehbaren ursprünglichen Waldweg, dem wir jetzt nach rechts sanft bergauf folgen. Alle Abzweigungen ignorierend bleiben wir auf dem immer breiter werdenden Weg, vor uns bald die senkrecht aufragenden massiven Felswände, hinter denen das Etappenziel Makrades verborgen ist. Wir kommen nach 400 Metern an eine **T-Kreuzung (9)** und gehen rechts, weiter aufwärts. 200 Meter dahinter, an einer weiteren Kreuzung, gehen wir wieder rechts, nun etwa 50 Meter abwärts. Hier beginnt links direkt unterhalb der Felswand der **alte Weg nach Makrades (10),** den wir einschlagen.

077wko ft

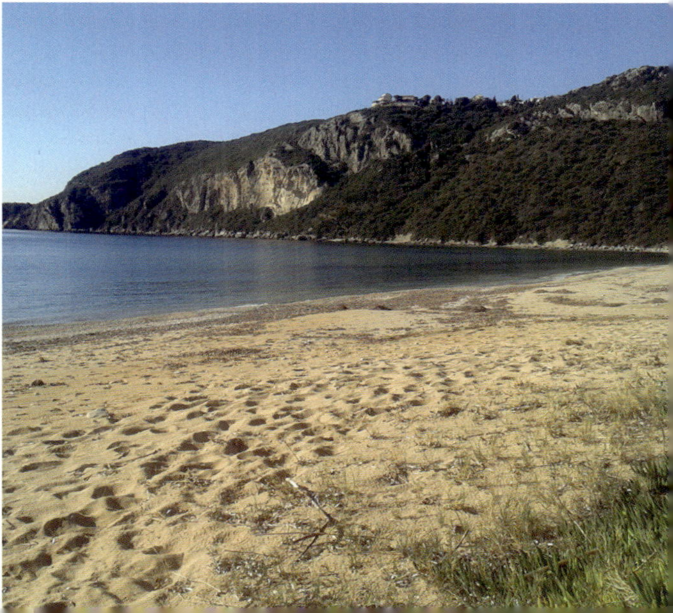

Wanderer der Rundwander-Variation 2 Wanderer der Rundwegvariation 2 gehen an der Kreuzung 200 Meter hinter der **T-Kreuzung (9)** nach links. Der Weg geht in eine Asphaltstraße über, die nun zunächst moderat, später jedoch leider wieder steiler ansteigt. Vor uns immer die Felsen, aus denen sich von Zeit zu Zeit Gesteinsbrocken gelöst und Erdrutsche nach sich gezogen haben. In mehreren Kurven winden wir uns aufwärts – nach einem Kilometer kehrt die extrem reparaturbedürftige und daher so gut wie nicht befahrene Straße ab und durch die Bäume können wir nun wieder aufs Meer blicken. 700 Meter weiter **trifft die Fahrstraße von Makrades auf die unsere (R2 1)** und endlich geht es bergab. Ein kunstvoll bemaltes Schild weist uns den Weg.

In weniger als einem halben Kilometer erreichen wir das Ortseingangsschild von Prinilas und passieren bald darauf die ersten Häuser und die Kirche des Dorfes. Hier verlassen wir die Hauptstraße in den links bergab führenden Weg, passieren den **Kirchplatz (R2 2),** auf dem ein Brunnen steht, und gehen nach rechts auf ein knallgelb gestrichenes Haus zu. Dahinter wenden wir uns nach links und wandern ein kleines Stück über die schmale gepflasterte Dorfgasse. An der ersten Möglichkeit biegen wir nach rechts in eine Seitengasse ab und unterqueren eine uralte Überdachung, die zwei Gebäude miteinander verbindet. Das Linke davon, ein klassisches Herrenhaus des in früherer Zeit reichen Dorfes wurde wieder hergerichtet und zeigt auf seinem Torbogen einen steinernen doppelköpfigen Adler und das Erbauungsjahr 1800. Wir folgen der Gasse, die in eine steil abwärts führende Betonstraße übergeht und uns aus dem Dorf heraus zurück zur Hauptstraße leitet.

Wir gehen nach links. Vor uns sehen wir die zweite Kirche und deren **Friedhof (R2 3),** auf den wir zugehen. Noch vor der Einfahrt zu demselben führt links ein schmaler Pfad abwärts, der die Dörfer Prinilas und Pagoi miteinander verbindet. Wir schlagen ihn ein, an einer kleinen Wegverzweigung gehen wir links und wandern noch wenige Minuten weiter, bis wir die ersten Häuser von Pagoi erblicken. Eine schmale Gasse führt bergab bis zur Dorfstraße und anschließend bis zur asphaltierten Durchgangsstraße. Wer sich ausruhen möchte, geht diese nach links, um in einem der Kafenia einzukehren. Ein Lokal macht dabei durch ein auffallendes Schild und seinen Namen auf sich aufmerksam.

Einkehrtipp: Bond 007 Café-Bar

Interessierte bekommen hier auf Anfrage ein Fotoalbum zu sehen, das Originalaufnahmen der Dreharbeiten von „In tödlicher Mission" zeigt. Pagi war nämlich in diesem Streifen Drehort für eine wilde Verfolgungsjagd mit einem gelben Citroën 2CV.

Unsere Wanderung führt uns anschließend etwa 50 Meter in die andere Richtung. Hinter einem türkis gestrichenen Haus zweigt nach links ein schräg abwärts führender Betonweg ab und bald darauf passieren wir den alten **Waschplatz des Dorfes (R2 4),** der im Jahr 1777 an dieser Stelle errichtet wurde.

Wir folgen dem Weg abwärts, nach den letzten Häusern setzt sich der Weg zunächst als unbefestigter Pfad abwärts fort, plötzlich ist aber wieder ein Wegabschnitt betoniert. Genau an dieser Stelle biegen wir nach links in einen **abzweigenden Waldweg (R2 5)** ein. Nun gehen wir etwa einen Kilometer durch ein wild wachsendes unkultiviertes dichtes Gelände. Wir erreichen einen Bach, der je nach Jahreszeit mehr oder weniger stark strömt. (Es gibt keine Brücke und nach regenreichen Zeiten ist es unter Umständen nicht möglich, den Bach trockenen Fußes zu überqueren.) Kurz dahinter treffen wir auf eine **Betonstraße (R2 6)** und gehen links. Auf dieser Straße wandern wir nun etwa 2,5 Kilometer durch ein fruchtbares Tal, welches von dem Bach gespeist wird, der links neben uns plätschert. Rechts oberhalb erblicken wir das Dorf Aspiotades. Das Gelände rechts und links von uns ist kaum landwirtschaftlich genutzt, hier und da weiden Rinder und es gibt einige kleinere Anbauflächen. Im weiteren Verlauf wird die Straße breiter und nach 1,5 Kilometern mündet von oben eine weitere Fahrstraße ein. Wir wandern auf der Straße links weiter. Noch einen Kilometer weiter knickt sie nach links ab und **blaue Wegweiser (R2 7)** zeigen den Fahrweg zum Strand. Wir folgen ihnen jedoch nicht, sondern wandern geradeaus durch eine kleine Siedlung, 500 Meter weiter macht der Weg einen Rechtsknick, dem wir nun folgen. Auf einem breiten Feldweg gehen wir noch einen weiteren halben Kilometer bis ein unscheinbarer **Wiesenpfad (R2 8)** nach links in den Olivenhain abzweigt und uns zu einem Bach führt. Wir überqueren das Rinnsal, das sich hier in kleinen stehenden Gewässern staut und wenn wir nicht zu viel Geräusche machen, können wir hier Schildkröten und Frösche beobachten.

150 Meter weiter stößt der Pfad auf einen breiten Weg, dem wir nun nach links folgen. Nun laufen wir noch etwa einen Kilometer zum **Strand von Agios Georgios.** An einer Wegverzweigung ist es unwichtig, für welchen Zweig wir uns entscheiden, denn beide Wege führen zum Strand.

Auf dem **alten Weg nach Makrades (10)** ist stellenweise die Brüstung, die den Weg gegen den senkrecht abfallenden Hang sichert, eingebrochen und man sollte vorsichtig gehen. In Serpentinen windet sich der Weg aufwärts – nach rechts bezaubert der Blick auf die Bucht von Agios Georgios, wir erkennen die Zwillingsbucht und unseren Wanderweg dorthin. Im Hintergrund erkennen wir die kleinen vorgelagerten Inseln und bei klarer Sicht sogar Mathraki und Ereikoussa. Nach einigen Gehminuten Aufstieg ist der Weg plötzlich betoniert. Denn nach dem tragischen Absturz eines Pfarrers, der mit seinem Esel auf dem ursprünglich schmalen Pfad unterwegs war, wurde mit der Verbreiterung des Weges und mit der Befestigung begonnen. Je-

028wko ft

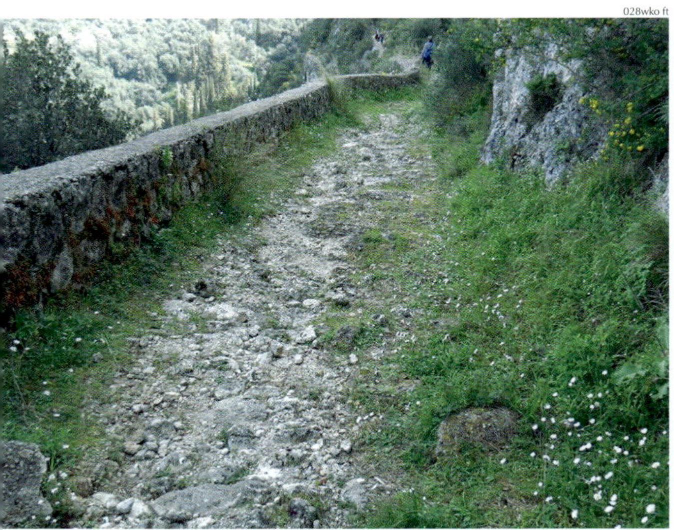

doch fiel auch eine der Baumaschinen in den Abgrund und so blieb die Arbeit unerledigt.

Kurz darauf kehren wir dem beeindruckenden Panorama den Rücken und verlassen den Weg durch ein Felsentor ins Inselinnere. Jetzt befinden wir uns auf einem breiten, gut ausgebauten Wirtschaftsweg, der in eine Allee aus wilden Oliven, Kermeseichen, Zypressen und hohen Sträuchern übergeht. Bei der **Weggabelung (11)** können wir einen Abstecher zur Festung Angelokastro (siehe Wanderung M1) machen – dazu folgen wir dem rechten Zweig und anschließend der Ausschilderung.

Nach Makrades geht es auf dem geradeaus führenden Zweig weiter. Wir verlassen ihn nach knapp 200 Metern nach links in einen im spitzen Winkel abzweigenden Betonweg. Der Weg windet sich im Bogen aufwärts bis er sich unterhalb der uralten engen Dorfgassen von Makrades verzweigt. Wir gehen rechts auf dem Betonsträßlein weiter zwischen den alten Häusern, die sich hier im Abstand von gerade einmal zwei Metern gegenüberstehen. Hinter einem rot gestrichenen Haus ist eine kleine Weggabelung. Wir steigen geradeaus den Treppenweg hinab und gelangen in wenigen Minuten zum Dorfplatz von Makrades, an dem ein Kafeneion zu einer Erfrischung einlädt.

Von dort gehen wir die gepflasterte Gasse nach rechts abwärts, verlassen den alten Ortskern – die gepflasterte Dorfgasse geht in eine Asphaltstraße über, der wir durch eine Linkskurve folgen. Nach 200 Metern kommen wir zu einer Kreuzung, hinter der sich neben einigen Souvenirgeschäften die **Taverne Colombos** befindet. Im hinteren Teil des Restaurants gibt es eine kleine volkskundliche Ausstellung mit alten Fotos, Geräten, Werkzeugen, Trachten und einer komplett aufgebauten Olivenmühle mit Presse.

Wer mit dem **Bus** unterwegs ist, findet an der Hauptstraße die Haltestelle.

Der alte Eselsweg von Makrades (die Mauer ist neueren Datums)

029wko ft

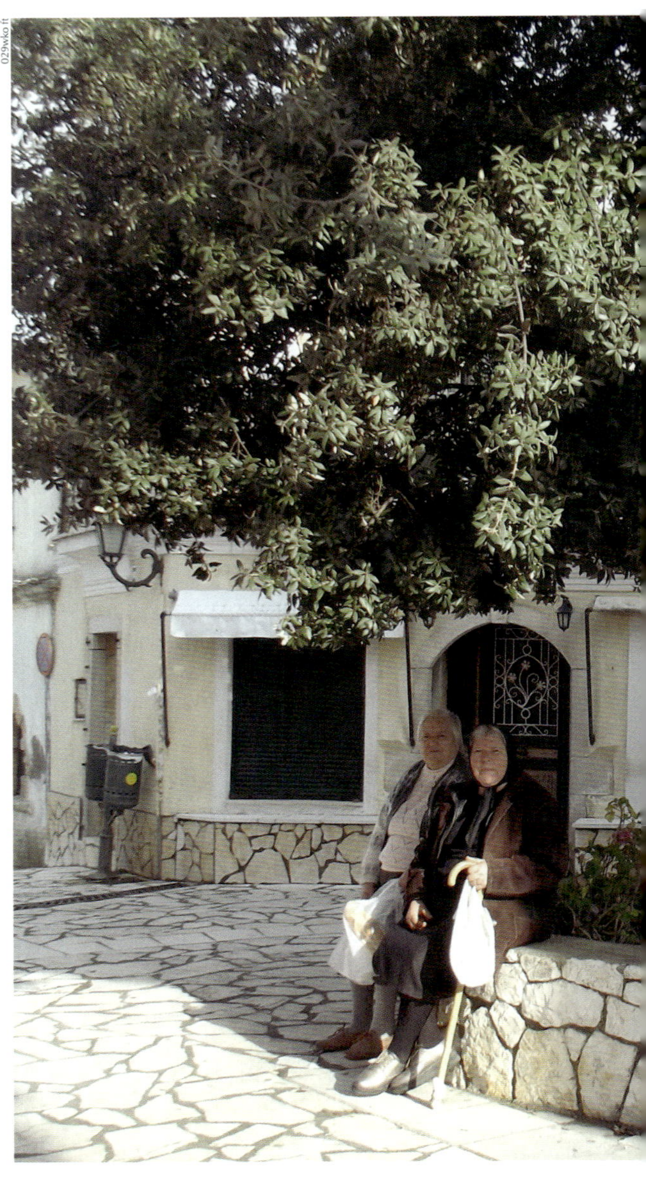

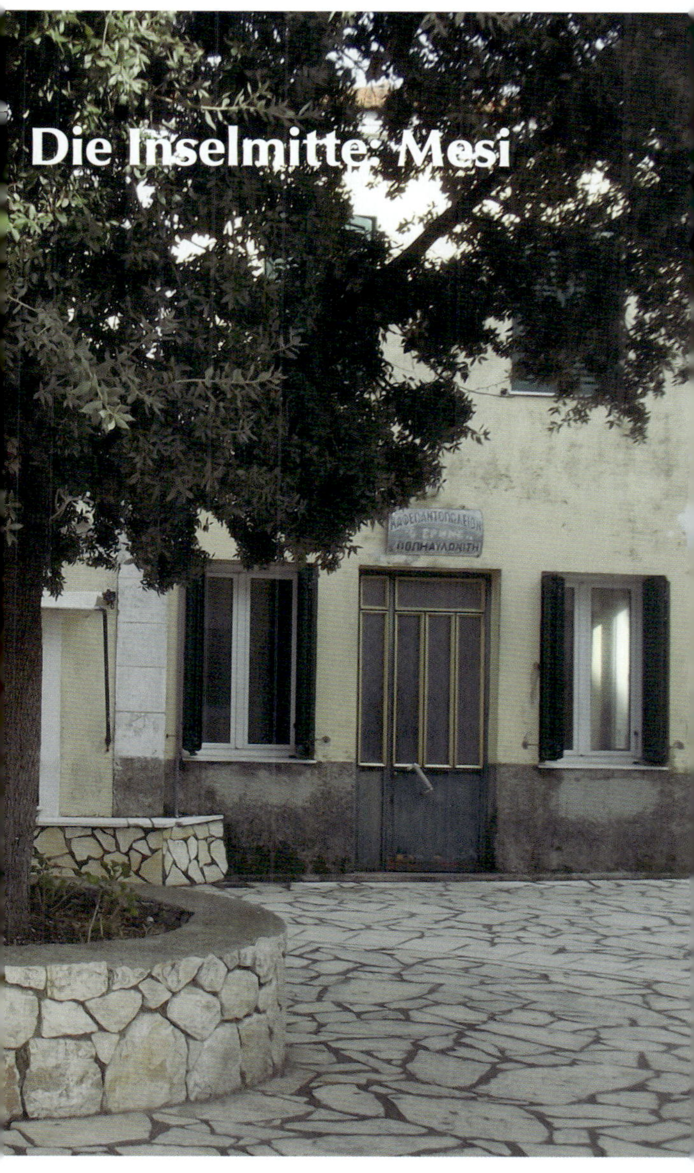

Die Inselmitte: Mesi

Die Inselmitte: Mesi

Den mittleren Teil Korfus dominiert das riesige Ropa-Tal, das aus einem trockengelegten See entstanden ist. Bis zur relativ flachen Ostküste breitet sich von hier ein Gebiet mit mehreren kleineren Seen und Feuchtgebieten aus, welches in regenreichen Zeiten recht sumpfig ist. Westlich davon erstreckt sich ein Gebirgszug, der steil ins Meer abfällt. Etwa 9 Kilometer südlich von Korfu-Stadt dominiert fast über die gesamte Breite der Insel der zweithöchste Berg Korfus, der Ai Deka. Südlich dieses Massivs befindet sich eine zweite Ebene, das Tal des Messonghi-Flusses, der bei dem gleichnamigen Ort an der Ostküste mündet und die Inselmitte begrenzt.

Kapitelstartseite: Am Dorfplatz von Krini wird man freundlich begrüßt

Tour M1 Vom Taucherparadies Paleokastritsa nach Doukades

9 km
3½ Std.
mittelschwer

Paleokastritsa ist eine der bekanntesten und beliebtesten Feriendestinationen Korfus. Die malerischen kleinen Strände und das kristallklare Wasser laden im Sommer Gäste zum Sonnenbaden und Tauchen ein. Besondere Bedeutung verdient das Kloster Paleokastritsa, das auf einer Halbinsel liegt, die vom zentralen Parkplatz aus durch eine schmale Straße zu erreichen ist. Es wurde vor mehr als sieben Jahrhunderten gegründet, als hier der Legende nach eine Marien-Ikone gefunden wurde. Es beherbergt wertvolle Ikonen und auch auch ein kleines Museum. Im Untergeschoss kann man die traditionelle Olivenpresse besichtigen. In der Vergangenheit war Paleokastritsa eines der großen Handelszentren der Insel. Der Name (*Paleo* = alt, *kastritsa* = Burg) stammt von der alten Festungsanlage, die vor dem Bau des Klosters auf der Halbinsel angelegt war. Im Mittelalter wurde der Ort von Piraten komplett zerstört und die Einwohner flohen in die oberhalb gelegenen Siedlungen Lakones, Makrades und Krini, die wir auf der Rundwanderung besuchen werden.

Länge: 9 km
Dauer: 3½ Std.
Schwierigkeit/Charakter: mittelschwer. Kurze, aber anstrengende Wanderung, denn zu Beginn steigen wir auf einer Strecke von über 2 Kilometern kontinuierlich bergan. Oberhalb von Paleokastritsa führt uns diese Tour zu mehreren spektakulären Aussichtspunkten mit fantastischen Fernblicken.
Übernachtung: in Paleokastritsa und Lakones
Einkehr: in Lakones und am Etappenziel
Öffentliche Verkehrsmittel: Zum Ausgangspunkt Linien A 9, A10 Korfu – Paleokastritsa, vom Etappenziel Linien A9, A10 Paleokastritsa – Korfu, Einstieg in Doukades

Rundwander-Variation: Die alten Dörfer über der Traumbucht Paleokastritsa (Rückweg ab WP 1)
Länge: 9,5 km
Dauer: 3 Std.
Schwierigkeit: mittelschwer

Kurzwander-Variation: Paleokastritsa – Profitis Ilias (bis WP 3)
Länge: 2,5 km
Dauer: 1½ Std.
Schwierigkeit: mittelschwer

Wegbeschreibung

Vom Zentrum Paleokastritsas wandern wir zunächst auf der Hauptstraße dorfauswärts, bis wir auf der rechten Seite den Supermarkt „Kathy“ sehen. Schräg gegenüber dem Supermarkt sind blaue Briefkästen aufgestellt, hier zweigt eine Straße nach

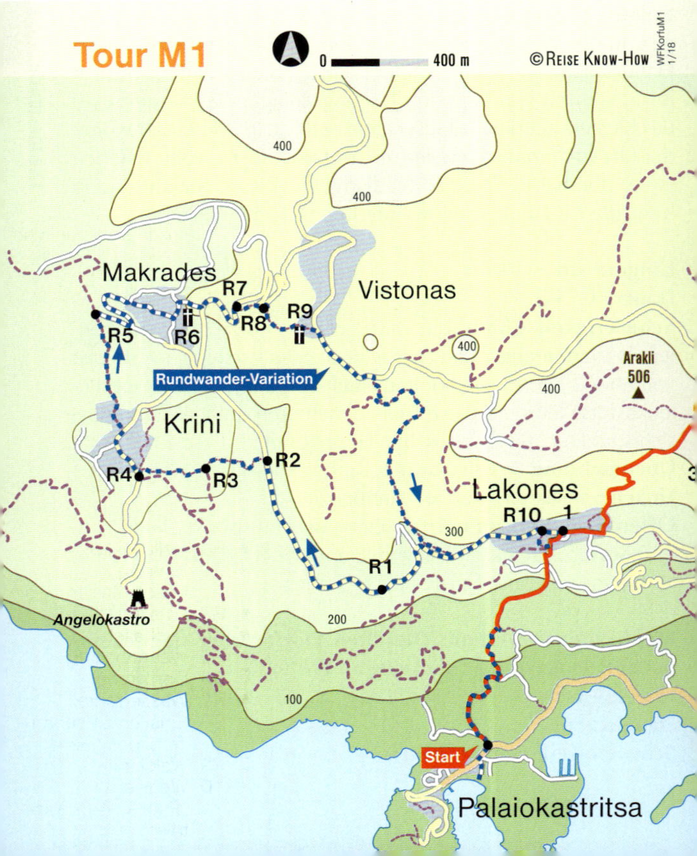

links ab, die wir einschlagen. 50 Meter weiter folgen wir der rechten kleinen Straße, die wir 400 Meter hinaufsteigen. Bevor die Straße dann wieder bergab führt, verlassen wir sie in einen steil bergauf führenden Weg, der uns über nacktes Felsgestein in Richtung der massiven Felswände über uns führt, der „Brüstung" unserer ersten Etappe, dem Dorf Lakones. Der Weg wird schmaler, je höher wir kommen, vereinzelt treffen wir auf gelbe Punkte, die uns die Orientierung erleichtern. Der Eselpfad führt uns durch hohe Olivenhaine unterhalb der Felswände über ein uraltes, steinernes Pflaster. Nach insgesamt ca. einem Kilometer treffen wir auf eine Betonstraße, die wir überqueren, denn fast genau gegenüber setzt sich unser Pfad einem Holzschild „Path

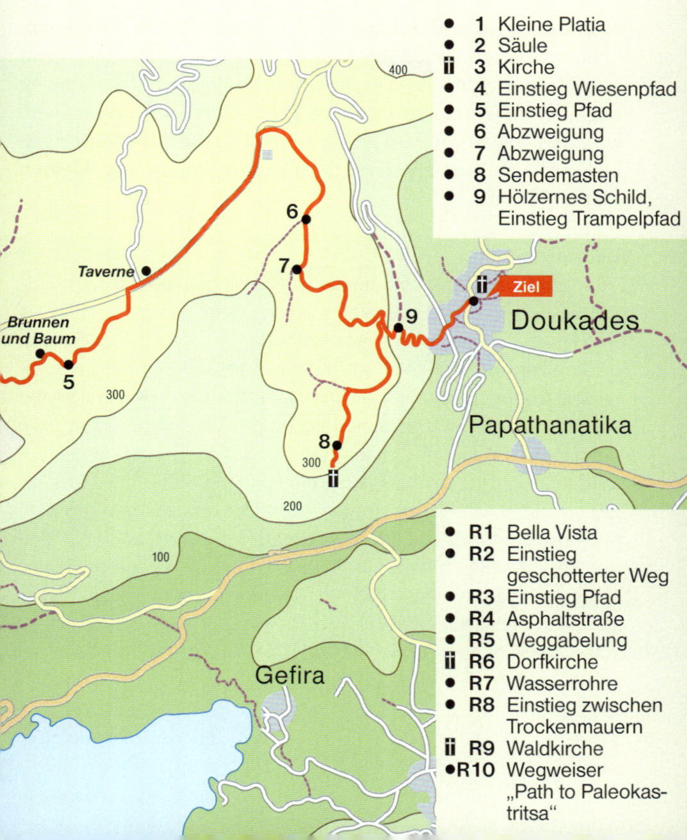

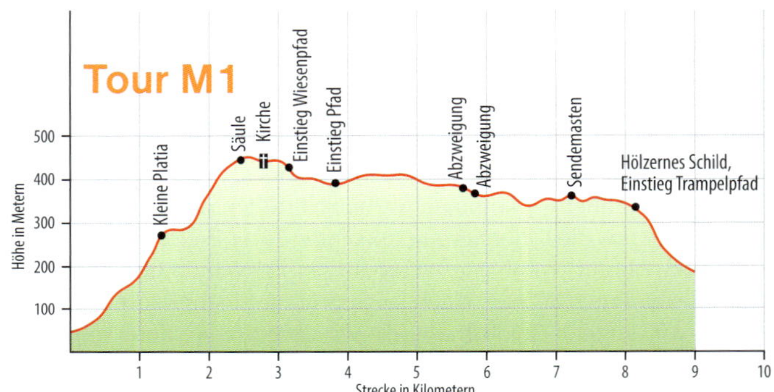

to Lakones" folgend fort, auch wenn gelbe Pfeile in die Gegenrichtung weisen. In Kurven geht es weiter aufwärts, nach etwa 100 Metern geht der Weg in einen betonierten Treppenweg über, der im Dorf Lakones endet. Bei den ersten Häusern angekommen, folgen wir dem gepflasterten Dorfweg, der, durch gelbe Punkte markiert, zwischen den Häusern hindurch zur **kleinen Platia (1)** führt.

Lakones

Es lohnt sich, einen Schlenker durch die kleinen, engen Gassen des Dörfchens Lakones zu machen, denn die uralten Häuser sind zum Teil noch sehr gut erhalten. An vielen Stellen entdecken wir hübsche Fotomotive, ein imposantes Eingangstor, eine malerische Treppe, eine verwinkelte Gasse ... Wer findet die beiden steinernen, noch aus der Zeit der Venezianer stammenden Köpfe am Eingang eines Hauses, das früher einem bedeutenden Notar gehört hat? Auch ein kleines Volkskundemuseum gibt es hier. Und wer nach dem Aufstieg verschnaufen möchte, findet im Zentrum des Dorfes mehrere Cafés und auch ein kleines traditionelles Kafeneion. Hier wird neben Kaffee und Erfrischungsgetränken auch Ginger Ale und die griechische Löffelsüßigkeit Vanillia serviert.

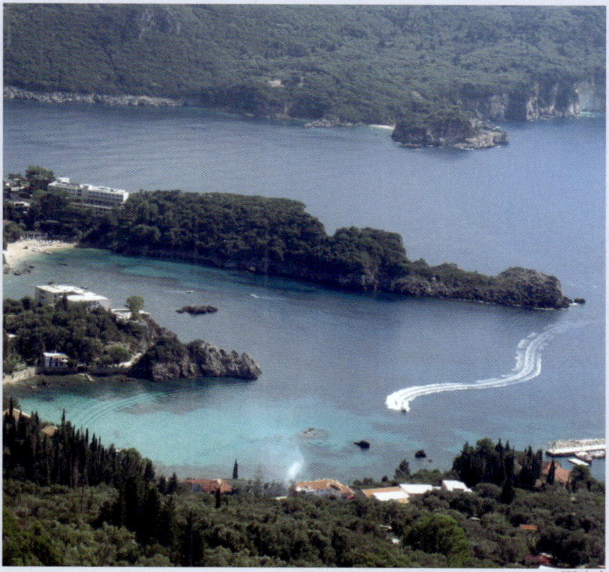

078wko ft

Für die **Rundwanderung** gehen wir die Dorfstraße nach links und folgen ihr aus dem Dorf heraus. Nach etwa 15 Minuten erreichen wir die **Aussichtsplattform Bella Vista (R1),** die – wie der Name erahnen lässt – den Blick auf eine grandiose Kulisse freigibt. Der gegenüberliegende Parkplatz ist in der Saison überwiegend Reisebussen vorbehalten, die hier auf einer Inselrundfahrt eine Fotopause machen. Kurze Zeit später passieren wir das Kloster Agia Paraskevi.

Wir setzen unseren Weg auf der Straße fort – hinter einer leichten Rechtskurve können wir in der Ferne bereits das Ortsschild der nächsten Ortschaft erkennen. Jedoch, bevor wir dieses erreichen, verlassen wir die Straße 100 Meter hinter einer Brücke **nach links in einen geschotterten Weg (R2).** Rote und gelbe Zeichen an einem Baum ermöglichen uns die Orientierung.

Wir folgen dem Pfad wenige Meter bis zu einem trockenen Bachbett, überqueren es und gehen 20 Meter nach links. Dann zweigen wir nach rechts auf einen aufwärts führenden Pfad ab. Hier liegen je nach Jahreszeit Olivennetze auf dem felsigen Untergrund, sodass man die Wegmarkierungen, die uns 20 Meter weiter wiederum nach rechts weisen, unter Umständen nur schlecht findet. Entlang von Trockenmauern wandern wir durch den terrassierten Hain, der Pfad wird langsam breiter und führt durch eine Lichtung. Etwa 100 Meter danach müssen wir gut aufpassen und auf gelbe Zeichen achten, denn hier verlassen wir den Weg nach rechts in einen aufwärtsführenden, steinigen, sehr schmalen **Pfad (R3).** Weiter geht es durch die gepflegte Olivenkultur, an moosbewachsenen Trockenmauern entlang und später durch landwirtschaftlich genutzte Flächen. Der Pfad mündet in einem Betonweg, der uns direkt ins Dorf Krini führt.

Bald erreichen wir die **Asphaltstraße (R4)** und haben hier die Möglichkeit eines Abstechers zur byzantinische **Festung Angelokastro** (s.u.). Dazu gehen wir die Asphaltstraße links abwärts und folgen der Beschilderung.

Wer den Abstecher zur Burg nicht macht, geht die Dorfstraße rechts aufwärts. Bald erreichen wir die malerische Platia des Dorfes Krini, dessen Ortsname „Quelle" bedeutet und tatsächlich gibt es hier zwei schön eingefasste Brunnen, an denen wir unsere Wasserflaschen auffüllen können. Der kleine Platz lädt zu einer kurzen Rast ein – wer etwas anderes als Wasser trinken möchte, kann sich im kleinen Dorfcafé etwas bestellen. Wir verlassen den Dorfplatz nach links, an den beiden Wasserhähnen vorbei wandern wir die gepflasterte, enge Dorfstraße zwischen den zum größten Teil verlassenen Häusern abwärts, kurz darauf zweigen wir nach rechts auf einen Betonweg ab und bald schon können wir vor uns unsere nächste Etappe erkennen: das Dorf Makrades. Nach etwa einem halben Kilometer **gabelt sich der Weg (R5).**

Wir folgen dem Betonweg rechts aufwärts und zweigen 150 Meter weiter nach links in einen Weg ab, der uns jetzt in einem Bogen hinauf ins Dorf Makrades führt. An der nächsten Weggabelung wählen wir den rechten, bergan führenden Zweig: eine schmale gepflasterte Gasse zwischen den Häusern, der am Dorfplatz von **Makrades** endet. Wieder kann man hier auf eine kurze Rast einkehren. Wir gehen links und erreichen in wenigen Minuten die **Dorfkirche (R6),** dahinter die Hauptstraße.

Wir halten uns hier links und folgen dem Wegweiser nach Trompettas, Sant George und Sidari. Etwa 250 Meter weiter, hinter einer scharfen Linkskurve müssen wir auf zwei parallele **Wasserrohre (R7)** am rechten Straßenrand achten, die mit orangefarbenen Zeichen markiert sind.

Hier folgen wir den Rohren in einen bergaufwärts führenden Pfad, der 100 Meter weiter oberhalb wieder an der Hauptstraße endet. Bereits 30 Meter weiter, hinter der Kurve, verlassen wir die Straße jedoch wieder ebenfalls nach rechts auf einen steinernen **Pfad zwischen zwei Trockenmauern (R8).** Dieser Pfad führt uns durch ursprüngliche Vegetation in wenigen Minuten zu einer **Waldkirche (R9).** Dahinter setzt er sich als breite, befahrbare Straße fort, auf der wir etwa 150 Meter bis zur Hauptstraße gehen, von wo aus wir einen traumhaften Blick auf die Festung Angelokastro genießen. Hier gehen wir rechts aufwärts und zweigen 300 Meter weiter auf einen breiten Schotterweg nach rechts ab, der sich 150 Meter dahinter gabelt. Wir nehmen die linke Möglichkeit, der Weg führt abwärts, wird schmaler und geht schließlich nach 400 Metern in einen Fußpfad über. Jetzt wandern wir einige Hundert Meter durch dichte, teils dornige Vegetation über herrlich weichen Waldboden und später über uraltes Steinpflaster.

Der Pfad endet im Dorf Lakones gegenüber einer Olivenholzwerkstatt. Wir wandern die Dorfstraße 400 Meter nach links, bis wir rechts an ein bergabwärts führendes Treppensträßchen gelangen, an dem ein hölzerner **Wegweiser „Path to Paleokastritsa" (R10)** steht. Wenn wir diese Gasse verpassen, können

031wko ft

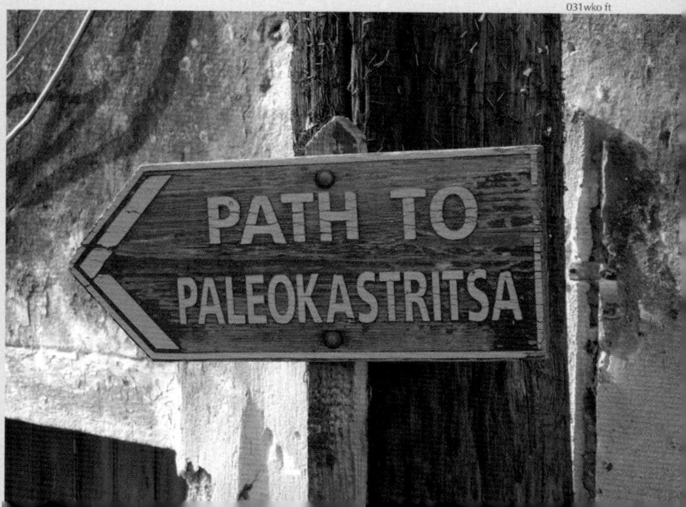

PATH TO PALEOKASTRITSA

wir auch den nächsten abwärtsführenden Weg einschlagen – die Wege führen weiter unterhalb auf einem schmalen Pfad zusammen, dem wir entsprechend der leuchtend gelben Zeichen folgen. An einer Kreuzung gehen wir links und kommen bald auf einen Treppenweg. Wir folgen ihm, immer weiter abwärts und stoßen an die Asphaltstraße, die wir überqueren, schräg rechts setzt sich unser Wanderweg neben einer offenen Wasserrinne fort. Immer folgen wir den gelben Markierungen, bis wir an die nächste Straße stoßen, der wir nach rechts folgen. Nach kurzer Zeit erreichen wir die ersten Häuser und etwas später die Hauptstraße nach Paleokastritsa. In wenigen Minuten haben wir den Strand erreicht.

Festung Angelokastro

Die historisch bedeutsamen Festung Angelokastro „Engelsburg" ist die am weitesten nordwestlich gelegene Bastion Griechenlands. Auf einem Felsen auf 270 m Höhe wurde sie bereits im 13. Jahrhundert erbaut. Seitdem galt sie den Korfioten als strategischer Verteidigungsstützpunkt sowie als Schutz. Es heißt, sie sei nie erobert worden, weder durch Piraten noch durch die Osmanen. Zu drei Seiten fällt sie steil ab und selbst heutzutage wäre es praktisch unmöglich, die Bastion vom Wasser aus einzunehmen. Der einzige Zugang zur Festung Angelokastro wurde vor einigen Jahren restauriert, sodass der Fußweg zum Hochplateau recht leicht zu bewältigen ist. Er lohnt sich auf jeden Fall, denn die Aussicht auf das offene Meer sowie auf die Bucht von Paleokastritsa ist einfach unvergleichbar. In der Festung gibt es außerdem eine Höhlenkirche sowie eine dem Erzengel Michael gewidmete Kirche. Dieser gegenüber befinden sich Gräber, deren Herkunft noch nicht abschließend festgestellt werden konnte.

Von der **kleinen Platia (1)** aus wandern wir 200 Meter nach rechts weiter. Hinter einer Fleischerei und vor einer Reihe von Briefkästen biegen wir in einen breiten gepflasterten Treppenweg nach links aufwärts ab. Die gelben Punkte sind hier relativ eng gesetzt, bald geht der Weg in einen Beton-Stufenweg über, der an einer T-Kreuzung endet. Wir gehen rechts aufwärts über Stufen weiter in einen schönen großen Olivenwald. Je höher wir uns den Berg hinauf schlängeln, umso schöner wird die Sicht nach rechts auf die Paleokastritsa-Buchten, eine Belohnung für diesen anstrengenden Aufstieg.

700 Meter weiter wird der Weg endlich ebener, und wir sehen nun bereits unsere nächste Station, die kleine Kirche „Profitis Ilias". Bald stoßen wir an eine T-Kreuzung, an der eine **Säule (2)** steht, das Andenken an einen ehemaligen Offizier und Veteran, der aus dieser Gegend stammte. 100 Meter weiter rechts steht die Kirche des „Propheten Ilias von Araklis" und ein kleines verlassenes Museum. Beide, Kirche und Museum, wurden von ebendiesem Offizier auf eigene Kosten errichtet bzw. restauriert.

Hinter der **Kirche (3)** gibt es eine Fläche, von der aus wir einen unvergleichbaren Blick genießen: vom Kloster Paleokastritsas und der Engelsburg rechts über die grünen Hügel von Mittelkorfu zur linken Seite. Wir gehen jetzt zurück, wieder an der Kirche und dem Museumsgebäude vorbei und folgen dem Zufahrtsweg bis zur **Säule (2).**

Tipp: Wer möchte, kann nun noch einen Aufstieg auf den dritthöchsten Berg Korfus, den **506 Meter hohen Arakli** machen. Dazu folgen wir dem schmalen steinigen Pfad, der 10 Meter hinter der Säule in Richtung des Berges führt.

Anschließend gehen wir auf diesem Weg noch einige Hundert Meter, passieren ein verwildertes Ziegengehege, hinter dem manchmal laut bellende Hunde angebunden sind. Kurze Zeit später ist der zementierte Weg zu Ende, und noch bevor wir die Hauptstraße erreichen, biegen wir rechts in einen **Wiesenpfad (4)** ab.

Zunächst gehen wir ca. 200 Meter dem Pfad folgend in Richtung eines verfallenen Gebäudes, das zu der erst vor wenigen Jahrzehnten verlassenen, kleinen Ruinen-Ortschaft Vitalades gehört. Kurz bevor wir das Gebäude erreichen, wenden wir uns jedoch nach links und folgen dem nun breiteren Pfad 200 Meter, wobei wir einen kahlen, markanten Baum ansteuern, der neben einem gemauerten Brunnen steht. Zwischen Baum (es heißt, dass es sich um eine Ulme handelt) und Brunnen gehen wir hindurch, und wandern anschließend entlang des Zaunes weiter, dann folgen wir dem Verlauf des Pfades durch eine Linkskurve und passieren ein Brett, das als provisorische Brücke dient. Di-

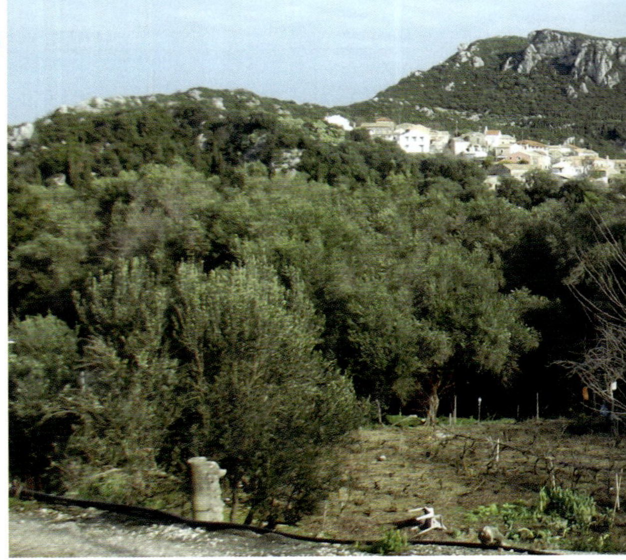

rekt dahinter **biegt ein Pfad nach links ab (5),** der uns zwischen Mastix-Sträuchern durch eine schattenlose Hochebene führt.

Einen halben Kilometer weiter kommen wir kurz vor einer Taverne an der Hauptstraße an. Jetzt wandern wir auf dieser wunderschönen und wenig befahrenen Höhenstraße ca. 800 Meter nach rechts, passieren ein einzelnes Haus auf der rechten Seite und biegen gut 100 Meter dahinter nach rechts in einen breiten aufwärts führenden Betonweg ab. Nach einem kurzen Anstieg setzt sich der Weg als breiter Schotterweg zwischen Kermeseichen fort. Einen halben Kilometer weiter **verlassen wir den Hauptweg nach links (6)** in einen zunächst betonierten, später geschotterten Weg. Zwischen Kermeseichen und niedrigen Gehölzen gehen wir 200 Meter weiter, **biegen dann nach links (7)** in einen leicht aufwärts führenden Schotterweg ab, der uns bald in einen Olivenhain führt. Ein Tor, mitten im Wald, umgehen wir, sofern es geschlossen ist, dahinter setzt sich der Weg als Wiesenpfad fort. 300 Meter weiter, hinter einem zweiten Tor, geht es dann bergab weiter und bald stoßen wir an eine T-Kreuzung. Wir gehen rechts, die schmale Straße leicht bergauf bis zu einem Wegweiser nach 400 Metern, auf dem die Kapelle Agios Simeon ausgeschildert ist. Bald erreichen wir eine Anhöhe mit **Sendemasten (8)** und von nun an geht es bergab über einen sehr unwegsamen und gerölligen Pfad bis zu der **kleinen Kirche**

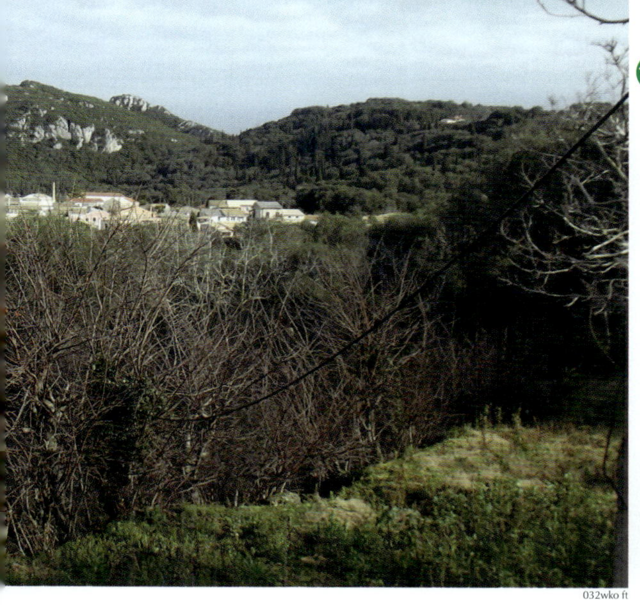

032wko ft

(s.u.). Die Kirche steht an einer wirklich spektakulären Stelle: Wie ein Balkon über Paleokastritsa und der beginnenden Ropa-Ebene wirkt dieser Felsvorsprung, auf dem das winzige Kirchlein erbaut wurde. Aber bitte Vorsicht, denn der „Balkon" ist ungesichert und fällt an mehreren Stellen steil ab.

Wir gehen zurück zu der Anhöhe mit **Sendemasten (8)** und folgen der Straße einen halben Kilometer bergab, während sich uns noch einmal ein herrlicher Ausblick auf die Ropa-Ebene bietet. Gegenüber einem **hölzernen Schild (9)** führt uns ein versteckter kleiner **Trampelpfad** nach rechts durch das Dickicht aus Kermeseichen. Es geht relativ steil in mehreren Kurven bergab, nach 300 Metern erreichen wir die ersten landwirtschaftlich genutzten Grundstücke von Doukades. Der Dorfweg, auf den wir bald stoßen, kann unter Umständen sehr rutschig sein – wir folgen ihm bis er in einem gepflasterten Weg mündet. Diesen gehen wir nach links, wenig später kommen wir an der asphaltierten Fahrstraße an. Direkt gegenüber folgen wir einem gepflasterten Treppenweg weiter abwärts. Wir passieren die Kirche von Doukades, an der eine Gedenktafel an zwei Mitglieder der einflußreichen Politiker-Familie Theotoky, die hier begraben sind,

Blick auf das Bergdorf Makrades

Die Kirche des einstigen Dorfes Mamali

Die Kirche gehörte einst zum Dorf Mamali, einem Dorf, das hier in der Nähe lag, aber bereits im 17. Jahrhundert von Piraten zerstört worden ist. Mit dem Bau der kleinen Kapelle sind verschiedene Geschichten verbunden: So wird überliefert, dass Frauen der unter uns liegenden Dörfer Gardelades und Liapades eine zitternde Flamme hier oben gesichtet haben sollen. Nachdem sie aufgestiegen waren, fanden sie die Ikone des Propheten Simon an genau dieser Stelle und brachten sie in die Dorfkirche. Doch von dort verschwand sie auf wundersame Weise und wurde wieder an der gleichen Stelle auf dem Felsen gesichtet. Daraufhin verstanden die Dörfler, dass der Prophet an dieser Stelle bleiben wollte und man baute ihm eine Kirche. Weiterhin wird erzählt, dass während des Baus der Kirche einer der Bauherren mit einem mit Weingläsern beladenen Tablett in die Tiefe gestürzt sein soll. Weder sei dem Mann etwas passiert, noch wurde der Wein verschüttet – ein Wunder, das dem Propheten zugeschrieben wurde ...

erinnert. Das Landhaus dieser Familie entdecken wir kurze Zeit später auf der rechten Seite: Das eindrucksvolle steinerne Anwesen gehört zu den schönsten Herrenhäusern auf Korfu.

Von hier aus ist es nicht mehr weit bis zur belebten Platia dieses sehr alten, unverfälschten Ortes. Mehrere Tavernen empfangen uns hier und es gibt einen „Bäckerei – Gemischtwarenladen", in dem ein sehr leckeres Brot verkauft wird.

Tipp: Drei Kilometer abseits von Doukades befindet sich ein **Gnadenhof für Esel „Corfu Donkey Rescue",** der für ausgesetzte und nicht mehr gewünschte Esel ihr letztes Zuhause geworden ist. Hier leben überwiegend sehr alte Tiere, die früher hart arbeiten mussten, denn noch vor wenigen Jahrzehnten gab es auf Korfu mehr Esel als Autos. Ihr Einsatz in der Landwirtschaft war unverzichtbar, doch sehr schnell wurden die störrischen Tiere dann durch Maschinen und Fahrzeuge ersetzt. Später vergaß man sie, setzte sie aus oder verkaufte sie an Schlachthöfe ins Ausland. Gegründet wurde der Hof in den 2000er Jahren von der Engländerin Judy Quinn, die seitdem zahlreichen Eseln das Leben gerettet oder verlängert hat. Der Eselhof ist für Besucher täglich von 10 bis 17 Uhr geöffnet.

Tour M2 Von der Ostküste ins Ropa-Tal: Dassia – Marmaro

12,5 km
3½ Std.
einfach

Marmaro ist – wie Giannades (siehe Tour M3) – noch sehr traditionell, die Häuser zum großen Teil noch in der mittelalterlichen Architektur belassen, enge Gassen schlängeln sich von der Haupt-Dorfstraße in die Berge. Das Dorf erhielt seinen Namen aufgrund des Haupt-Abbauprodukts seiner Steinbrüche: einem als „korfiotischer Marmor" bezeichneten Sandstein, der weich und leicht zu bearbeiten war und daher für Tür- und Fensterrahmen, Bögen, Kirchtürme und Skulpturen verwendet wurde. Durch Marmaro fließt ein Fluss, der das Dorf in zwei Hälften teilt, die durch eine alte steinerne Brücke verbunden sind. Hinter der Kirche Agia Marina gibt es eine alte Olivenmühle, die besichtigt werden kann.

Länge: 12,5 km
Dauer: 3½ Std.
Schwierigkeit/Charakter: einfach. Eine längere, entspannte Wanderung, die den oberen Teil Mittelkorfus von der Ostküste über die Seenplatte des „Kavrolimni" bis ins Ropa-Tal durchquert. Die Wege sind fast durchgehend breit und gut begehbar, sodass diese Wanderung auch für Kinder und für Menschen, die nicht ganz so gut zu Fuß sind, bestens geeignet ist. Der Streckenabschnitt bis WP 7 ist auch per Rad und für (begleitete) Rollstuhlfahrer/innen gut zu bewältigen. Lediglich der Streckenabschnitt zwischen WP 12 und WP 14 führt durch unwegsames, sumpfiges Gelände und ist deswegen erst ab dem späten Frühjahr empfehlenswert
Übernachtung: in Dassia (siehe Übernachtungstipp).
Einkehr: in Poulades und am Etappenziel
Öffentliche Verkehrsmittel: Zum Ausgangspunkt Stadtbus Linie 7, Ausstieg an der Haltestelle „Malibu", vom Etappenziel Linie B 18

Rundwander-Variation: Um den Kavrolimni und die Gaidarana-Seen (Start bei WP 15, Rückweg bei WP 8)
Länge: 9 km
Dauer: 2 Std.

Schwierigkeit: einfach, aber nur in trockenen Perioden zu wandern

Kurzwander-Variation: Von Dassia nach Poulades (bis WP 7)
Länge: 5 km
Dauer: 1½ Std.
Schwierigkeit: einfach

Übernachtungstipp Hotel Wilde Rose

Im Zentrum von Dassia befindet sich das Hotel Wilde Rose, deren Betreiber die Initiative für die Streckenführung und Beschilderung dieses Wanderweges ergriffen haben. Das Hotel liegt wenige Minuten vom Strand entfernt und verfügt über eine große Gartenanlage. Hier sind Einzelreisende oder auch größere Gruppen, vor allem auch (inklusive) Jugend-Wandergruppen willkommen, denn das Hotel ist gleichzeitig Zentrum für inklusive Jugendbegegnungen.

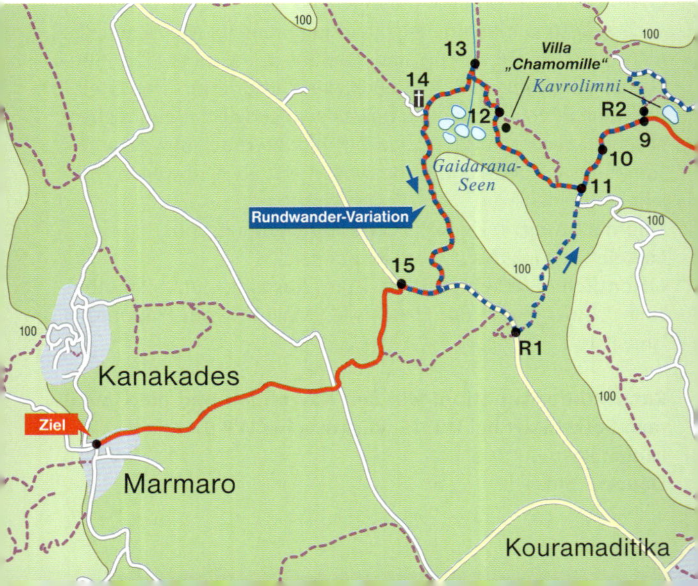

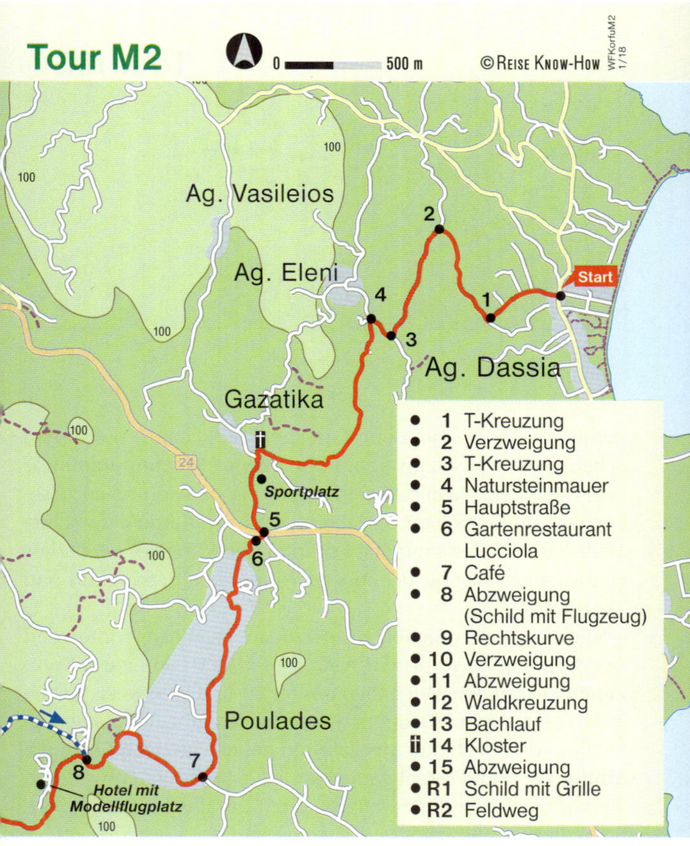

Wegbeschreibung

An der belebten **Hauptstraße**, die durch **Dassia** in Richtung Ypsos führt, zweigt direkt an der Bushaltestelle „Malibu" eine aufwärts führende Seitenstraße ab. Sie heißt „Odos Rena Vlachopoulou" und ist einer berühmten griechischen Schauspielerin gewidmet, deren Privatwohnsitz wir kurz darauf passieren.

Seit Generationen lachen die Griechen über die Fernsehkomödien aus den 1950er und 1960er Jahren, die mit hervorra-

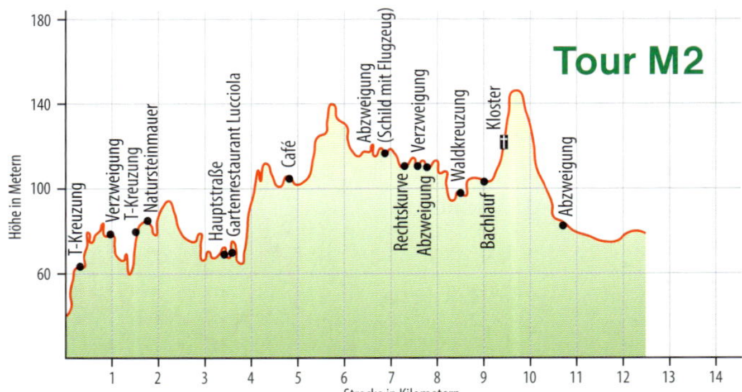

genden, aber selten über Griechenland hinaus bekannten Schauspielern besetzt waren. **Irene „Rena" Vlachopoulou** war eine von ihnen, die in zahlreichen griechischen Komödien zu sehen war. Im Laufe ihrer 55 Jahre währenden Karriere zwischen 1939 und 1994 erlangte die Korfiotin den Ruf einer besonders charismatischen und talentierten Komödiantin, Sängerin und Tänzerin.

Nach 50 Metern gehen wir geradeaus, vorbei an Hotel- und Apartmentanlagen, bis wir nach 500 Metern an eine **T-Kreuzung (1)** kommen. Wir halten uns rechts und ignorieren nun alle Abzweigungen. Nachdem wir die letzten großzügig angelegten Grundstücke hinter uns gelassen haben, **verzweigt sich die Straße (2)** und diesmal gehen wir links. Immer noch wandern wir auf einer befestigten Straße, doch um uns wird es grüner: Sträucher und verwilderte Olivenbäume wachsen jetzt rechts und links des Weges.

Einen halben Kilometer weiter erreichen wir noch eine **T-Kreuzung (3).** Hier gehen wir 100 Meter nach rechts, um vor einer **Natursteinmauer (4)** dann nach links in eine Seitenstraße abzubiegen. Direkt 10 Meter weiter bleiben wir auf dem linken Weg. Jetzt geht es sanft bergab und bald durchwandern wir einen Olivenhain. Links erblicken wir durch die Bäume das Meer und die albanische Bergkette. Nach etwas mehr als einem Kilometer erreichen wir die **Siedlung Gazatika** mit einem in Relation zur Größe der Ortschaft imposanten Fußballplatz direkt am Ortseingang.

Hier trainiert der korfiotische **Fußballklub A.O. Kerkyra,** dessen Vereinsgeschichte bis in die späten 1960er Jahre zurück reicht. Bis zum Jahr 1999 war er nur in unterklassigen Ligen vertreten, doch dann stieg er innerhalb von vier Jahren drei Mal auf. 2004 und 2006 spielte die Mannschaft erstmals in der „Alpha Ethniki“, der griechischen Bundesliga, ebenso in den Jahren 2010 bis 2013. In der folgenden Saison wurde der Verein dann wegen Transferverstößen zum Zwangsabsteiger deklariert, konnte aber den direkten Wiederaufstieg schaffen und gehört seit der Saison 2016/17 wieder zum griechischen Oberhaus.

Am Sportplatz vorbei wandern wir rechts bis zu der kleinen Platia, die ein Brunnen ziert. Wir wenden uns nach links in Richtung der Kirche, deren Glockenturm eine besondere Sehenswürdigkeit präsentiert: Hier wächst aus dem Stein heraus eine Zypresse. Dann wandern wir auf der Straße aus dem Dorf heraus, überqueren eine steinerne Brücke und erreichen wenige Minuten später die viel befahrene **Hauptstraße nach Paleokastritsa (5).**

Wir überqueren die Straße und wenden uns nach rechts, um auf einer kleineren Parallelstraße wenige Meter bis zu einem dicht mit wildem Wein berankten gelben Haus zu gelangen. Dabei handelt es sich um das kleine und sehr liebevoll gestaltete **Gartenrestaurant Lucciola (6).** Das Lokal öffnet nachmittags und bietet eine sehr feine Auswahl an korfiotisch-kretisch-mediterranen Gerichten. Vor dem Haus zweigen wir links ab, auf eine aufwärts führende schattige Allee aus hohen Eichen- und Zypressenbäumen, die die großzügigen Villengrundstücke begrenzen.

Fast 1,5 Kilometer bleiben wir auf dieser ruhigen, sich bergauf windenden Straße, bis wir eine kleine Siedlung erreichen. Hier versteckt sich hinter einer Reihe von Olivenbäumen ein **Café (7)** mit Snack-Bar, wo wir die Möglichkeit zur Einkehr haben.

Nach der Pause folgen wir dem Straßenverlauf noch 10 Minuten seicht aufwärts, zunächst entlang von Olivenpflanzungen, später durch eine weitere gepflegte Villengegend. Nach 800 Metern zweigt in einer Rechtskurve **ein mit einem Flugzeug beschilderter Schotterweg nach links ab (8).** Es geht abwärts und 300 Meter weiter passieren wir die Zufahrt zu einem Hotel, das Freunde des Modellflugs anzieht. Wir folgen immer dem Hauptweg, der hinter dem Miniaturflugplatz durch eine immer flachere, offenere Landschaft und schließlich zu einem See führt. Im

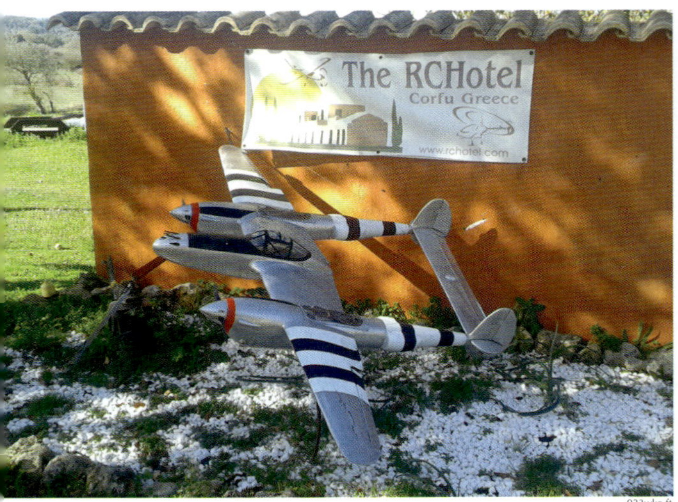

033wko ft

Sommer ist der **See Kavrolimni,** der seinen Namen den „Kavouria" (Süßwasserkrebsen) verdankt, fast trocken, aber in regenreichen Zeiten breitet sich an dieser Stelle ein großes grünes Feuchtbiotop aus. Hohe Bäume am Ufer laden zu einem Picknick ein.

Nach einer schattenlosen Landschaft gehen wir entlang einer kurzen Allee aus Kiefern. Hier führen uns die Wilde-Rose-Wanderzeichen ca. 50 Meter vor einem Schuppen durch eine **Rechtskurve (9)** und schließlich in weitem Bogen um eine kleine Farm. Dort leben neben vielen (freundlichen) Hirtenhunden und Katzen allerlei Geflügel, eine Ziegenherde, ein Pferd sowie eine Kuh.

Hinter dem Gelände des Bauernhofes **verzweigt sich unser Weg (10)** und wir gehen rechts. Gut 100 Meter weiter **zweigt ein breiter Weg nach rechts ab (11).** Dieser führt uns am Rand einer idyllischen Seenplatte schließlich zu einer Villa mit dem Namen „Chamomille". Zwischen dem Grundstück und einem Weinfeld setzt sich der Weg um das Grundstück herum fort, und wenn wir hier nach links blicken, sehen wir bereits den Kirch-

Hotel mit Modellflugplatz

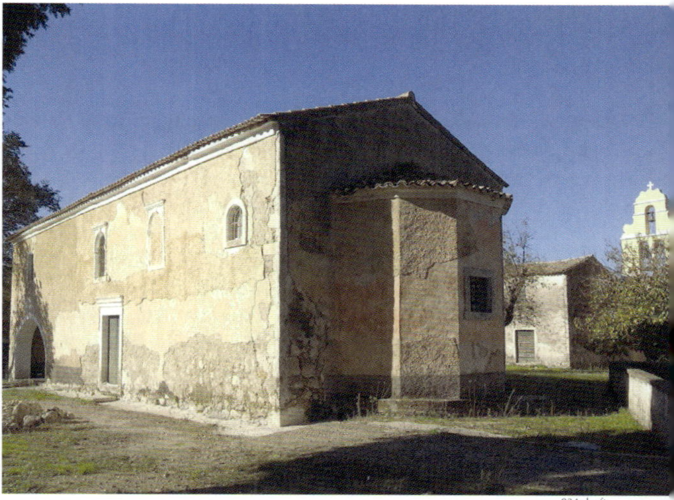

034wko ft

turm des Klosters, auf das wir uns nun zubewegen. An einer kleinen **Waldkreuzung (12),** die wir wenig später erreichen, gehen wir links. Der Pfad wird schmaler und wir orientieren uns an den Wegmarkierungen und den Spuren der Weidetiere. Nachdem wir einen kleinen **Bachlauf (13)** überquert haben wenden wir uns um 180 Grad nach links und folgen dann einem breiteren Wiesenpfad, der direkt zum **Kloster des Heiligen Onoufrios (14)** hinaufführt.

Dem **Heiligen Onoufrios** werden eine Reihe von Wundern zugeschrieben, die auf den Ikonen im Inneren der Kirche dargestellt sind. So wird unter anderem folgendes Ereignis über die Jahrhunderte überliefert: Ein Maultiertreiber kaufte das Öl des Klosters mit der Absicht, es mit anderem Öl „anzureichern" und auf diese betrügerische Weise weiterzuverkaufen. Als er kurz danach sein Maultier am See Kavrolimni tränken wollte, fiel dieses hinein und drohte zu ertrinken. Der Abt hörte die Hilferufe des Händlers und eilte zur Hilfe. Aber erst als der Betrüger seine unmoralische Absicht eingestand, fand das Tier den Weg aus dem See und setzte in aller Ruhe seinen Weg fort.

Das alte Kloster des Heiligen Onoufrios

Nach der Besichtigung der Klosteranlage folgen wir dem betonierten Zufahrtsweg bis zur Hauptstraße, die die Ropa-Ebene durchquert.

Rundwander-Variation: Um den Kavrolimni und die Gaidarana-Seen

An der viel befahrenen Hauptstraße durch die Ropa-Ebene befindet sich unterhalb von Marmaro neben einem Grundstück, das zu einem Bootsverleih gehört, eine Bushaltestelle. Wir gehen an den Booten vorbei und bleiben 500 Meter auf der Straße, bis auf der linken Seite ein schmaler Betonweg abzweigt. **Ein Schild, auf dem eine Grille zu sehen ist (R1),** steht hier als Wegweiser und wir folgen ihm bergauf. Schon bald ist von der Hauptstraße nicht mehr viel zu hören. Zunächst wandern wir zwischen Kermeseichen, wilden Oliven und niedrigen Sträuchern, nach einem halben Kilometer wird die Landschaft offener und schließlich führt uns der Weg in einem weiten Bogen um das Wiesengelände eines Bauernhofs herum. Unter einer Ansammlung von Kiefern stoßen wir an einen **Feldweg (R2),** dem wir nach links folgen. 50 Meter weiter gehen wir erneut links auf einen Feldweg, der uns zwischen niedrigen Sträuchern zu einer Straße führt. Wir gehen rechts und schon bald breitet sich rechts von uns das große Sumpfgebiet um den See Kavrolimni aus. Dahinter setzt sich die Straße durch eine Villengegend fort. In einer Linkskurve erreichen wir den **mit einem Flugzeug beschilderten Schotterweg (8),** der nach rechts zum Modellflughafen abzweigt. Das Schild mit dem Flugzeug ist jedoch nur aus der anderen Richtung zu sehen. Ab hier folgen wir den Anweisungen der Streckenwanderung bis zur **Abzweigung (15).**

Wir gehen etwa 200 Meter nach rechts, überqueren die Straße und verlassen sie dann **nach links in einen Feldweg (15).** Dieser führt uns zu einer breiteren Asphaltstraße, wir überqueren eine Brücke rechts von uns und anschließend wandern wir auf der Straße weiter bis ins Dorf **Marmaro,** das wir nach etwa 1,5 Kilometern erreichen.

Tour M3 Entlang der Ropa-Ebene von Liapades nach Ermones

12,2 km
4 Std.
einfach

Die ausgedehnte **Ropa-Ebene** war in der Vergangenheit ein sumpfiges Feuchtgebiet, das gemieden wurde, denn es galt als riesiges Nest von Malaria übertragenden Moskitos. Im Laufe der Zeit und mithilfe aufwendiger Entwässerungsmaßnahmen wurde das Gebiet im 18. Jahrhundert trockengelegt und in fruchtbaren Boden verwandelt. Der Fluss Ropa, den man heute wohl eher als Kanal bezeichnen würde, sammelt das anfallende Regenwasser und leitet es ab.

Da die Malariagefahr erst vor einigen Jahrzehnten völlig gebannt werden konnte, ist das Gebiet nur sehr dünn besiedelt. Es wurde versucht, die Ropa-Ebene touristisch aufzuwerten, während hingegen von der ehemaligen landwirtschaftlichen Nutzung heute kaum mehr etwas zu sehen ist. Zusammen mit den benachbarten kleinen Seen im Osten und dem in die Ermones-Bucht mündenden Fluss beherbergt die Ebene als wertvolles Feuchtbiotop eine große Anzahl Vögel, Reptilien und Amphibien.

Länge: 12,2 km
Dauer: 4 Std.
Schwierigkeit/Charakter: einfach. Diese reizvolle Wanderung führt uns entlang der größten Niederung auf Korfu, der Ropa-Ebene, die sich über ca. 1000 Hektar am Nordrand von Korfus Mitte erstreckt. Die ursprünglichen Bauerndörfer in den Hängen, die das Tal umschließenden, sind die einzelnen Etappen der Wanderung.
Übernachtung: An der Küste zwischen Paleokastritsa und Ermones zahlreiche Möglichkeiten
Einkehr: in Giannades und Marmaro
Öffentliche Verkehrsmittel: Zum Ausgangspunkt Linie A 10 Corfu – Liapades, vom Etappenziel Linie B 16 Ermones – Corfu

Rundwander-Variation: Liapades – Giannades – Marmaro – Liapades (Rückweg ab WP 7)
Länge: 15 km
Dauer: 4½ Std.

Schwierigkeit: mittelschwer – die Wege sind zum größten Teil breit und gut begehbar. Auf dem Rückweg von Marmaro nach Liapades ist ein relativ steiler Anstieg über 2 km zu bewältigen.

Kurzwander-Variation: Liapades – Marmaro (vom Ausgangspunkt bis WP R2 der Rundwanderung)
Länge: 9,5 km
Dauer: 2½ Std.
Schwierigkeit: einfach

Wegbeschreibung

Start der Wanderung ist der noch sehr ursprüngliche **Dorfplatz von Liapades,** der als einer der Schönsten von Korfu gilt. Wir gehen links an der Kirche vorbei bis zum oberen Ende des Platzes und anschließend in die gepflasterte Sackgasse, die uns bergauf an den alten Häuschen des oberen Dorfes nach 200 Metern zu einer T-Kreuzung führt. Wir gehen links das betonierte Sträß-

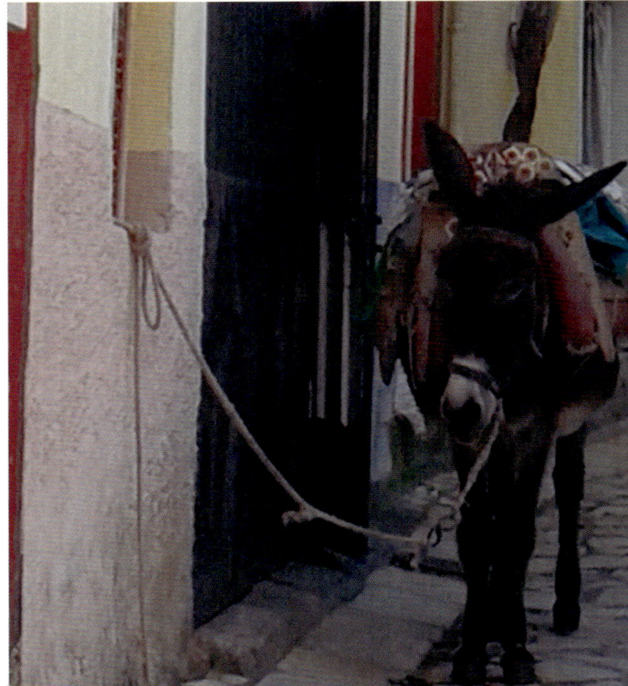

chen weiter bergauf – schon bald verlassen wir das Dorf und kommen ins grüne Hinterland von Liapades. 300 Meter weiter erreichen wir eine schmale und wenig befahrene Asphaltstraße, der wir nach rechts weiter aufwärts laufen. Einen halben Kilometer dahinter steht ein etwas vernachlässigter **Heiligenschrein (1)** am Wegesrand. Hier verlassen wir die nach links abknickende Straße und gehen geradeaus in einen Schotterweg, auf dem wir nun ca. 40 Minuten wandern werden. Schon bald befinden wir uns zwischen mit moosbewachsenen Trockenmauern eingefassten, hohen, schattigen und teils sehr alten Olivenhainen. Die mit Efeu umrankten knorrigen Stämme der Bäume bieten immer wieder eindrucksvolle Fotomotive. Die Landschaft ist sanft geschwungen, der Weg ist breit und bequem zu gehen. Irgendwann schimmert auch das Meer durch die Lücken im Wald hindurch und nach ca. 2,5 Kilometern **verzweigt sich unser**

In Liapades ist es nicht schwierig, einen Parkplatz direkt vor dem Haus zu finden.

035wko ft

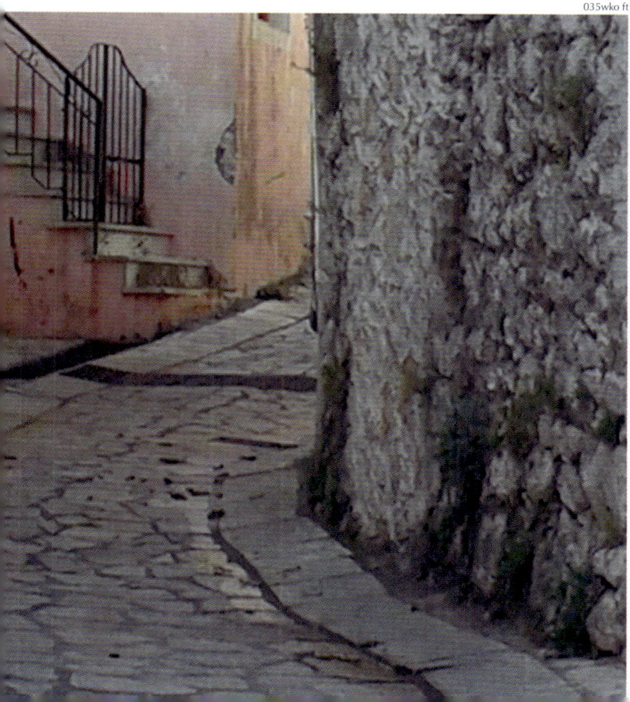

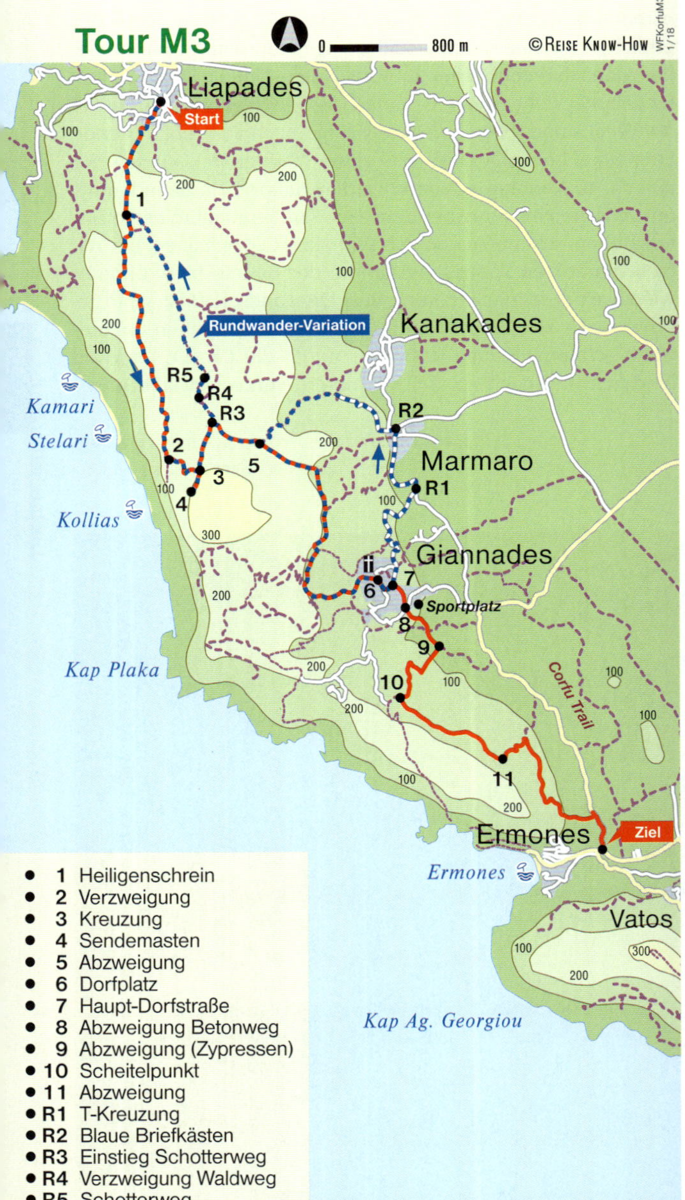
Tour M3
0 800 m
© Reise Know-How
WFKorfuM3 1/18
Liapades
Start
Kanakades
Rundwander-Variation
Kamari
Stelari
Kollias
Marmaro
Giannades
Sportplatz
Kap Plaka
Corfu Trail
Ermones
Ziel
Ermones
Vatos
Kap Ag. Georgiou
1 Heiligenschrein
2 Verzweigung
3 Kreuzung
4 Sendemasten
5 Abzweigung
6 Dorfplatz
7 Haupt-Dorfstraße
8 Abzweigung Betonweg
9 Abzweigung (Zypressen)
10 Scheitelpunkt
11 Abzweigung
R1 T-Kreuzung
R2 Blaue Briefkästen
R3 Einstieg Schotterweg
R4 Verzweigung Waldweg
R5 Schotterweg

Weg (2). Hier kehren wir nach links von der Küstenlinie ab und es geht weiter bergauf. Nach wenigen Minuten erblicken wir einen nicht zu übersehenden Sendemast auf dem Hügel, auf den wir zugehen.

Nach 400 Metern kommen wir zu einer **Kreuzung (3).** Von hier aus können wir einen kurzen Abstecher nach rechts zu den beiden **Sendemasten (4)** machen, von wo aus wir einen schönen Blick auf die Westküste der Insel genießen. Anschließend kehren wir zur **Kreuzung (3)** zurück und wandern dahinter auf dem Weg abwärts – nach 400 Metern hinter einer Rechtskurve folgen wir ihm seicht bergauf. Einen von links kommenden **Schotterweg (R3)** ignorieren wir, diesen werden wir auf unserem Rückweg kennenlernen. Kurze Zeit später geht unser Weg in einen schattenlosen Zementweg über, der nun wieder bergab führt und uns einen wunderbaren Blick auf die Ropa-Ebene und die grüne Hügelkette der Inselmitte beschert. Einige Minuten weiter wird aus dem Zementbelag Asphalt und kurz dahinter **zweigen wir in einen breiten Weg nach rechts ab (5).**

Es geht nun relativ steil bergab – nach gut einem halben Kilometer erreichen wir eine T-Kreuzung, an der wir rechts weitergehen, an einem Weinfeld vorbei und unterhalb einer Stromleitung, die uns bis nach Giannades begleiten wird. Auf diesem breiten Weg wird die Beschattung nach und nach spärlicher und wir verlassen ihn etwa nach einem Kilometer der Stromleitung folgend nach links. 200 Meter weiter verzweigt sich unser Weg – wir gehen links bergab auf eine Kirche zu, die wir vor uns erblicken und die wir nach 500 Metern erreichen. Wenig später kommen wir dann ins Dorf Giannades – den **Dorfplatz (6)** erreichen wir, indem wir der Hauptstraße wenige Meter nach rechts folgen.

Giannades ist ein verstecktes, vom Tourismus noch weitgehend verschontes Bergdorf. Gleichwohl lohnt sich ein Spaziergang durch den Ortskern und der Blick vom Dorfplatz aus auf die riesige, immergrüne und saftige Ropa-Ebene. Hier gibt es die Möglichkeit auszuruhen, Proviant aufzufüllen oder auf eine Tasse Kaffee einzukehren.

Rechts vom Platz führt ein Betonweg steil abwärts, der geradeaus in eine Gasse übergeht. Dieser folgen wir steil bergab durch eine scharfe Linkskurve, bis wir nach kurzer Zeit die **Haupt-Dorfstraße (7)** erreichen. Hier trennen sich die Wege der Strecken- und Rundwanderung.

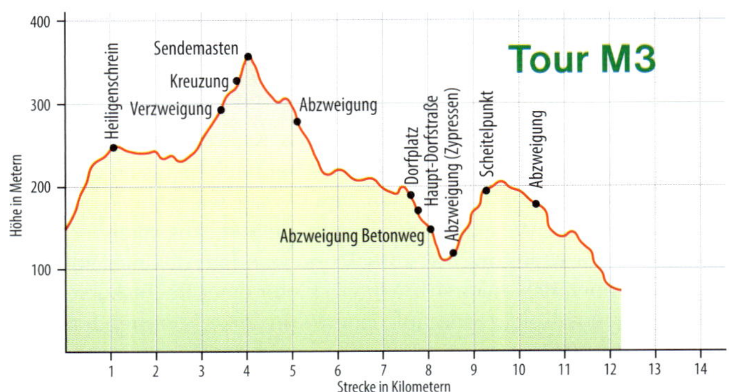

Wer den Rundweg geht, wählt die Straße, die schräg links nach Marmaro ausgeschildert ist und wandert auf dieser wenig befahrenen Straße etwas mehr als einen Kilometer bis zu einer **T-Kreuzung (R1).** Hier gehen wir links, um in ca. 10 Minuten im nächsten Dorf, Marmaro, anzukommen. Der Dorfplatz befindet sich in einer Linkskurve und es gibt hier auch nochmals eine Einkehrmöglichkeit.

Direkt vor dem Platz, an dem neben einer Wasserstelle **blaue Briefkästen (R2)** aufgestellt sind, zweigen wir links in einen kleinen aufwärts führenden Betonpfad ab, der sich bald verzweigt. Hier gehen wir rechts weiter bergauf. Bald kehrt der Weg sich ab und nun führt er in mehreren Kurven entlang der Olivenhaine aufwärts. Insgesamt 2 Kilometer Steigung müssen wir jetzt bewältigen, teils relativ steil. Nach einem Kilometer folgen wir der Linkskurve und der Asphaltstraße und genießen ein letzes Mal die Aussicht auf die Ropa-Ebene. Anschließend erklimmen wir das letzte Stück dieses relativ anstrengenden Anstiegs. Bald sehen wir die Sendemasten, die wir auf dem Hinweg besucht haben, und auch das Wegstück, auf dem wir uns jetzt befinden, ist uns bereits bekannt. Zum Glück wird der Weg jetzt wieder kühler und schattiger und es geht endlich bergab.

Der Weg macht bald einen scharfen Linksknick. Vor diesem jedoch führt ein **Schotterweg (R3)** nach rechts bergab, auf dem wir nun etwa 200 Meter gehen. Hier führt ein breiter **Waldweg** nach links in den Olivenhain, der sich wenige Schritte weiter **verzweigt (R4).**

Wir gehen rechts auf dem schmalen Pfad bis zu einem Stacheldrahtzaun, der einen Olivenhain begrenzt. Diesem folgen wir nach links und biegen danach in den oberhalb gelegenen Olivenhain ab. Es geht weiter parallel zum Zaun, bis wir den äußersten rechten Rand des Hains erreicht haben. Von hier erklimmen wir auf einem schmalen Pfad den terrassierten Wald. Vereinzelte blaue Punkte helfen bei der Orientierung. Am letzten Baum oben rechts gibt es eine kleine Lücke im Macchia-Gestrüpp, das den Hain nach oben hin begrenzt. Durch sie gelangen wir auf einen **Schotterweg (R5),** auf dem wir nach rechts bergab weitergehen. Er führt später auf einen Asphaltweg und nach insgesamt 2 Kilometern erreichen wir den **Heiligenschrein (1).** Von hier aus gehen wir 500 Meter nach rechts bis uns ein CT-Schild und gelbe Pfeile auf einer Mauer nach links weisen. Bald erreichen wir Liapades – an den ersten Häusern des Dorfes gehen wir rechts in eine steil abwärts führende Gasse und sind bald am Ausgangspunkt angekommen.

Schattige Wanderwege führen uns entlang der Ropa-Ebene

036wko ft

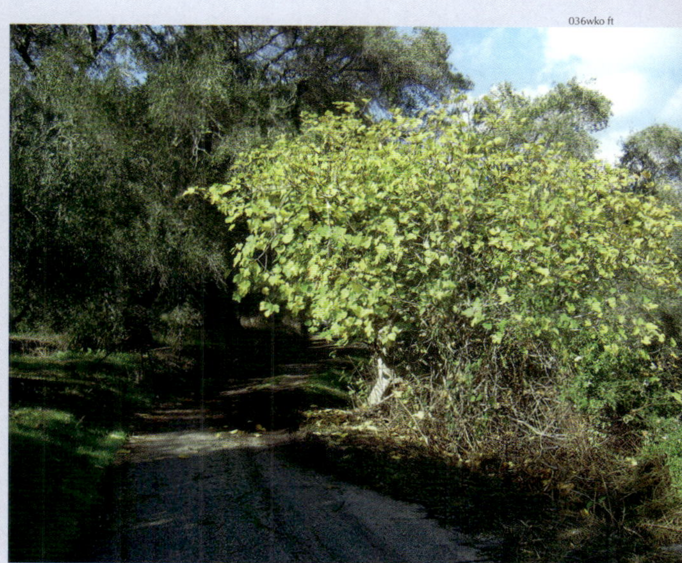

Wein aus Korfu

Korfu hatte im Altertum den Ruf eines hervorragenden Weinbaugebietes. Auf antiken Münzen aus der Region findet man Reben, Rebstöcke, Weinbecher, Weinkrüge und Abbildungen von Dionysos. Und auch in Homers Odyssee wird der „Wein der Phäaken" besungen. Die damaligen Rebsorten Kakotrigi (der Name bedeutet „schlecht zu lesender") und Petrokoritho werden heute noch in einigen Gegenden Korfus angebaut.

Auch in der Neuzeit bleibt Korfu Weinanbaugebiet. Im 16. Jh. wird die Weinsteuer als wichtigste Einnahmequelle der venezianischen Verwaltung angegeben. Durch die damals eingeführte Pflanzprämie für Olivenbäume wurde der Wein jedoch im Laufe der nächsten Jahrhunderte nach und nach verdrängt. Trotzdem hatte Korfu noch bis ins 20. Jh. hinein signifikante Einnahmen durch den Export von Wein. Heute werden nur noch etwa 7 % der landwirtschaftlich genutzten Fläche für die Weinproduktion genutzt – hauptsächlich für den Eigenbedarf. Der Tourismus und die damit verbundene „leichtere" Lebensweise, die Abkehr von der Tradition und schließlich die finanzielle Förderung von Weinstock-Weidungsmaßnahmen seitens der EU haben dazu geführt, dass es nur noch wenige korfiotische Kellereien gibt. Hier in der fruchtbaren Gegend der Ropa-Ebene findet man jedoch einige Produzenten, deren Wein auch in gut sortierten Supermärkten zu finden ist.

037wko ft

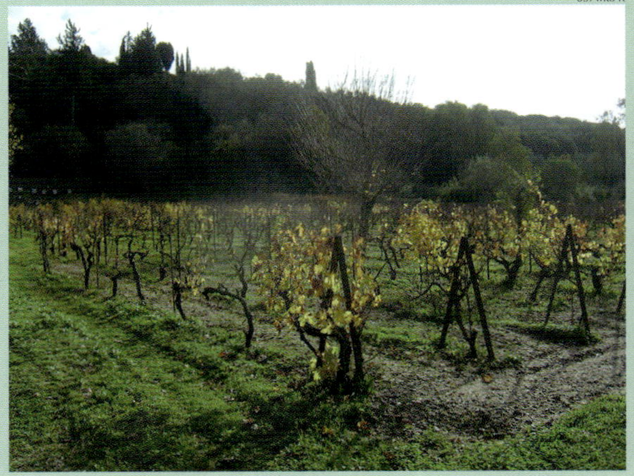

Wer weiter nach Ermones läuft, geht rechts. Wir folgen der Straße ca. 300 Meter durch eine 180-Grad-Linkskurve. Kurz dahinter **zweigen wir nach rechts in einen Betonweg ab (8),** der vom Dorf aus in 200 Metern zu einem abgelegenen Sportplatz führt. Wir überqueren kurze Zeit später eine Brücke und wandern weiter auf einem breiten Waldweg zwischen verwilderten Olivenkulturen. 100 Meter weiter folgen wir dem ersten nach rechts **abzweigenden Weg (9), an dem Zypressen den Wegrand markieren.** Jetzt geht es bergauf, nach einer Rechtskurve haben wir noch einmal eine schöne Sicht auf das Dorf Giannades und man meint, es liege zum Greifen nahe, doch eine tiefe Schlucht liegt zwischen uns. Bald kehren wir wieder ab und wandern weiter bergauf – je höher wir kommen, desto schattenloser wird die Landschaft. Am **Scheitelpunkt (10),** den wir nach 800 Metern erreichen, gehen wir links. Hier blicken wir noch einmal zurück und genießen ein letztes Mal das Panorama auf die weite Ebene und das gebirgige Festland im Hintergrund.

Wir gehen nun wieder seicht bergab durch schattenreiche Olivenhaine – auf diesem Weg, der mal enger, mal breiter wird, bleiben wir nun ca. 20 Minuten. Nach 1,2 Kilometern (an der dritten möglichen Abzweigung) verlassen wir ihn in einer Linkskurve in einen erst noch breiten, gut zu erkennenden **Wiesenpfad, der nach links abzweigt (11).** Es geht relativ steil bergab durch eine urwüchsige Waldlandschaft und nach ca. 300 Metern stehen wir auf einem breiten Schotterweg, dem wir nach rechts folgen. Dieser Weg ist mal breit und geschottert, mal setzt er sich als zum Teil dicht zugewachsener Wiesenpfad fort und führt uns unserem Etappenziel Ermones näher. Bald erkennt man das Dorf Vatos.

An einer letzten Wegkreuzung nach einem knappen Kilometer geht es links relativ steil über eine stark zerfurchte Strecke bergab, die uns zu einem breiten Weg führt. Hier gehen wir rechts, passieren eine kleine Neubausiedlung, bevor wir nach etwa 200 Metern eine asphaltierte Straße erreichen, der wir rechts, ca. 400 Meter bis zur Brücke von Ermones folgen. Von hier aus können wir über die Hauptstraße nach rechts zum Strand von Ermones gelangen, schräg gegenüber befindet sich die Bushaltestelle nach Korfu-Stadt.

Tour M4 Von Sinarades über das Hippiedorf Pelekas nach Vatos

13 km
3 Std.
mittelschwer

Eingebettet in eine Hügellandschaft aus Oliven- und Mandelbäumen, Zypressen und Kiefern liegt das Dorf **Sinarades,** das anders als andere venezianische Bergdörfer auf Korfu nicht verlassen, sondern im Gegenteil, noch sehr belebt ist. Die schmalen Gässchen laden ihre Besucher zu einem kleinen Streifzug durch die Ortschaft ein und je höher man das Dorf hinaufwandert, desto älter scheinen die Gebäude zu sein. Die überdachten Hinterhöfe, „Volto" genannt, gehören immer zu einer kleinen Gruppe benachbarter Häuser und dienten in der Venezianerzeit zum Schutz vor Piraten. Die Gegend zählt zu den am frühesten besiedelten der Insel. Gräber aus der Zeit der römischen Besatzung, aber auch noch viel ältere Fundstücke aus der Steinzeit wurden hier ausgegraben.

Sehenswert ist das **Folkloremuseum** in Sinarades. In einem zweistöckigen Gebäude, ausgestattet und möbliert wie ein traditionelles Bauernhaus aus den Anfangsjahren des letzten Jahrhunderts, ist eine bunte Mischung von verschiedenen Ausstellungsstücken zu sehen: Geräte, Möbel und Trachten aus der Zeit der Jahrhundertwende, Keramikfundstücke aus der Römerzeit, eine einbalsamierte Meeresschildkröte und ein traditionelles korfiotisches Floß aus Binsen, Teile eines amerikanischen Kampfjets, der im Zweiten Weltkrieg in der Ropa-Ebene notlanden musste, Fotos, Bilder, Bücher, Musikinstrumente, Werkzeuge und vieles mehr. Geöffnet ist das Museum täglich 9.30 bis 14 Uhr (außer sonntags).

Länge: 13 km
Dauer: 3 Std.
Schwierigkeit/Charakter: mittelschwer. Eine abwechslungsreiche Tour an der Westküste mit unterschiedlich schwierigen Streckenabschnitten: Anfangs ist der Weg einfach, ohne nennenswerte Höhenunterschiede, auf breiten Kommunikationswegen. Nach dem Kloster Myrtiostissa wird es auf einer Länge von 1,5 Kilometern anstrengend. Der Blick vom Gipfel des Agios Georgios ist dafür unvergleichbar.
Übernachtung: in Pelekas (siehe Tipp)

Einkehr: Unterwegs in Pelekas, in Myrtiotissa und am Etappenziel
Öffentliche Verkehrsmittel: Zum Ausgangspunkt Linie 14, Richtung Sinarades, vom Etappenziel Linie B 16

Rundwander-Variation: Sinarades – Pelekas – Sinarades (Rückweg ab WP 6)
Länge: 10 km
Dauer: 3 Std.
Schwierigkeit: mittelschwer, mit einigen kürzeren Steigungen

Kurzwander-Variation: Pelekas – Myrtiotissa (von WP 7 bis zum Kloster)
Länge: 3,5 km
Dauer: 1½ Std.
Schwierigkeit: einfach

Wegbeschreibung

Unsere Wanderung beginnt am **Dorfplatz von Sinarades.** Wer mit dem Auto kommt, parkt am besten schon 500 Meter vor dem engen Dorfzentrum, wo aus Korfu kommend an einem Verkehrskreisel Parkmöglichkeiten bestehen. Gegenüber der Bushaltestelle am Dorfplatz, neben einer Apotheke, folgen wir einer bergan führenden Betonstraße, die sich nach 30 Metern gabelt. Wir gehen rechts, ebenso an der kleinen T-Kreuzung 50 Meter weiter. Der Weg geht bald in einen Trampelpfad über, der uns oberhalb des Dorfes entlang führt. Er mündet 100 Meter weiter in eine von unten kommende Erdstraße, die schließlich zu einer Asphaltstraße wird. Wir kommen an zwei alten, gemauerten Brunnen vorbei, bevor wir eine kleine Siedlung erreichen. Hinter dieser stoßen wir auf eine Straße, in die wir nach links einbiegen, um sie wenige Schritte weiter nach rechts auf eine Betonpiste wieder zu verlassen. Vor uns ist eine kleine **Kirche (1),** hinter der wir, entsprechend dem CT-Zeichen, links in eine Asphaltstraße abbiegen. Bis hierher sind wir genau einen Kilometer gewandert.

Wir folgen dem Wegverlauf und bald haben wir eine herrliche Aussicht auf die Bucht Agios Gordis mit ihrem imposanten „Ortholithro“, dem aufrecht aus dem Meer ragenden hohen Felsen. Die Asphaltdecke bricht auf und wir wandern jetzt auf ei-

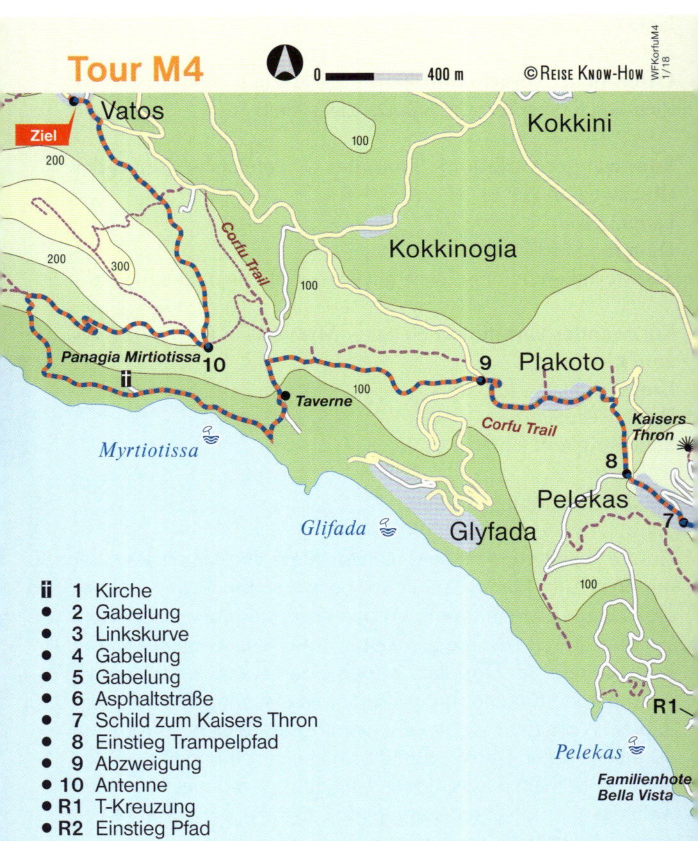

nem breiten Schotterweg seicht bergauf parallel zur Küstenlinie. 400 Meter weiter blicken wir über eine Mauer direkt auf unsere nächste Etappe, das Dorf Pelekas. Nun geht es bergab, nach 800 Metern kommen wir an eine T-Kreuzung mit einem Hinweisschild zum Yaliskari Hotel, dem wir links abwärts folgen. Weitere 150 Meter dahinter gehen wir auf dem Schotterweg geradeaus. Jetzt geht es 20 Minuten lang durch wunderschöne dichte Olivenhaine, durch die wir immer wieder tolle Ausblicke auf die Küste und auf Pelekas erhaschen.

Am Ende ist der Weg betoniert und wir kommen an eine **Gabelung (2),** an der wir links abwärts gehen. (Den von rechts kommenden Weg werden Wanderer der **Rundwanderung** auf ihrem Rückweg kennenlernen.) Nach 50 Metern gehen wir vor einer privaten Hofzufahrt dann noch einmal links in einen Schotterweg, der einen halben Kilometer weiter in eine Asphaltstraße übergeht. Abwärts, an Nutzgärten vorbei, wandern wir, bis wir zu einer kleinen Ansiedlung von Häusern gelangen.

Entsprechend der CT-Schilder halten wir uns an der T-Kreuzung wieder links und gehen auf der Asphaltstraße leicht aufwärts. Weitere 250 Meter weiter verlassen wir sie in einer **Linkskurve (3)** in die dunkel asphaltierte, geradeaus aufwärts führende Straße. Im weiteren Verlauf ignorieren wir einen Zweig von links und gehen auf der Straße, die wenig später zu einem Schotterweg wird, weiter. Diesem Panoramaweg, der mal seicht an-

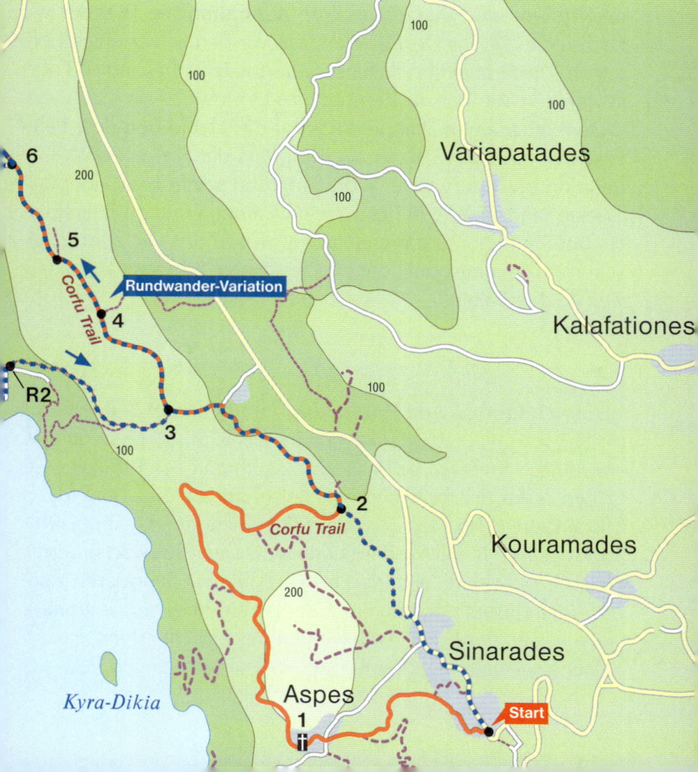

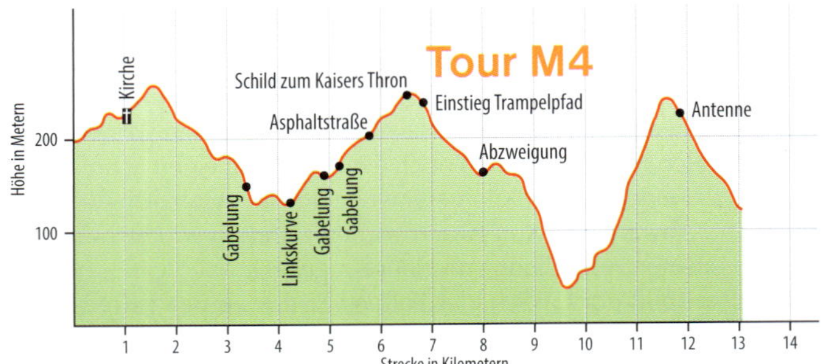

und mal absteigt, folgen wir, bis wir an eine **Gabelung (4)** stoßen. Hier gehen wir geradeaus an efeuberankten Trockenmauern, später durch Olivenhaine, aufwärts. Auf dem Kopf der Steigung, bei der **Gabelung (5),** gehen wir geradeaus

Wir passieren ein großzügig ummauertes Privatgrundstück und stoßen kurz danach an eine **Asphaltstraße (6),** der wir nach rechts bis ins Dorf Pelekas, das wir bereits vor uns sehen, folgen. Die Straße führt an einem Sportplatz vorbei und von dort in wenigen Minuten ins Zentrum des Dorfes.

Den Spitznamen „Hippiedorf" hat das kleine Bergdorf **Pelekas,** weil es in den 1960er als Treffpunkt der Flower-Power-Generation bekannt wurde. Wohl aufgrund seiner Lage oberhalb zweier Sandstrände, die zum freien Campen und zu Beachpartys bei Sonnenuntergang einluden, wurde der Ort zum magischen Anziehungspunkt der Hippies. Einige Bars sind aus dieser Zeit noch erhalten.

Übernachtungs- und Einkehrtipp Familienhotel Bella Vista

Seit knapp 30 Jahren und nun bereits in dritter Generation wird das Familienhotel Bella Vista am Strand von Pelekas geführt. Jedes der Familienmitglieder trägt dazu bei, dem idyllisch gelegenen Haus die typisch griechische Gastfreundschaft und Herzlichkeit zu verleihen. Das Tagesmenü wird täglich individuell aus frischen korfiotischen Produkten zusammen gestellt. Saisonales Gemüse kommen aus regionalem Anbau der Insel. Dazu werden ausgesuchte griechische Weine speziell von korfiotischen Weingütern serviert.

Rundwander-Variation

Wir folgen der steil abwärts führenden Straße 800 Meter in Richtung Strand. An einer **T-Kreuzung (R1)** mit vielen Schildern gehen wir links in Richtung Yaliskari-Strand und Bella Vista Restaurant, unterhalb dessen wir nach 300 Metern entlang wandern. Kurz danach kann, wer möchte, eine Badepause einlegen: Über ein kleines Sträßchen gelangt man nach rechts zum Strand.

Die Asphaltstraße führt uns parallel zum Meer, nach ca. 300 Metern steigt sie unter hohen schattigen Kiefern bergan, doch 200 Meter weiter verlassen wir sie in einen geradeaus führenden schmalen **Pfad (R2)** in den Hang vor uns. Ein herrliches Küstenpanorama begleitet uns auf unserem Aufstieg durch diesen mit Oliven, Kiefern und verschiedenen Sträuchern bewachsenen Berg. Auf dem höchsten Punkt angekommen, erblicken wir unter uns im Meer ein Inselchen, auf dem bei genauerem Hinsehen eine Kirche steht, zu der ein Steg und ein schmaler Weg führt.

Die 60 Meter lange Insel heißt **Kyra-Dikia** nach ihrem gleichnamigen Kloster. Einen einzigen Weg gibt es auf der Insel, der in 137 Stufen zum Kloster führt. Früher war dieses von zahlreichen Mönchen bewohnt und es heißt, dass es ein Seil gab, welches die Insel mit dem gegenüberliegenden 150 Meter entfernten Ufer verband. Dieses Seil schlugen die Mönche im Fall eines Piratenangriffs ab. Das Kloster ist heute nicht mehr bewohnt, nur am 8. September und am 29. Juni finden hier Messen statt.

Nordwestlich der Insel befinden sich zwei Felsen, zwischen denen Fischer einst die Leiche einer von Piraten am Tag ihrer Hochzeit entführten Braut gefunden haben sollen. Seitdem heißen die Felsen **„Die Steine der Braut“.**

Nach 700 Metern wird der Pfad breiter und endet schließlich an der Asphaltstraße. Hier gehen wir links, es geht abwärts und bald befinden wir uns an **WP 3** unseres Hinweges. Wir gehen rechts abwärts, durchqueren die kleine Siedlung und biegen an einem gelben Haus rechts ab. Nun wandern wir auf dem Weg, auf dem wir gekommen sind, aufwärts bis zu einem Privatgrundstück nach ca. 700 Metern. Hier gehen wir rechts und 50 Meter weiter, an der **Gabelung (2)**, links. Auf einem breiten Schotterweg wandern wir nun noch einen Kilometer, vorbei an den ersten Häusern von Sinarades bis zur Hauptstraße, die uns nach rechts bis zum Dorfplatz, unserem Ausgangspunkt, führt.

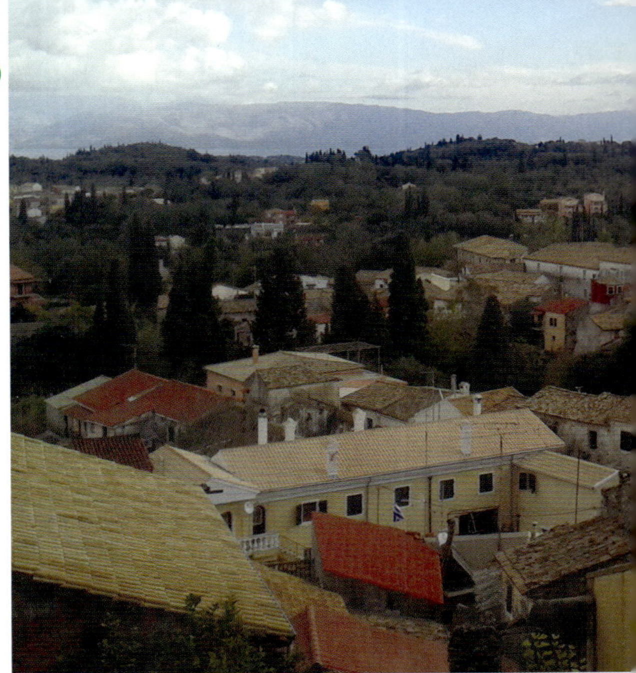

Wer den Rundwanderweg zurück nach Sinarades wandert, geht (nach einem Abstecher ins Dorf) die **Asphaltstraße (6)** links abwärts.

Wanderer der Streckenwanderung gehen vom Kirchplatz im Zentrum des Dorfes die Dorfstraße aufwärts bis zu einer zweiten Kirche. Dort, wo sich unser Weg gabelt, weisen die **Schilder nach rechts den Weg zum sogenannten Kaisers Thron (7)** aus (siehe Exkurs).

Nach dem Abstecher folgen wir an der oberen Kirche dem linken Weg durch eine scharfe Rechtskurve bis zur Taverne Pink Panther. 50 Meter dahinter befinden sich zwei Wegweiser am Straßenrand. Wir folgen nicht der Straße zum Pelekas-Strand, sondern schlagen den bergabwärts führenden Betonweg in Richtung Glyfada ein. Aber Vorsicht: Bei Nässe ist dieser Weg rutschig! Wir folgen seinem Verlauf, der in einen Pfad übergeht und nach etwa 350 Metern eine Rechtskurve macht. Ca. 50 Meter dahinter treffen wir auf eine Straße, in die wir nach links ein-

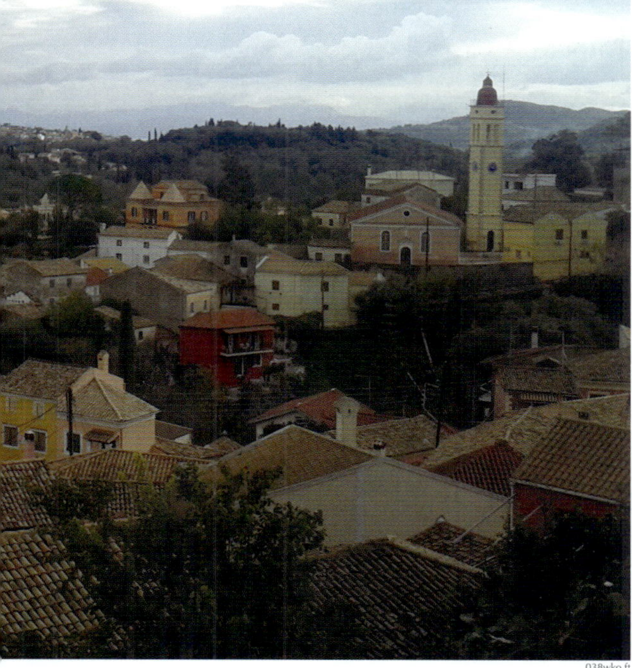

038wko ft

biegen. Nach weiteren 700 Metern direkt vor einem Haus gabelt sich diese Straße. Wir gehen links und sofort wieder rechts, sodass wir hinter das Haus gelangen. An dessen Ende drehen wir uns nach links und erblicken in ca. 10 Metern Entfernung eine kleine Zypresse, an der ein CT-Schild angeschlagen ist, das uns den Weg in einen **Trampelpfad (8)** weist. Dieser schmale Pfad führt uns durch ein dichtes Gebüsch in 200 Metern bis zu einem Privatgrundstück, von dem aus ein breiterer Weg bergab verläuft. Diesem folgen wir nach links, bis er sich gabelt. An der Gabelung wählen wir den rechten Weg, der nun sehr bequem gehbar ist. Bald eröffnet sich die Sicht auf den gegenüberliegenden Berg mit einer Antenne. Man erkennt dort noch die verheerenden Ausmaße des Waldbrandes vom August 2015, der aufgrund eines Zusammenstoßes zweier Mietwagen in der Nähe des Strandes von Myrtiotissa entstand.

Über den Dächern von Sinarades

Des Kaisers Thron in Pelekas

Dass man von Pelekas aus den schönsten Sonnenuntergang der Insel erlebt, hatte seinerzeit auch schon der letzte deutsche Kaiser erkannt, der sich hier auf einem Hügel eine Aussichtsplattform errichten ließ. Vom „Kaisers Thron" oder „Kaiserstuhl" genießt man einen unvergleichbaren Panoramablick, der den Abstecher zu den Spuren seiner Majestät unbedingt wert ist.

Kaiser Wilhelm II., dessen Schwester Sophie die Gattin des griechischen Thronfolgers Konstantin war, erwarb nach dem Tod der Kaiserin Sisi von Österreich deren Schloss, das Achilleon, und baute es nach seinem Geschmack zur kaiserlichen Residenz für die Osterzeit um. Die Reste der Kaiserbrücke, zur damaligen Zeit die Verbindung zwischen dem Strand bzw. des Kaisers Flotte zum Schloss, erinnern noch heute an diese Aufenthalte. Leider wurde die Brücke im Zweiten Weltkrieg zur Durchfahrt größerer Fahrzeuge zerstört.

Der Kaiser weilte jedoch nicht nur zum Urlaub auf Korfu. Zeitweise regelte er seine Regierungsgeschäfte von hier aus und gab sich auch seinem Hobby hin: der Archäologie. Wilhelm II. spielte nämlich eine tragende Rolle bei einigen Ausgrabungen in Korfus antiker Stadt. Er leitete nicht nur die Ausgrabungen, sondern nahm auch – zur Verwunderung der Korfioten – selbst aktiv daran teil.

Auch sonst hatte der deutsche Kaiser einen großen Einfluss auf das kulturelle Leben auf der Insel und seine Spuren sind bis heute sichtbar. Was auch den meisten Korfioten nicht bekannt ist – Wilhelm II. brachte sogar ein Volkslied nach Korfu. Das 1892 von Franz Meisner komponierte Lied „Im Grunewald ist Holzauktion" wird noch heute auf jedem korfiotischen Volksfest gespielt und ist als Tanz „Gastouriotikos" einer der wichtigsten der traditionellen korfiotischen Volkstänze.

Nach 400 Metern **zweigt an einem Haus der Corfu-Trail nach links in einen steil bergab führenden Trampelpfad ab (9)**, auf dem wir unseren Weg in Richtung des Berges fortsetzen. Am Ende des Pfades gelangen wir auf eine Betonstraße, die wir weiter bergab gehen. Jetzt öffnet sich der Blick aufs Meer, auf das wir zugehen. An einer Gabelung, kurz vor der Taverne Elia, wandern wir der Rechtskurve folgend bis zum Strand von Myrtiotissa.

Der Naturstrand Myrtiotissa

Bereits Lawrence Durrel erklärte seinerzeit den Strand von Myrtiotissa zum schönsten Strand Europas. Aufgrund seiner abgeschiedenen Lage ist er seitdem nicht sehr stark verändert worden. Auf und zwischen den Felsen fanden in den 1970er Jahren Hippies aus Pelekas ihr FKK-Paradies und auch heute noch ist dieser Strand offizieller Nacktbadestrand von Korfu.

Wir bleiben auf der Straße oberhalb des Strandes, passieren die einzige Taverne und gelangen schließlich auf diesem aufwärts verlaufenden Weg zum Eingangstor des Klosters Myrtiotissa.

Etwa vor 400 Jahren wurde das **Marienkloster Panagia Mirtiotissa** der Überlieferung nach von einem zum Christentum übergetretenen türkischen Mönch gegründet. Heute wird es von einem einzigen Mönch bewohnt und dank seiner Initiative und trotz beschränkter finanzieller Mittel sind die Gebäude und Anlagen des Klosters bis heute in einem guten Zustand erhalten. Außer in der Mittagszeit zwischen 13 und 15 Uhr kann man das Kloster besichtigen.

Wir setzen unseren Weg links vom Tor fort. Man tut gut daran, sich jetzt noch zu stärken, denn bald geht es für etwa 1,5 km mehr oder weniger steil bergauf. Zunächst spenden dichte Kermeseichen- und Olivenwälder noch Schatten. Nach 700 Metern gelangen wir zu einer Ruine, bei der wir der natürlichen Rechtskurve des Weges folgen. Etwa 50 Meter dahinter kommen wir zu einer T-Kreuzung, an der wir rechts den gerölligen Weg weiter aufwärts gehen. Der Straßenbelag wechselt jetzt zwischen Beton und Schotter, wir passieren einen Schuppen und wandern weiter bergauf. Leider gibt es auf diesem Abschnitt nur spärliche schattige Abschnitte. Dafür werden wir, je höher wir kommen,

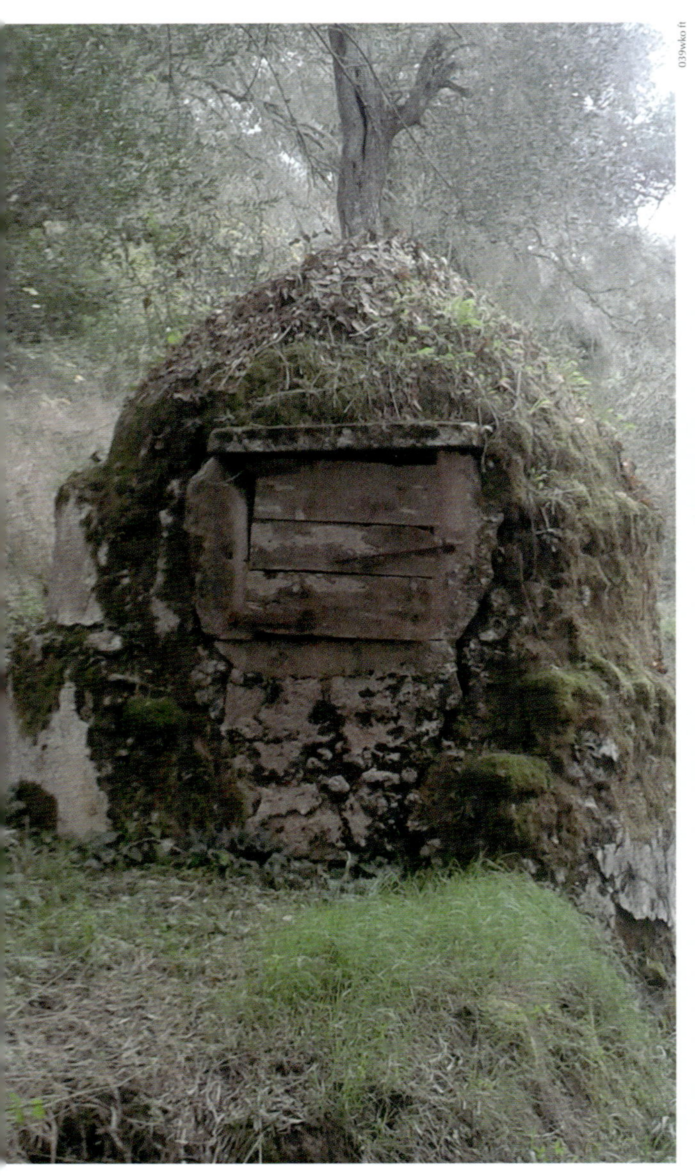

mit einer wunderbaren Aussicht auf die Bucht von Pelekas belohnt. Man schaut bis auf die Hügelkette von Korfus Süden. Die höchste Erhebung, die wir sehen, ist der zweithöchste Berg Korfus, der Agios Deka, auf dem eine Radarkugel steht.

Am höchsten Punkt angekommen werden wir aber von einem noch grandioseren Panorama empfangen: Das gesamte Ropa-Tal breitet sich vor uns aus, im Hintergrund sieht man das Pantokratorgebirge und, wenn man seinen Blick schweifen lässt, die Meerenge zwischen Korfu und Albanien sowie die karge Berglandschaft des Festlandes. Auf dem Berg zu unserer Linken ragt eine **Antenne (10)** in den Himmel. Gegenüber ist eine kleine Aussichtsplattform.

Von jetzt an geht es immer bergab, das wunderbare Panorama vor Augen. Die Straße wird kontinuierlich besser und bald schon haben wir die ersten Häuser des Dorfes **Vatos** erreicht. Wir passieren ein älteres Schulgebäude und gelangen zur Hauptstraße, der wir nach links ins Dorf folgen. Ein CT-Schild an einem Strommasten weist uns den Weg in das kleine, freundliche Dorf mit seinen knapp 500 Einwohnern. Wir haben hier das Ziel unserer heutigen Etappe erreicht.

Eingefasster alter Brunnen

Tour M5 Tausendjährige Olivenbäume zwischen Strongili und dem Stavros-Berg

7,5 km
2½ Std.
mittelschwer

Hier, in der Mitte der Insel, im Bereich Strongili stehen laut einer Studie von Dresdner Forstwissenschaftlern aus dem Jahr 2014 die **Ur-Olivenbäume Korfus,** die zu den weltweit ältesten Bäumen zählen. Sie sind zwischen 735 und 1120 Jahre alt, gepflanzt und kultiviert seit dem frühen Mittelalter, noch vor der venezianischen Herrschaft über die Insel. Eine exakte Datierung des Alters von Olivenbäumen ist zwar schwierig, da eindeutige Jahrringgrenzen nicht auszumachen und die meisten alten Olivenbäume im Inneren hohl sind. Trotzdem konnte auf Korfu mit Hilfe von Regressionsmodellen eine wissenschaftlich basierte Altersabschätzung vorgenommen werden. Der Vorschlag der Wissenschaftler, die Bäume unbedingt als Naturdenkmal auszuweisen, wurde durch die örtlichen Behörden noch nicht umgesetzt, aber auch ohne Hinweisschilder werden wir auf unserer heutigen Wanderung viele unvergleichlich mächtige und eindrucksvolle Exemplare zu sehen bekommen.

Länge: 7,5 km
Dauer: 2½ Std.
Schwierigkeit: mittelschwer. Diese Wanderung durch das grüne bergige Hinterland von Strongili hält einige stramme Anstiege, dafür aber auch wunderschöne Höhenwege und Ausblicke vor. Im letzten Teil müssen wir auf einer Strecke von 400 Metern einen unwegsamen, steilen Abstieg durch zugewachsenes Gelände bewältigen, knöchelhohe Schuhe und lange Hosenbeine sind daher wichtig, Stöcke ratsam.
Übernachtung: in den Küstenorten zwischen Messonghi und Benitses
Einkehr: in Strongili gibt es ein paar kleine Cafés und Snack-Bars
Öffentliche Verkehrsmittel: Grüne Busse, Linie B 13 Korfu – Strongili

Nach dem Aufstieg rasten wir an einer bemalten Kirche

Wegbeschreibung

Ein alter Mühlstein ziert den **Parkplatz im Zentrum von Strongili,** an dem sich auch eine Bushaltestelle befindet und wo unsere Wanderung beginnt. Wir gehen etwa 100 Meter auf der Dorfstraße in Richtung des Dorfzentrums, an mehreren kleinen Cafés und Minimärkten vorbei. Vor einem **rot gestrichenen Gebäude (1)** biegen wir entsprechend des Corfu-Trail-Schildes in eine Seitenstraße nach rechts ein. Nach weiteren 100 Metern kommen wir zu einer Kreuzung, an der wir uns nach links wenden. Noch einmal 150 Meter weiter erreichen wir die Hauptstraße, auf der wir etwa 30 Meter nach rechts bis zu einer Brücke gehen.

Hier führen zwei Wege ins Hinterland von Strongili – wir ignorieren den ersten, der nach „Pano Chori" führt und zweigen entsprechend der Corfu-Trail-Kennzeichnung hinter der **Brücke (2)** in Richtung der Kirche Ai. Panton ab. Links von uns sehen wir zwei Olivenbäume mit beeindruckendem Umfang – seit wie vielen Jahrhunderten bewachen sie wohl schon diese Wegkreuzung? Nach wenigen Minuten erreichen wir die Kirche, wandern an ihr und ihrem Friedhof vorbei und folgen dahinter dem aufwärts führenden Schotterweg ca. 10 Meter. Entsprechend dem CT-Zeichen biegen wir nun auf den schmaleren, rechts bergauf führenden Pfad ab. Jetzt führt uns ein felsiger Trampelpfad durch ein Gelände aus niedrigen Macchia-Sträuchern und Kakteen. Nach 250 Metern folgen wir ihm vor einem Tor links abwärts in einen urigen und uralten Olivenhain.

041wko ft

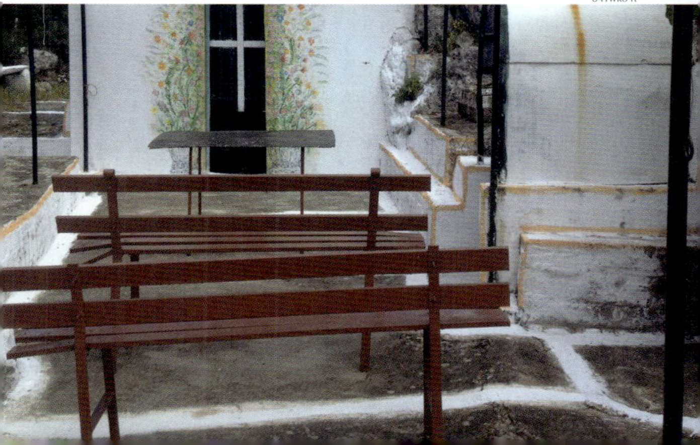

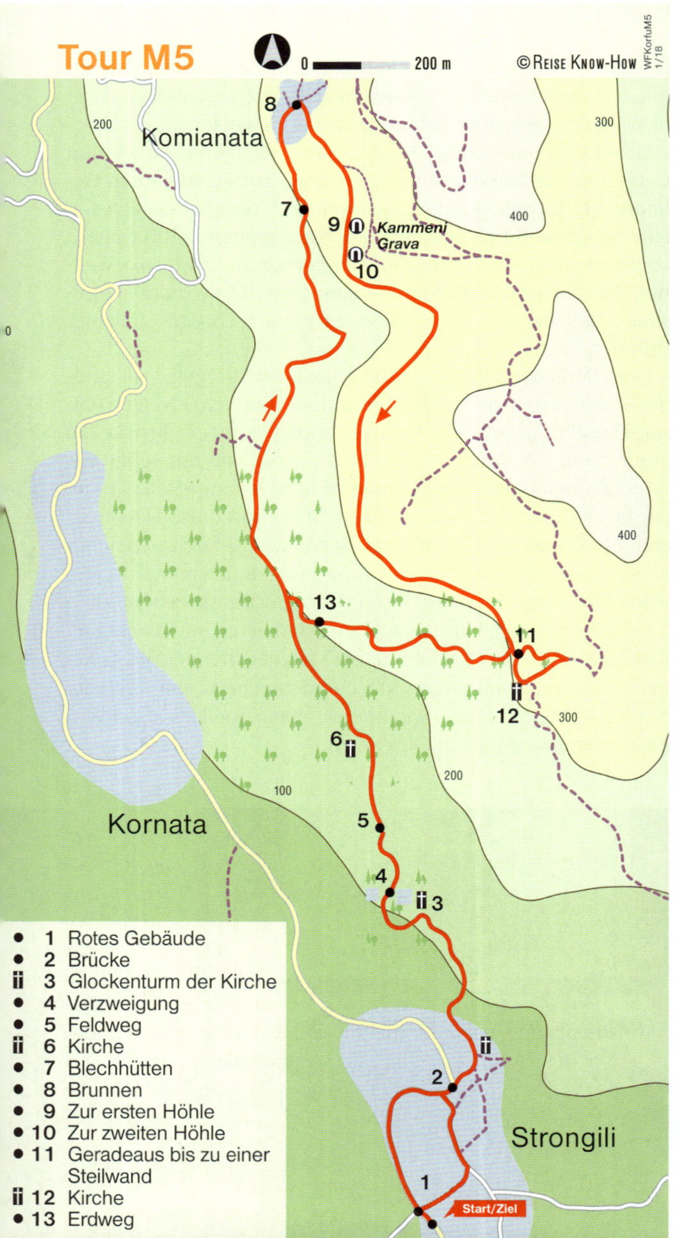
Tour M5
0
200 m
© Reise Know-How
WFKorfuM5
1/18
Komianata
Kammeni
Grava
Kornata
Strongili
Start/Ziel
200
300
400
100
1 Rotes Gebäude
2 Brücke
3 Glockenturm der Kirche
4 Verzweigung
5 Feldweg
6 Kirche
7 Blechhütten
8 Brunnen
9 Zur ersten Höhle
10 Zur zweiten Höhle
11 Geradeaus bis zu einer Steilwand
12 Kirche
13 Erdweg

Auf diesem idyllischen Wiesenpfad begegnen wir weiteren imposanten Ur-Olivenbäumen mit ihren mächtigen, ungewöhnlich bizarr verformten Stämmen. Durch deren Vertiefungen, Löcher und Wülste erhält jeder Baum **ein ganz individuelles Aussehen** (siehe Exkurs).

Wir gehen wenige Minuten auf diesem ausgetretenen Wiesenpfad, bis wir links von uns durch die Bäume hindurch eine kleine **Kirche** erspähen, die hier mitten im Wald errichtet wurde. Wir gehen in den Hinterhof mit ihrem **Glockenturm (3)** und von dort gelangen wir über drei Stufen auf einen mit Natursteinen belegten Weg weiter abwärts. Wir folgen diesem Weg durch eine Rechtskurve abwärts, entlang einer niedrigen Natursteinmauer und den Überresten ehemaliger Nebengebäude wieder in den Wald. Der Weg endet bereits nach 50 Metern an einer kleinen Wald-Kreuzung – ein gelber CT-Pfeil an einem mächtigen Olivenbaum weist uns nach rechts auf einen breiteren Weg. Bis hierher sind wir etwa einen Kilometer gelaufen. Rechts von uns sehen wir zwei Schuppen, die wir ansteuern und zwischen denen wir hindurchgehen. 20 Meter weiter **verzweigt sich der Pfad (4)** und wir gehen links weiter.

Der Wiesenpfad schlängelt sich durch den Hain und wir orientieren uns an den gelb-roten Markierungen, die hier an Eisenstangen oder Felsen gut zu erkennen sind. Wir folgen einem ausgetrockneten Bachbett aufwärts, überqueren es und dahinter geht es auf einem schmalen Trampelpfad weiter. Hinter einem Farnfeld stößt der Pfad an einen **Feldweg (5)**, dem wir nach rechts aufwärts folgen, und der sich auch nach wenigen Schritten in einen Pfad verläuft. Jetzt sind wir in einem Mischwald aus hohen Zypressen, Kermeseichen und wilden Oliven.

Kurz vor dem Ende ist der Pfad dann plötzlich betoniert und nach 200 Metern erreichen wir eine weitere kleine **Kirche (6)** – hier lohnt sich unbedingt ein Blick von der Rückseite des Gebäudes: Wir erkennen das große Dorf Agios Matthäos, gut beschützt von seinem gleichnamigen Berg. Rechts davon die Dörfer Ano und Kato Pavliana.

Unser Weg führt vor der Kirche weiter aufwärts auf einem Betonpfad entlang eines Zaunes, der bald wieder zu einem unbefestigten steinigen Weg wird. Alle Abzweigungen ignorierend wandern wir nun entsprechend der gelben Markierungen immer weiter bergauf durch die Kermeseichen-Landschaft, die lichter wird, je höher wir kommen. Die schöne Sicht auf die Dörfer

Das einmalige Aussehen der korfiotischen Olive

Es kursieren verschiedene Theorien, die das einmalige Aussehen der korfiotischen Olive zu erklären versuchen: Im Internet findet man Hinweise auf Pilzbefall, Hobbybotaniker weisen auf ein unregelmäßiges Wachstum hin, während andere Olivenexperten das Alter der Bäume vorschieben. Tatsächlich ist es ein Zusammenspiel all dieser Faktoren: Die zuwachsbedingten Wülste resultieren aus der sogenannten „Spannrückigkeit", einer Unregelmäßigkeit im Dickenwachstum der Stämme, die zur Folge hat, dass

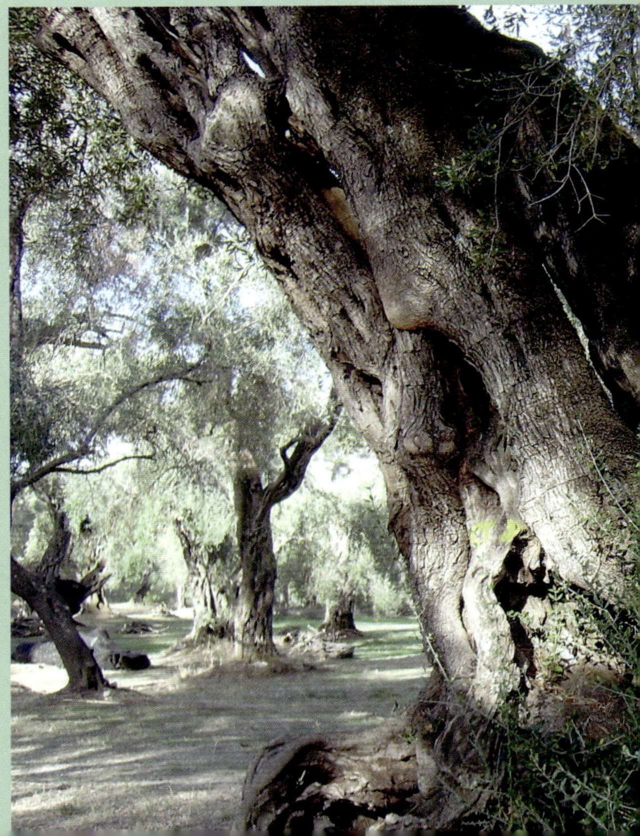

die Stammoberfläche nicht rund, sondern wellig ist. Besonders im Alter neigen Olivenbäume dazu, sich spannrückig auszudehnen, was durch mangelnde Ernährung des Kambiums (Wachstumsschicht unter der Rinde) bei zunehmender Dicke zu erklären ist. Die Hohlräume im Stamm werden tatsächlich von einer Pilzkrankheit verursacht, einer Art Feuerschwamm, der mit seinen in dem Holz wuchernden Fäden das Innere des Stammes verfaulen lässt. Früher wurden die betroffenen Stellen komplett ausgehauen, was dem Baum zwar nicht geschadet, jedoch teils erhebliche Vertiefungen im Baum bzw. Löcher in demselben hinterlassen hat.

Die Olivenbäume auf Korfu sind besonders alt und eindrucksvoll

040wko ft

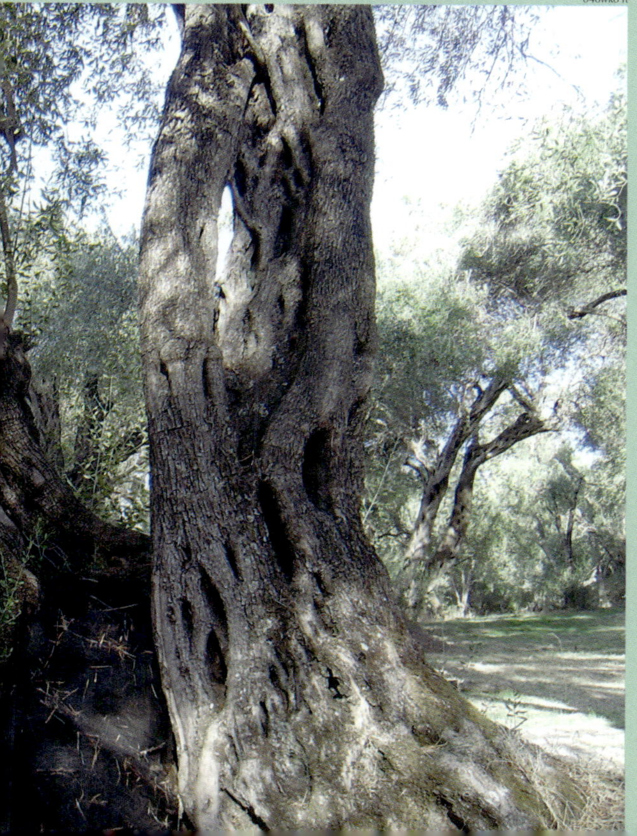

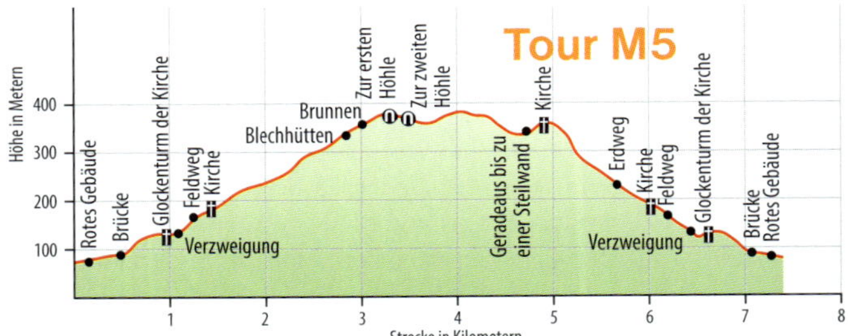

begleitet uns, während wir uns in einem Bogen um den Berg herumwinden. Nach insgesamt ca. 1,5 Kilometern Anstieg gelangen wir zu zwei eigentümlichen **Blechhütten (7).** Entsprechend der CT-Zeichen folgen wir hier der Linkskurve in einen Trampelpfad durch eine Wiese.

Alles wirkt jetzt wieder kultivierter, denn wir nähern uns dem Dörfchen **Komianata.** Nach ca. 200 Metern erreichen wir das erste Haus des Dorfes, ein uralter Bau, der wie in den Fels hineingewachsen scheint. Dahinter ein imposanter Bogen vor einem neu gestalteten Innenhof. Die enge betonierte Dorfgasse führt uns zu einem Pflasterweg, dem wir nach rechts aufwärts bis zu einem winzigen Dorfplatz folgen. Hier steht ein kleiner runder **Brunnen (8),** der mit unterschiedlichen Zierpflanzen dekoriert wurde. Bis hierher sind wir 3 Kilometer gewandert.

Hier gehen wir rechts hinter einer Häuserzeile einen Stufenweg in einen Olivenwald hinauf. Der Pfad geht in einen wunderschönen Höhenweg durch die Westflanke des Stavros-Berges über und wir werden ihm gute 2 Kilometer folgen. Mal geht es bergab, mal bergauf, unser Weg ist immer gut zu erkennen und auch mit verschiedenfarbigen Punkten markiert. Nach 400 Metern zweigt jeweils ein schmaler Pfad nach links durch die niedrigen Gewächse **zur ersten Höhle (9)** ab, danach auch **zur zweiten Höhle (10),** die im Mittelalter, wie die meisten Höhlen auf Korfu, als Versteck vor Piraten gedient haben.

Als Piraten sich den beiden Höhlen näherten, in denen sich die Dörfler gut bewaffnet verschanzt hatten, wurden sie einer nach dem anderen getötet. Daraufhin positionierten die Angreifer Fässer mit Schwarzpulver unter den Berg und sprengten die Eingänge der Grotten, die seitdem **Kammeni Grava** (Verbrannte Höhle) heißen.

Bald öffnet sich der Blick nach rechts auf das schöne Panorama Mittel- und Südkorfus und unter uns entdecken wir unseren Hinweg. Im weiteren Verlauf wird die Vegetation immer dichter, Kermeseichen dominieren und spenden uns etwas Schatten. Später entdecken wir oben auf einem Felsen vor uns eine Kapelle, unsere nächste Etappe, auch wenn es von hier ziemlich unmöglich erscheint, diese Kirche ohne Bergsteigerausrüstung zu erreichen. Bei **WP 11** folgen wir dem Weg zunächst **geradeaus bis zu einer Steilwand.** Direkt unterhalb dieser Wand führt uns nun ein Pfad sehr steil den Fels herauf. Es ist zum Glück nur ein kurzes Stück bis wir die **Kirche (12)** erreichen und hier oben können wir uns im Innenhof der Kirche ausruhen.

Für den Abstieg von hier oben folgen wir dem von der Kirche wegführenden breiten Weg in Richtung des Gipfels etwa 100 Meter und zweigen dann nach links abwärts in einen sehr geröligen Weg ab, der uns schon bald wieder zurück zu **WP 11** führt. 50 Meter weiter abwärts, vor einem mächtigen Felsen führt ein sehr steiler Pfad - durch rote und orangefarbene Markierungen gekennzeichnet - links hinab in den Wald. Das erste Stück ist ziemlich steil. Wir müssen uns an Zweigen und Felsen entlang hangeln, Stöcke sind hier von Nutzen. Später wird es etwas einfacher, doch einige unwegsame oder zugewachsene Stellen müssen wir auf dem 400 Meter langen Abstieg noch passieren, bevor sich der Pfad in einer Wiese verläuft. Auch hier helfen uns Markierungen auf den Steinen, den Weg durch den dichter werdenden Olivenwald nicht zu verlieren. Der Wiesenpfad führt uns auf einen **Erdweg (13),** den wir abwärts gehen und der nach wenigen Metern auf den Schotterweg trifft, den wir vom Hinweg kennen.

Wir folgen ihm nach links und kommen bald schon zu der kleinen **Kirche (6)** mit der tollen Aussicht. Von hier aus folgen wir dem abwärts führenden Pfad etwa 200 Meter bis zu der kleinen Waldkreuzung am **Feldweg (5).** Zwischen Kakteen und Zypressen geht es weiter geradeaus durch das Farnfeld, über den Bach und zwischen den beiden Schuppen hindurch. Kurz danach wenden wir uns nach links und kommen zu der kleinen **Waldkirche mit Glockenturm (3).** Von dort aus folgen wir dem Wiesenpfad nach rechts, gehen am Tor vorbei und erreichen die erste der drei kleinen Kirchen auf dieser Tour. Wir gehen abwärts bis zur **Brücke (2)** und von dort über die Hauptstraße **zurück ins Dorf Strongili.**

Tour M6 7-Dörfer-Wanderung zwischen Kynopiastes und Gastouri

11,2 km
3½ Std.
einfach

Das Dorf **Kynopiastes** ist relativ groß, und obwohl die meisten Häuser im oberen Teil des Dorfes leer stehen, wirkt das Dorf keinesfalls verlassen. Im Gegenteil: Kulturelle Initiativen und Vereine bemühen sich hier darum, dass Menschen aller Altersklassen aktiv am Dorfleben teilnehmen können. So erfreut sich sowohl das philharmonische Orchester als auch der Chor von Kynopiastes regen Zulaufs. In Zentrum von Kynopiastes gibt es ein Olivenmuseum, das in einer ehemaligen Olivenmühle untergebracht ist und historische Ausstattung, zahlreiche Werkzeuge sowie Gebrauchsgegenstände zum Thema beherbergt.

Länge: 11,2 km
Dauer: 3½ Std.
Schwierigkeit: einfach. Wir wandern von Dorf zu Dorf, größtenteils über asphaltierte, betonierte oder gut ausgebaute Schotterstraßen. Es gibt nur wenige Steigungen und wir passieren kleine Siedlungen und Dörfer, wo es Einkehrmöglichkeiten gibt.
Übernachtung: in der Umgebung von Gastouri gibt es zahlreiche Übernachtungsmöglichkeiten
Einkehr: unterwegs in Agios Prokopios und Agioi Deka
Öffentliche Verkehrsmittel: Zum Ausgangspunkt Stadtbus, Linie 5 Richtung Kouramades, Ausstieg in Kinopiastes, vom Etappenziel Stadtbus, Linie 10 Einstieg am Achilleon

Rundwander-Variation 1: Traditionelle Dörfer um Kynopiastes (Rückweg ab WP 8)
Länge: 8,5 km
Dauer: 2¼ Std.
Schwierigkeit: einfach, keine langen Anstiege, Wege insgesamt gut zu gehen, überwiegend auf befestigten Wegen

Rundwander-Variation 2: Sisis Pilgerweg (Beginn in Gastouri, Rückweg ab WP 11)
Länge: 4 km
Dauer: 1½ Std.
Schwierigkeit: mittelschwer, anfangs längere Steigung

Wegbeschreibung

Startpunkt dieser Tour ist die **Bushaltestelle an der Hauptstraße unterhalb von Kynopiastes** gegenüber der Tankstelle. Dort beginnt die Zufahrtsstraße zum Dorf, auf der wir nach etwa einem halben Kilometer das Zentrum von Kynopiastes mit seiner eindrucksvollen Kirche erreichen. Am Dorfplatz ignorieren wir ein Ortsschild nach Korfu-Stadt und gehen links an einem Café vorbei durch die **Gassen in Richtung Dorfausgang (1).** Dort gibt es noch ein zweites Schild, das nach Korfu-Stadt weist, und dieses Mal folgen wir ihm. Bald geht es bergab, immer auf einer befestigten Straße durch eine Siedlung.

Vor einem ummauerten **roten Gebäude (2),** etwa 500 Meter nach dem Dorfplatz, biegen wir links in eine abzweigende Straße und folgen ihr. Nachdem wir eine Tischlerei passiert haben, geht es bergauf. Nach 300 Metern, am letzten Haus in dieser Gegend, folgen wir dem Straßenverlauf in eine 90-Grad-Linkskurve in den Wald. 250 Meter dahinter scheint es, als wolle dieser Weg in die Zufahrt eines weiteren Privatgrundstücks übergehen, doch in der letzten Linkskurve vor diesem Haus zweigt ein zunächst noch betonierter Fußweg geradeaus in den Wald hinein ab. Ein **Walnussbaum (3)** wächst dort aus einem Zementring heraus.

Wir gehen entlang des Zaunes und halten uns dahinter geradeaus, um einen Treppenweg hinaufzusteigen. Am Ende der Treppen steht eine Pumpe. Diese bediente einen der fünf Brunnen, die einst das historische Trinkwasserversorgungsnetz der Region bildeten. Hier halten wir uns rechts auf einem Fußweg, der uns bergauf, oberhalb eines Bauernhofes entlang führt. 100 Meter weiter begegnen wir einem weiteren eingefassten Brunnen und nach weiteren 40 Metern bergan stoßen wir an eine **T-Kreuzung (4).** Hier gehen wir geradeaus bergan, bis wir nach weiteren 300 Metern erneut an eine zementierte T-Kreuzung kommen. Jetzt wandern wir auf einem betonierten Weg aufwärts, der vorbei an einer im Rohbau steckengebliebenen Neubausiedlung relativ steil bergauf führt. An der Hauptstraße biegen wir rechts ins Dorf **Agios Prokopios** ab.

Auf 440 Meter Höhe befindet sich dieses noch sehr traditionelle Dorf mit seinen wenigen Hundert Einwohnern und seiner über 700jährigen Geschichte. Der Dorfname Agios Prokopios ist allerdings noch keine 100 Jahre alt, denn bis 1936 hieß die

Ortschaft „Psorari". Die Architektur des in vier Siedlungen aufgeteilten Dörfchens ist traditionell korfiotisch. Die Sehenswürdigkeit dieses Dorfes ist der Olivenbaum am Dorfplatz, der mit seinen 19 Metern Umfang einer der ältesten, wenn nicht gar der älteste Baum Korfus ist.

Schon bald sehen wir rechter Hand den imposanten Kirchturm der gleichnamigen Kirche, die unsere nächste Etappe sein soll. Wir bleiben etwa 300 Meter auf der Straße, bis sie sich verzweigt. Dort gehen wir rechts, passieren das Zentrum des Dorfes mit seinen zwei gegenüberliegenden Kaffeehäusern. Etwas weiter gibt es noch ein Kartentelefon, dahinter steht der mächti-

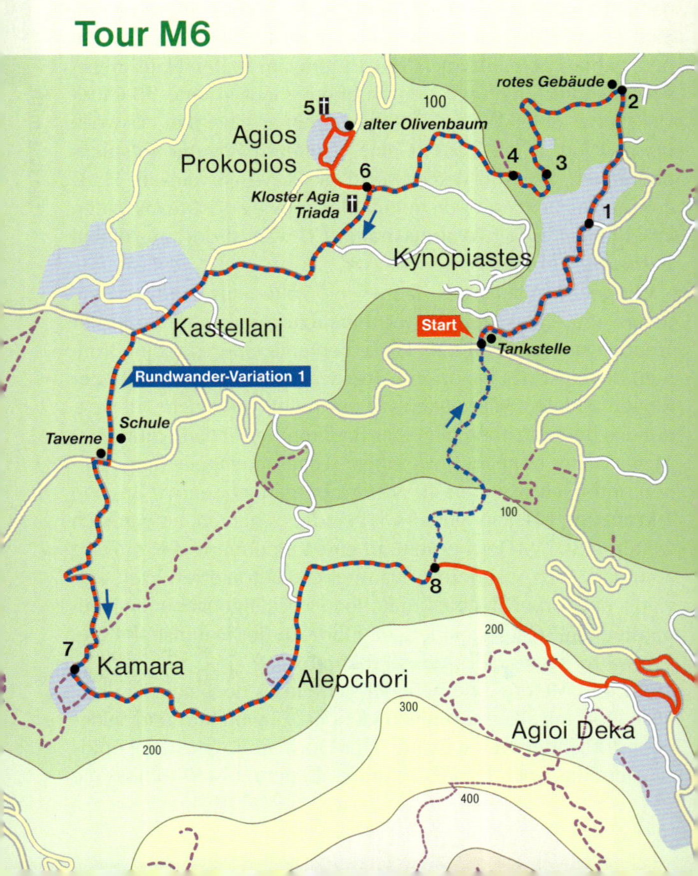

ge Olivenbaum. Und kurz danach, vor einem blau-weiß gestrichenen Heiligenschrein zweigt nach links steil bergauf ein asphaltierter Weg ab. In wenigen Minuten sind wir an der **Kirche Agios Prokopios (5),** die im späten 19. Jahrhundert auf den Fundamenten einer niedergebrannten Kirche aus dem 16. Jahrhundert errichtet wurde.

Von hier aus gehen wir ein kurzes Stück zurück, nach bereits 40 Metern hinter der Kirche beginnt jedoch ein gepflasterter Dorfweg, der uns durch die Siedlung Karydatika führt. 80 Meter weiter biegen wir links in eine der Gassen ab und kommen zwischen den alten Häusern zurück zur Dorfstraße. Jetzt gehen wir rechts und an der Kreuzung links zurück in Richtung Kinopiastes. Nach 150 Metern zwischen einem **rosa gestrichenen Haus (6)** und einer Mauer biegen wir jedoch nach rechts ab und gelangen wenig später zum Kloster Agia Triada.

150 Meter hinter dem Kloster verzweigt sich der Weg und wir wandern rechts bis zum Ende der Siedlung und dann weiter in Richtung Kastellani. Für einen halben Kilometer bleiben wir auf dieser ruhigen, wenig befahrenen Straße zwischen überwiegend landwirtschaftlich genutzten Flächen. Der Weg endet an einer T-Kreuzung, wir gehen links weiter in Richtung **Kastellani,** überqueren die Hauptstraße und gehen dahinter geradeaus weiter. Einige Gehminuten später passieren wir das Schulzentrum des Ortes und weitere 100 Meter weiter treffen wir auf die Haupt-

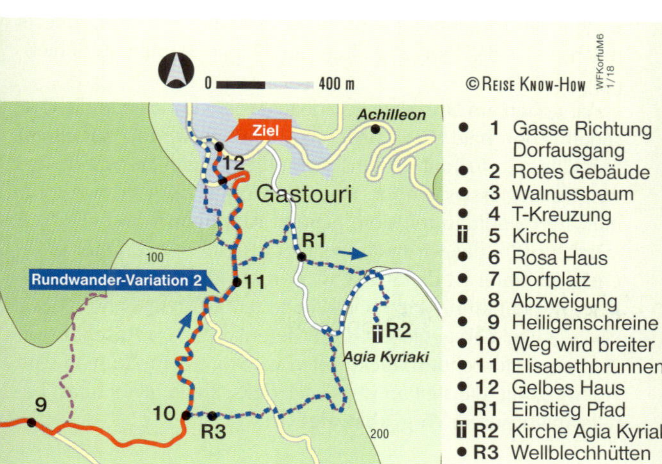

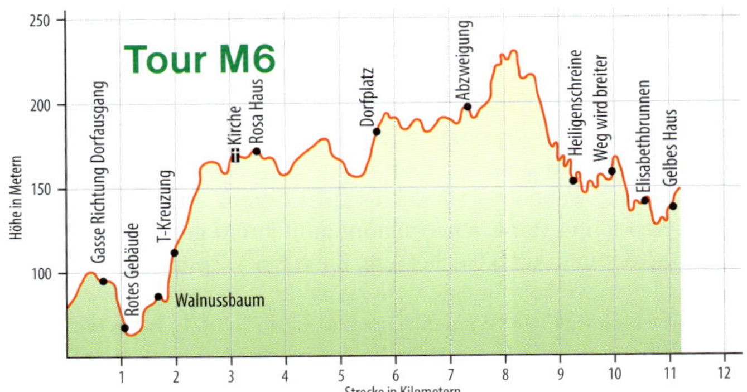

straße nach Lefkimi. Diese gehen wir jedoch nur wenige Meter nach rechts bevor wir vor der Taverne in eine kleinere Straße nach links abzweigen. Diese führt uns durch ein Waldgebiet und über einen kleinen Fluss und anschließend bergauf nach **Kamara,** dessen **Dorfplatz (7)** wir nach etwa einem Kilometer erreichen.

Beschützt von dem zweithöchsten Berg Korfus, dem Ag. Deka liegt das Dörfchen **Kamara** gut versteckt zwischen Felsen und hohen Bäumen. Das Dorf, das wahrscheinlich bereits im 11. Jahrhundert existierte, war in der Vergangenheit bekannt für seine Natursteinmetze. Während des griechischen Aufstands gegen die Türkenherrschaft zu Beginn des 19. Jahrhunderts machte sich das Dorf allerdings auch einen Namen als Schießpulverfabrikation.

Wir gehen am Dorfplatz geradeaus weiter und lassen die Ortschaft schon bald hinter uns. Jetzt befinden wir uns auf einem Stück des Corfu Trail, vor uns ragen die riesigen Felswände des Ag. Deka-Massivs empor. Wir bleiben auf dem Weg bis zur nächsten Siedlung mit dem Namen **Alepochori** (auf Deutsch „Fuchsdorf"), das wir nach weniger als einem Kilometer erreichen. Dahinter ist die Straße nicht mehr durchgehend asphaltiert. Wir haben bald nach links eine fantastische Sicht, die wir noch einige Zeit genießen. 800 Meter weiter, im Anschluss an ein bergab führendes Stück treffen wir vor einem Zaun an eine Abzweigung, die steil abwärts nach links, anfangs noch fast parallel mit unserem Weg, **abzweigt (8).**

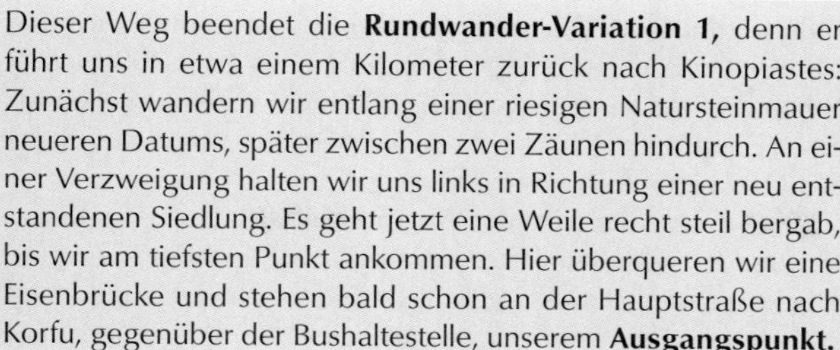

Dieser Weg beendet die **Rundwander-Variation 1,** denn er führt uns in etwa einem Kilometer zurück nach Kinopiastes: Zunächst wandern wir entlang einer riesigen Natursteinmauer neueren Datums, später zwischen zwei Zäunen hindurch. An einer Verzweigung halten wir uns links in Richtung einer neu entstandenen Siedlung. Es geht jetzt eine Weile recht steil bergab, bis wir am tiefsten Punkt ankommen. Hier überqueren wir eine Eisenbrücke und stehen bald schon an der Hauptstraße nach Korfu, gegenüber der Bushaltestelle, unserem **Ausgangspunkt.**

Wir bleiben noch etwa 600 Meter auf unserem Weg, passieren eine Kirche und gelangen an die ersten Häuser von **Agioi Deka.** Die Straße gabelt sich: Bergaufwärts würde es zum Dorfzentrum gehen, wir wandern jedoch geradeaus bergab entlang den unteren Häusern des Dorfes. Nach 400 Metern erreichen wir die Dorfstraße und wer sich stärken möchte, geht jetzt nach rechts und findet bald zwei Tavernen zum Einkehren.

Der Dorfname leitet sich von 10 Märtyrern aus Kreta ab, die im 3. Jahrhundert für ihren Glauben litten und schließlich getötet wurden. Auf Kreta wurde ein gleichnamiges Dorf gegründet, aus dem im 17. Jahrhundert 120 Personen nach Korfu auswanderten und das hiesige Agioi Deka gründeten.

Wir gehen jedoch links abwärts weiter. Nach 300 Metern, kurz hinter dem Ortsausgangsschild, biegen wir in eine scharf nach rechts hinten abzweigende Straße ab. Ein Schild weist nach Benitses. Es geht weiter bergab auf einer wenig befahrenen Straße unterhalb der letzten großzügig gestalteten Grundstücke von Ag. Deka und wir sehen bereits unser Etappenziel, das Dorf Gastouri. 700 Meter weiter stehen an der Straße zwei verfallene **Heiligenschreine (9)** und weitere 100 Meter dahinter, gegenüber einem Haus zweigt nach links ein breiter Waldweg ab. Bald gabelt sich dieser Weg und wir halten uns rechts: Rote Punkte weisen uns den Weg in einen ausgetretenen Wiesenpfad. Dieser ist auf Anhieb nicht einfach zu finden. Wir müssen aufpassen, dass wir uns möglichst weit rechts halten und nicht den aufwärtsführenden Weg einschlagen, der besser erkennbar ist, aber im Nichts endet. Am Hang entlang und durch Brombeergestrüpp windet sich der enge Pfad immer tiefer in einen dichten, urigen Wald hinein. Der Boden ist weich, von Kermeseichenlaub und Moos bedeckt – unser Pfad ist immer irgendwie aufzuspüren – hier und da bestätigt ein roter Punkt, dass wir noch richtig sind. An einer Wegverzweigung nach etwa 300 Metern gehen wir links bergauf. Knappe 100 Meter weiter erreichen wir einen Zaun, an welchem wir nun links entlang gehen und dabei alle Abzweigungen ignorieren.

Kurze Zeit später **wird der Weg breiter (10),** bald ist er befestigt und er führt zunächst steil abwärts. Nachdem wir eine Brücke passiert haben, geht es wieder aufwärts und nach 100 Metern erreichen wir eine Asphaltstraße. Wir gehen links, an der Dorfstraße **Gastouris** kurz dahinter jedoch rechts. Wir folgen dem Straßenverlauf und erreichen nach kurzer Zeit einen Platz mit zwei riesigen Bäumen und einem weißen Kuppelbau: Es handelt sich dabei um den sogenannten **Elisabethbrunnen (11).**

Der Elisabethbrunnen

Dieser Brunnen ist ein Geschenk der Kaiserin Elisabeth „Sisi" an die Dorfbevölkerung als Dank für die zahlreichen schönen Stunden, die sie in dieser Gegend verbrachte. Die beiden eindrucksvollen Platanen davor dürften mehrere Hundert Jahre alt sein, denn sie waren schon zu Sisis Zeiten große Bäume. Angeblich soll in einer der beiden Platanen einst eine ganze Familie gehaust haben. Schräg gegenüber dem Brunnen ist der alte Waschplatz von Gastouri: Im Inneren befinden sich vor den Einbuchtungen über der Wasserrinne Auflagen für die Waschbretter, auf diesen wird wohl auch Sisis Hofgarderobe gereinigt worden sein.

Wir folgen der Straße noch ca. 300 Metern, bevor wir vor einer weiten S-Kurve zwischen dem ersten Haus und einer Steinmauer, links die Treppen hinaufgehen. Oben stoßen wir wieder auf die Hauptstraße, in die wir links und sofort wieder rechts abbiegen. Gegenüber einem Gebäude mit Arkaden beginnt an einem **gelb gestrichenen Haus (12)** eine gepflasterte Dorfgasse, die uns über einige Stufen bis zur Kirche hinaufbringt. Kurz darauf stoßen wir auf die Hauptstraße, die uns nach rechts in etwa 500 Meter zum Achilleon führt.

Griechische Statuen vor dem Achilleon

Das Achilleon

Unweit von Gastouri befindet sich eine der Hauptsehenswürdigkeiten Korfus: das Achilleon. Kaiserin Elisabeth von Österreich-Ungarn, genannt Sisi, ließ es Ende des 19. Jahrhunderts im pompejischen Stil erbauen. Die Kaiserin war – wie ihr Vater – eine begeisterte Philhellenin und widmete dem Studium der Alt- und Neugriechischen Sprache und Kultur viel Aufmerksamkeit. Sie übersetzte unter anderem Theaterstücke ins Neugriechische und laut Aussagen eines ihrer Lehrer wurde Griechenland zur „Heimat ihrer Seele". Ihre Faszination für die griechische Antike, ihre Philosophie und Mythologie, besonders für den Halbgott Achill wird in der Anlage des Achilleon-Palastes überdeutlich: Die gigantische Marmorstatue des „sterbenden Achilles" im Garten und das riesige Fresko „Der Triumph des Achilles" im Obergeschoss des Gebäudes sind wohl die eindrucksvollsten Zeugnisse für ihre Begeisterung. Sisi war aber auch eine disziplinierte Wanderin und nahm sich täglich Zeit für ausgedehnte Märsche. Die Rundwanderung „Sisis Pilgerweg" führt zur Bergkapelle Agia Kyriaki und gehörte zu den Lieblingstouren der Kaiserin auf Korfu.

042wko fo © Balint Radu

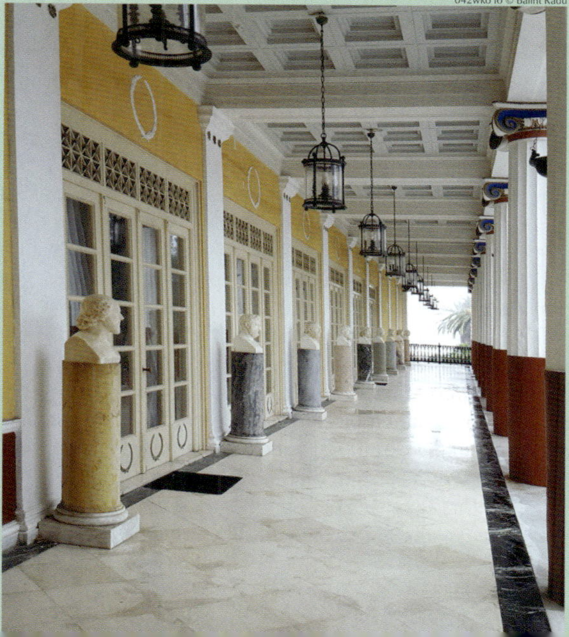

Rundwander-Variation 2: Sisis Pilgerweg

Der Einstieg zu dieser kurzen, aber schweißtreibenden Rundwanderung liegt 50 Meter hinter der ersten der beiden Bushaltestellen von Gastouri, an der zum Achilleon hinaufführenden Asphaltstraße. Hier weisen Schilder nach Platanos und Rahatika, außerdem gibt es ein etwas kleineres Wanderschild, welchem wir folgen. Nach 200 Metern verlassen wir die Asphaltstraße nach rechts in einen steil abwärts führenden, gepflasterten Weg. Er verengt sich bald und führt uns zwischen den traditionellen, kleinen Häuschen entlang zu einer Kirche. Hinter dem Kirchplatz gehen wir einen Treppenweg steil bergab, wenden uns dann nach rechts und verlassen das Dorf den roten Pfeilen folgend zunächst auf einen Trampelpfad, später nach links in eine Gasse. Anschließend führen uns Treppen rechts aufwärts auf eine Asphaltstraße, in die wir nach rechts abzweigen. In wenigen Schritten erreichen wir den oben beschriebenen **Elisabethbrunnen (11).**

Gegenüber des Waschplatzes beginnt eine Treppe, die sich gleich zu Beginn verzweigt. Wir gehen links und kommen unterhalb einer alten Häuserzeile, entlang einer Mauer auf einen Wiesenpfad. Diesen wandern wir entlang eines Zaunes aufwärts durch wildes Macchia-Gelände. Auf der Höhe erreichen wir ein Tor, hinter dem wir unseren Weg auf der zunächst abwärtsführenden Betonstraße fortsetzen. Es geht jedoch bald schon wieder bergauf und wir folgen dem Betonweg, der auf eine Asphaltstraße stößt. Wir gehen diese rechts aufwärts. 200 Meter weiter zweigt vor einem umzäunten Grundstück ein ausgeschilderter, ansteigender **Pfad nach links aufwärts ab (R1).**

Nach einigen Minuten überqueren wir einen breiteren Waldweg und steigen weiter aufwärts. Wieder kommen wir an einen Weg, den wir etwa 50 Meter nach links gehen, bevor sich der Pilgerpfad nach rechts in einem Treppenweg fortsetzt. Dieser letzte Abschnitt ist noch einmal anstrengend aber nach 10 Minuten erreichen wir die **Kirche Agia Kyriaki (R2)** und werden mit einem faszinierenden Panoramablick belohnt: Unter uns die drei Dörfer Gastouri, Agioi Deka und Kynopiastes. Rechts unterhalb das „Sisi-Schloss" Achilleon, dahinter die Landebahn des Flughafens und die Halbinsel Kanoni. Die Festung, die Insel Vido und der Hafen sind im Hintergrund zu erkennen.

Auf der Rückseite der Kirche gibt es einen zweiten abwärts führenden Trampelpfad, der jedoch auf einem Privatgelände endet. Daher wandern wir nach der Rast auf dem gleichen Weg, den wir gekommen sind, abwärts, bis wir auf den ersten quer verlaufenden Waldweg treffen. Hier gehen wir links und bleiben jetzt auf diesem gut ausgebauten Schotterweg, der bald zu einer Asphaltstraße wird. Wir folgen dieser abwärts, biegen jedoch nach 300 Metern um 180 Grad nach links in einen Zementweg ab. Dieser wird bald zum breiten Weg aber nach 100 Metern stehen wir vor einem Zaun, der ein Privatgrundstück abgrenzt. Rechts davon verläuft ein Weg, den wir jetzt zwischen zwei Zäunen entlang wandern. Nach 50 Metern folgen wir dem Weg rechts unterhalb des Zaunes und den roten Punkten. Vor einer verfallenen Hütte verlassen wir den Zaun nach rechts in den unterhalb gelegenen Olivenhain. Hier ist der Verlauf des Pfades nur noch schwach zu erkennen und wir orientieren uns an den roten und orangefarbenen Wegmarkierungen auf den Steinen. a. 300 Meter weiter wird der Pfad dann wieder deutlicher und er führt uns zunächst auf einen Betonweg und später zu einer Straße, an der ein Villengrundstück steht. Wir gehen 30 Meter rechts abwärts entlang der Steinmauer dieser Villa und biegen dann links in einen breiten Pfad ab, der wieder in einen Olivenhain führt. Wir passieren zunächst eine einzelne Steinhütte, gehen geradeaus weiter und kommen kurz darauf zu zwei nebeneinander stehenden **Wellblechhütten (R3).** Hier halten wir uns rechts in den teils abgeholzten Olivenhain. In etwa 50 Metern Entfernung entdecken wir einen Zaun, auf den wir zugehen.

Jetzt sind wir auf dem in der Streckenwanderung beschriebenen **Pfad (10)** und gehen rechts. Der Weg führt zunächst recht steil abwärts, später jedoch wieder aufwärts, bis wir nach 300 Metern zur Hauptstraße nach Gastouri gelangen. Hier gehen wir links, nach 40 Metern wieder rechts und erreichen bald den **Elisabethbrunnen (11),** von wo aus wir der Beschreibung der Streckenwanderung folgen.

Tour M7 Von der Ost- an die Westküste: Benitses – Agios Gordis

10,7 km
4 Std.
anspruchsvoll

Obwohl **Benitses** zu den ältesten und beliebtesten touristischen Orten Korfus gehört, ist dem ursprünglichen, kleinen Fischerdorf sein eigentlicher Charakter nie wirklich verloren gegangen. Bereits wenige Meter, nachdem wir die Strandlinie verlassen haben, befinden wir uns im „Alten Dorf", dem jahrhundertealten Kern von Benitses. Natürlich wird auch der im Sommer von zahlreichen Touristen überschwemmt, dennoch kann man sich ein Bild von dem einstigen Leben in Benitses machen: Neben Obst- und Olivenanbau ist es vor allem der Fischfang, der das Dorfbild prägte und der auch heute noch praktiziert wird.

In der Vergangenheit hatte Benitses große Bedeutung für Korfu. Denn dort, wo heute die Dorfstraße ist, floss ein ergiebiger Fluss in Richtung Meer, der aus zwei Quellen gespeist wurde. An seinen Ufern befanden sich insgesamt 22 Wassermühlen, in denen Getreide gemahlen wurde. Das Mehl wurde anschließend per Schiff nach Korfu-Stadt transportiert.

Zu den Sehenswürdigkeiten dieses turbulenten Ortes zählen eine Ausgrabungsstätte aus der Römerzeit sowie ein Muschelmuseum. Außerhalb Benitses stehen die Reste der Kaiserbrücke. Sie verband den Strand mit dem Schloss Achilleon und erleichterte seinerzeit dessen damaligem Besitzer, Kaiser Wilhelm II., den Zugang zum Meer.

Länge: 10,7 km
Dauer: 4 Std.
Schwierigkeit: anspruchsvoll. Eine anspruchsvolle, aber unvergleichbar schöne und vielfältige Wanderung einmal quer über die Insel. Einige lange und steile An- und Abstiege durch unwegsames Gelände, oft fehlen Wegmarkierungen, daher ist der Weg nicht immer einfach zu finden.
Übernachtung: zahlreiche Möglichkeiten in Benitses
Einkehr: unterwegs im „Steki" (siehe Einkehrtipp) und in Kato Garouna ein paar kleine Cafés.
Öffentliche Verkehrsmittel: Zum Ausgangspunkt B7 Richtung Messonghi, Ausstieg in Benitses, vom Etappenziel Linie B10

Rundwander-Variation 1: Benitses Rundweg über das Kloster Agia Triada (Rückweg ab WP 5)
Länge: 7 km
Dauer: 2½ Std.
Schwierigkeit: mittelschwer, mit steilen An- und Abstiegen

Rundwander-Variation 2: Der Piratenweg nach Pentati (Start in Ag. Gordis, Rückweg ab WP 10)
Länge: 10 km
Dauer: 3½ Std.
Schwierigkeit: anspruchsvoll. Der Anfang der Tour sowie der Abstieg vom Berg Agios Panteleimonas ist nur für geübte Wanderer mit guter Kondition empfehlenswert.

Kurzwander-Variation: von der Café-Bar To Steki nach Kato Garouna (ab WP 6)
Länge: 5,5 km
Dauer: 2¾ Std.
Schwierigkeit: mittelschwer

Wegbeschreibung

Wir beginnen unsere Tour in Benitses **gegenüber der Bushaltestelle am Dorfplatz vor dem Kiosk.** Auf der anderen Seite der Dorfstraße, zwischen einem kleinen Supermarkt und einem Café, wandern wir ins alte Dorf hinein. An den blauen Briefkästen gehen wir nach rechts und 20 Meter weiter an einer Weggabelung geradeaus. Wir passieren ein China-Restaurant sowie eine Kirche und folgen der schmalen Straße bis zum Ende des Dorfes. Nachdem wir die letzten Häuser hinter uns gelassen haben, passieren wir eine Brücke und kommen zu einem **Parkplatz (1),** von dem Wege in vier Richtungen abgehen.

Wir überqueren den Parkplatz und wählen den mittleren Weg, der uns links vom Bach in Richtung eines Rohbauskeletts führt. Kurz vor diesem Bau überqueren wir eine Brücke und folgen dem Verlauf des Baches bergauf. Es geht ein paar Stufen hinauf, wir passieren eine Kirche, hinter welcher der Weg in einen schmalen Pfad übergeht. Nach etwa 100 Metern kommen wir an einer der ersten biologischen Kläranlagen der Insel vorbei. Hier wird der Weg wieder breiter und wir folgen ihm nur etwa 50 Meter bergauf, um in einer Rechtskurve in einen nach links

Frederick Adam
und das erste Wasserwerk Korfus

In der ersten Hälfte des 19. Jahrhunderts stand Korfu unter britischer Herrschaft. Die Stadt mit ihren beiden uneinnehmbaren Festungen war zwar sicher, aber die sich entwickelnde Stadt litt unter einem anderen Problem: Wassermangel. Schwer vorstellbar, denn Korfu ist aufgrund seiner geografischen und geologischen Bedingungen grundsätzlich sehr wasserreich. (Die statistischen Niederschlagsmengen liegen tatsächlich höher als in vielen deutschen Gegenden). Jedoch gab es damals keinerlei Maßnahmen, um sauberes, fließendes Trinkwasser ins Zentrum der Stadt zu leiten. Die Brunnen in Korfu-Stadt lieferten nur salzhaltiges, hartes Wasser, das zum Trinken ungeeignet war. So musste Trinkwasser über lange Transportwege mit Maultierkarren oder auf dem Seeweg angeliefert werden.

Im Jahr 1831 ließ dann der damalige englische Kommissar Frederick Adam hier im wasserreichen Benitses das erste Wasserwerk auf der Insel errichten. Die oberhalb des Dorfes gelegene Quelle „Karteri" und neun Jahre später auch eine zweite Quelle wurden eingefasst und das Wasser durch ein Leitungsnetz im freien Fall direkt nach Korfu-Stadt geleitet. Die Leitungen waren zunächst aus Eisen, später wurden sie durch Mauerwerke ersetzt. Reste davon werden wir auf unserer Wanderung noch entdecken.

Adam war der erste englische Kommissar, der sich wirklich für die Entwicklung Korfus engagierte. Im Laufe seiner Dienstzeit entwarf er noch weitere Bauwerke für die Insel und erhöhte damit die Lebensqualität der Einwohner maßgeblich. Er heiratete eine Korfiotin und wurde von den Einheimischen respektiert und geliebt. Zum Andenken an ihn steht an zentraler Stelle in Korfu-Stadt, direkt vor dem Königspalast (dem heutigen asiatischen Museum) seine bronzene Statue.

abzweigenden, schmalen Pfad abzubiegen. Er führt zu einer Asphaltstraße, die wir rechts aufwärts wandern und die an einer T-Kreuzung endet. Hier wenden wir uns nach links in eine Sackgasse hinein. Knapp 150 Meter weiter stehen wir vor einem halb verfallenen Betonbau. An der Seitenwand dieses Bauwerks ist eine Marmorplatte eingelassen, auf der eine Widmung des ehemaligen Vorsitzenden der Kommission des **ersten Wasserwerks Korfus (2)** (siehe Exkurs) zu lesen ist:

In Gedenken an den Wohltäter der Stadt
Dem Gründer des Wasserwerks
Hochkommissar Sir Frederick Adam

Wir folgen einem Wegweiser zu den „water springs". Ein brückenähnlicher Steg führt uns zu einer alten Steintreppe, die wir hinaufsteigen – einen Kilometer sind wir bisher gewandert. Der alte Steinpfad geht in einen Stufenweg über, der uns durch üppige Vegetation und einen urigen Laubwald leitet. Bäume und Steine sind mit Efeu und Moos bewachsen, überall hört man Wasser rauschen, selbst im Hochsommer ist es hier feucht, frisch und grün. Dann sehen wir an einer Weggabelung zwei alte, gemauerte Aquädukte. Wir wandern zu dem rechts oberhalb und folgen rechts davon einem schmalen Stufenweg weiter den Berg hinauf. Nach einigen Stufen sehen wir auf der rechten Seite eine eingefasste Quelle und kurz darauf erreichen wir die kleine **Kirche Agios Nikolaos (3).** Hier, mitten im Wald, laden uns ein paar Sitzgelegenheiten vor der Kirche zum Ausruhen ein – ein herrlicher Platz für eine erste, kleine Rast.

Hinter der Kirche setzen wir unseren Weg nach links fort, weiter bergauf in den Wald hinein. Wir überqueren ein Bachbett und folgen dem Fußweg, der jetzt recht steil in dichtes Unterholz und später durch einen Wald führt. Der Pfad ist gut zu erkennen, auch wenn die Wegmarkierungen spärlich sind. An einem Zaun gehen wir rechts. Schließlich führt der Pfad aus dem Wald heraus und schlängelt sich an einem Hang entlang durch offeneres Gelände links von einem Bach. Nach ca. 300 Metern kommen wir wieder in einen Olivenhain, wo der Weg breiter wird. Dort, wo sein Verlauf sich nach links abwendet, zweigen wir auf einen sehr schmalen Pfad in Richtung **Bach (4)** ab, um diesen zu überqueren und dann nach rechts von ihm abzukehren. 100 Meter weiter stoßen wir auf eine Betonpiste, der wir nach rechts aufwärts folgen und in weiteren 100 Metern erreichen wir eine **Straße (5).** Hier trennen sich die Wege von Strecken- und Rundwanderung 1.

Einkehrtipp Café-Bar To Steki (6)

Direkt unter uns, an der parallel verlaufenden Straße, befindet sich die Café-Bar To Steki, in die wir zum Rasten einkehren können. Aufgrund der Initiative ihres Eigentümers ist „To Steki" Start-, Ziel- und Informationspunkt für zahlreiche Wanderungen in dieser Gegend. Der Wirt Jannis ist selbst leidenschaftlicher Wanderer und setzt sich engagiert für die Unterhaltung und Pflege der Wege ein. Hier können wir uns mit Erfrischungsgetränken und einem Snack stärken und – sofern wir ein bisschen griechisch sprechen – Tipps und Informationen zu unseren Touren erfragen.

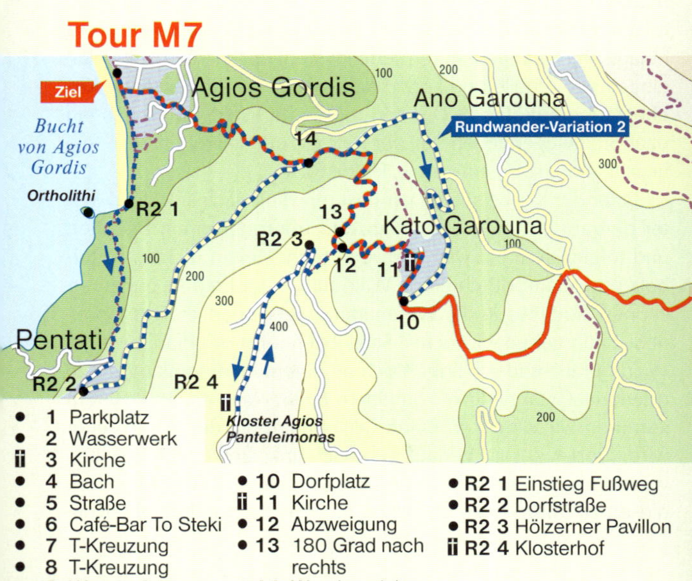

Rundwander-Variation 1

Wer zum Kloster Agia Triada und zurück nach Benitses wandert, geht an der **Straße (5)** etwa 20 Meter nach links und zweigt dann auf einen schmalen Pfad zu der über uns befindlichen Kirche ab. Wir gehen an der Kirche vorbei, und dann über einen Treppenweg wieder zur Straße. Hier gehen wir links, um nach 300 Metern über eine wunderbare Höhenstraße durch die Siedlung Makrata bis ins benachbarte Loukata zu wandern. Direkt am Ortseingangsschild neben den **blauen Postfächern (R1 1)** führt ein Betonpfad links aufwärts, der sich 50 Meter weiter gabelt. Wir gehen rechts aufwärts und kurz danach links zu dem kleinen Dorfplatz dieser malerischen alten Siedlung, in der die Zeit stillzustehen scheint. Zwischen den eng beieinanderstehenden Häusern hindurch erreichen wir das Ende der Bebauung und folgen einem alten Holzschild, das uns über einen befestigten Pfad durch das grüne Hinterland zunächst zu einer kleinen Kapelle und schließlich zum **Kloster Agia Triada (R1 2)** führt. Die Aussicht hinter der Kirche lädt zum Verweilen ein und es gibt auch Sitzgelegenheiten – der ideale Platz für eine Pause.

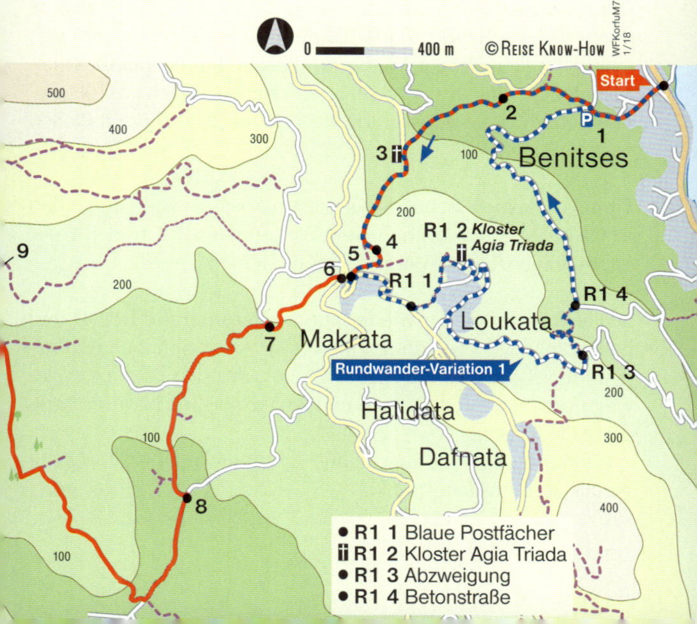

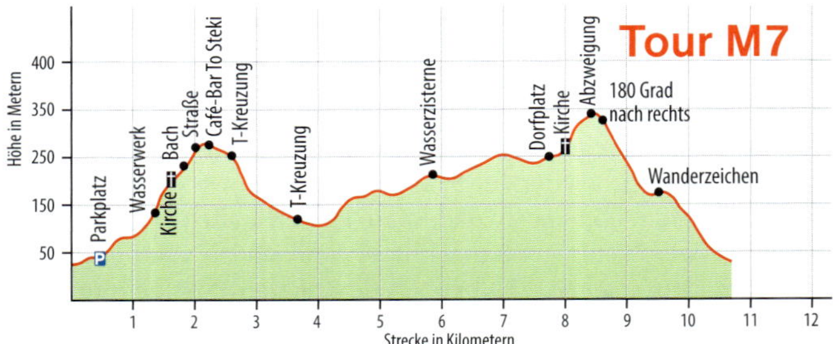

Für den Rückweg nach Benitses folgen wir dem breiten Betonweg unterhalb des Klosters, der sich in einigen Kurven abwärts windet. Nach 150 Metern gehen wir an einer Verzweigung links, nach weiteren 150 Metern dann rechts. Jetzt geht es noch einmal steil bergauf auf die Siedlung zu, jedoch biegen wir vor einem Basketballfeld wieder auf einen abwärtsführenden Weg nach links ab. Nun wandern wir etwa 10 Minuten auf einer wenig befahrenen Straße abwärts, bis in einer 180-Grad-Rechtskurve auf der linken Seite ein **Schotterweg in den Wald abzweigt (R1 3).** Dieser wird bald schmaler und führt recht steil abwärts durch dichtes Gehölz. Flatterbänder und Schilder sind hier von einem Berglauf übrig geblieben und helfen uns bei der Orientierung. Stöcke sind an manchen Stellen sinnvoll. Nach ca. 100 Metern gehen wir geradeaus abwärts und folgen nicht den Pfeilen nach links.

Tipp: Wer keine Lust auf diesen steilen Abstieg mitten durch den Wald hat, kann zwischen den Wegpunkten R3 und R4 der Straße folgen. Dieser Weg ist aber ca. 1,5 km länger.

Schließlich treffen wir wieder auf die **Betonstraße (R1 4)** und gehen links. Von nun an ignorieren wir Abzweigungen und folgen immer dem Verlauf dieses Weges, der sich bald als Waldweg durch einen Olivenhain und weiter abwärts bis zum **Parkplatz (1)** fortsetzt.

Wir überqueren die Brücke und gehen entlang der Dorfgasse zurück zum Ausgangspunkt.

Direkt gegenüber der **Café-Bar To Steki (6)** gehen wir über einen schmalen, recht steil abwärts führenden Fußweg zunächst durch Unterholz, später durch einen kleinen Wald. An einer ersten kleinen Weggabelung nach 200 Metern wählen wir einem blauen Pfeil folgend den rechten Zweig, der uns über einen Bach führt. Anschließend steigt der Weg leicht an und wird etwas breiter, bis er an einen etwas breiteren Erdweg stößt, in den wir nach links abbiegen.

Hier ist die Landschaft offener, rechts und links wachsen überwiegend Sträucher. Wir gehen weiter bergab, bis wir nach 100 Metern an eine **T-Kreuzung (7)** kommen. Hier wandern wir ebenfalls links bergab weiter, nun recht steil. Unten angekommen queren wir noch einmal einen Bach. Hinter einem kurzen Anstieg geht es wieder bergab.

Wir bleiben einen knappen Kilometer auf dem Weg, der mittlerweile teils als Schotterweg, teil als betonierter Fahrweg ausgebaut ist. Die niedrigen Bäume zwischen den Sträuchern am Wegesrand bieten kaum Schatten. Etwa 50 Meter hinter einer Betonbrücke, die über einen Bach führt, gelangen wir zu einer **T-Kreuzung (8),** an der wir rechts in einen betonierten Fahrweg abbiegen. 400 Meter weiter zweigen wir erneut nach rechts auf einen breiten, bergaufwärts führenden Betonweg ab. Bald wird es etwas schattiger, denn wir kommen durch einen Olivenwald. Ab und zu sehen wir rote Punkte an Steinen oder Flatterbänder, die an Bäume gebunden wurden und die uns bestätigen, dass wir richtig sind. Links von uns können wir zwischen den Olivenbäumen hindurch auf die dunkelgrüne Hügelkette vor Korfus Westküste blicken.

Nach 1,5 Kilometern folgen wir an einer T-Kreuzung den auf die Mauer gemalten Pfeilen nach links. Und 300 Meter weiter gehen wir an einer **Wasserzisterne (9)** nach links in einen Wirtschaftsweg, der uns nach 600 Metern zur Hauptstraße unterhalb des Dorfes Ano Garouna bringt. Direkt dahinter erreichen wir eine größere Straßenkreuzung, an der wir uns links aufwärts in Richtung des Dorfes Kato Garouna halten.

Wir folgen der Asphaltstraße etwa einen Kilometer in das Dorf aufwärts, bis wir auf der Höhe am **Dorfplatz (10)** ankommen. Gegenüber ist ein Pub, vor dem wir rechts aufwärts in eine Sackgasse gehen, die vor einem Minimarkt endet. Links davon führt ein gepflasterter Weg bergauf, der sich kurz darauf in drei Zweige gabelt – wir wählen den mittleren und gelangen so über einen mit altem Naturstein belegten Stufenweg zur **Kirche Agios Nikolaos (11).**

Ano und Kato Garouna

Die beiden Dörfer Ano und Kato Garouna schmiegen sich gut versteckt in zwei einander gegenüberliegende, durch eine Schlucht getrennte Berghänge. Das etwas unterhalb gelegene (*Kato* – unten) Kato Garouna war bereits zu Beginn des 16. Jahrhunderts für seine Steinmetze bekannt. Der imposante Glockenturm der Kirche Agios Nikolaos ist ein noch gut erhaltenes Zeugnis für diese Kunst. In diesem Stil wurden zahlreiche Glockentürme in der Umgebung geschaffen. Seinem Erbauer, Georgios Kardamis, wurde auf dem Vorplatz der Kirche eine stilvolle Grabplatte geschaffen, auf der sein Sohn eine Marmorstatue errichten lies. Sie zeigt den Steinmetz in seiner traditionellen Kleidung, wie er sich nach getaner Arbeit auszuruhen pflegte. Heute hat Kato Garouna den traurigen Ruf des „Auswandererdorfes“ inne: Nach dem Zweiten Weltkrieg sind zahlreiche junge Menschen nach Australien ausgewandert, wo sie sich eine neue Existenz aufgebaut haben. Im Dorf zurück blieben die alten Menschen mit den kleinen Kindern.

044wko ft

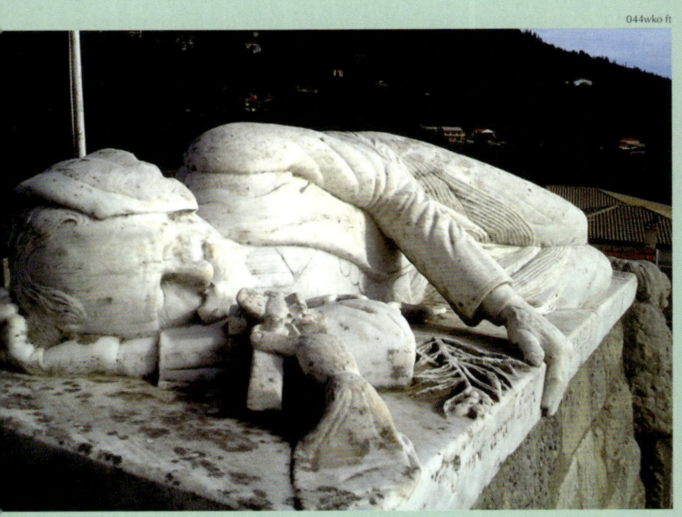

Wir gehen rechts am Glockenturm vorbei und gelangen von der Rückseite der Kirche aus auf einen aufwärtsführenden Betonpfad, der in der oberen Dorfstraße mündet. Wir gehen links weiter, steil aufwärts aus dem Dorf heraus. Je höher wir kommen, umso schmaler und unbefestigter ist unser Weg. Zunächst geht es noch über groben Kies und Schotter, schließlich wird er zum erdigen Pfad. Durch mehrere Kurven folgen wir ihm einen halben Kilometer bergauf durch eine ursprüngliche Macchia-Vegetation. Bevor der Weg wieder einen Betonbelag bekommt, zweigen wir in ein mit einem grünen Wanderschild ausgewiesenen Weg **nach rechts** (von der Rundwanderung kommend nach links) **in einen Kermeseichenwald ab (12).**

Bald rückt das gegenüberliegende Dorf Ano Garouna in unser Blickfeld. Nach wenigen Metern verzweigt sich der Weg und hier folgen wir nicht dem Wanderschild, sondern wählen den rechts abwärtsführenden Weg. Knapp 100 Meter weiter wenden wir uns um fast **180 Grad nach rechts (13),** steuern eine Gruppe von hohen Zypressen an und finden dahinter den Pfad wieder. Er führt jetzt tunnelartig durch das dichte Blattwerk der eng beieinanderstehenden, niedrigen Bäume steil abwärts. Zum Glück ist der Boden laubbedeckt und weich – trotzdem muss man auf diesem Streckenabschnitt flexibel sein: Hin und wieder ducken wir uns, hangeln uns an den Bäumen entlang abwärts oder rutschen auf dem Hosenboden die teilweise steilen Abhänge hinunter. Mitten im Wald taucht dann ein riesiger nackter Felsbrocken auf, unterhalb dessen wir uns entlangschlängeln – bald dahinter müssen wir uns zwischen zwei kleineren Felsen hindurchwinden, indem wir uns mit beiden Händen abstemmen. Je weiter abwärts wir gelangen, desto besser und breiter wird jedoch der Pfad und wir erreichen bald die Hauptstraße, die wir etwa 200 Meter nach links gehen.

Hier begegnen wir wieder einem **Wanderzeichen (14),** das uns rechts abwärts in den Wald in Richtung Agios Gordis führt. Zwischen Kermeseichen, Erdbeerbäumen und Zypressen schlängelt sich dieser Pfad am Berghang entlang in Richtung Meer. Wir treffen auf eine Wasserleitung, der wir von nun an folgen. Durch einen terrassenförmig angelegten Olivenhain hören wir bereits die Brandung von Agios Gordis.

Die letzte Ruhestätte des Steinmetzes

Nun ist es nicht mehr weit, der Weg wird zwar unwegsamer und ist stellenweise dicht zugewachsen, aber wir gelangen abwärts, indem wir immer dem Wasserrohr folgen. Wir treffen vor einem Haus auf eine Straße, auf der wir nun noch etwa einen halben Kilometer bis nach **Agios Gordis** hinunter wandern. Vor einem Haus treffen wir auf eine Betonstraße, der wir links abwärts folgen. Wenige Minuten später sind wir im Ort angekommen. Wir überqueren eine Straße und gehen weiter bergab, links am Parkplatz vorbei. Vor dem Eingang zum „See Breeze" wenden wir uns nach rechts und gelangen entlang von Mauern und Zäunen durch eine Gasse zum **Strand.**

Agios Gordis oder **Ai Gordis** – der Name stammt von der am Strand errichteten gleichnamigen Kirche – zählt zu den schönsten Sandstränden Korfus. Das immergrüne bergige Hinterland und die im Laufe der Jahrhunderte entstandenen bizarren Felsformationen, die sich vor dem breiten Sandstrand wie von Künstlerhand geschaffen ausbreiten, verleihen dem Ort seinen besonderen Charakter. Am südlichen Ende der Bucht ragt ein Felsen aus dem Meer, der „Ortholithi" genannt wird, „aufrechter Stein" und um den sich zahlreiche Mythen und Legenden aus dieser Region spinnen.

Rundwander-Variation: Der Piratenweg nach Pentati

Wir wandern den ganzen Strand bis zu seinem äußersten Ende entlang – dazu müssen wir unterhalb der Terrasse des letzten Hotelkomplexes die Brandungsfelsen überklettern. Hier beginnt unsere Rundwander-Variation.

Direkt unterhalb des Berges, der sich am südlichen Strandende aufbaut, beginnt ein sehr schmaler und sehr steiler **Fußweg (R2 1).** Anfangs noch gut erkennbar schlängelt sich der Pfad sehr steil in den Wald hinauf und wir gewinnen schnell an Höhe. An einigen Stellen ist er sehr schmal und brüchig und es besteht Absturzgefahr wenn man nicht vorsichtig ist. Der Legende nach handelt es sich um einen Aufstieg, den auch der gefürchtete Pirat Barbarossa genutzt hat, um die Bergdörfer anzugreifen.

Nach weniger als 200 Metern wird der Weg moderater: Ab jetzt geht es abwechselnd auf- und abwärts, immer noch ist der

Der Piratenweg von Pendati

Untergrund felsig, doch je höher wir kommen, desto einfacher wird das Laufen. Bald ragt links von uns eine wuchtige Steilwand empor. Immer wieder versperren uns Felsbrocken den Weg, die sich aus dem Berg gelöst haben und beim Hinaufschauen hat man den Eindruck, dass jederzeit ein weiteres Stück davon aus der Wand abbrechen könnte. Wir gehen schnell weiter - der Weg wird zum Glück immer besser und breiter und nach etwa einer halben Stunde erreichen wir die Olivenhaine von **Pentati** und kurz darauf das Dorf selbst.

Gleich zu Beginn des Dorfes entdecken wir an einem Olivenbaum ein Plakat, das den „Pirate-Trail" ausweist: Es handelt sich dabei um eine Art Schatzsuche, bei der gleichzeitig eine Piratengeschichte erzählt wird - eine gelungene Dorfinitiative, die die Besucher neugierig macht, das Dorf zu entdecken. Und es lohnt sich, den hölzernen Hinweisen zu folgen, denn im oberen, alten Teil dieses mittelalterlichen Dorfes fühlt man sich tatsächlich in die Vergangenheit zurückversetzt.

Nach dem Rundgang durch Pentati folgen wir bei der **Dorfstraße (R2 2)** Richtung Norden, vorbei an der Taverne „Chris Place" und aus dem Dorf hinaus. Auf dieser asphaltierten, aber wenig befahrenen Straße bleiben wir jetzt drei Kilometer. An-

045wko ft

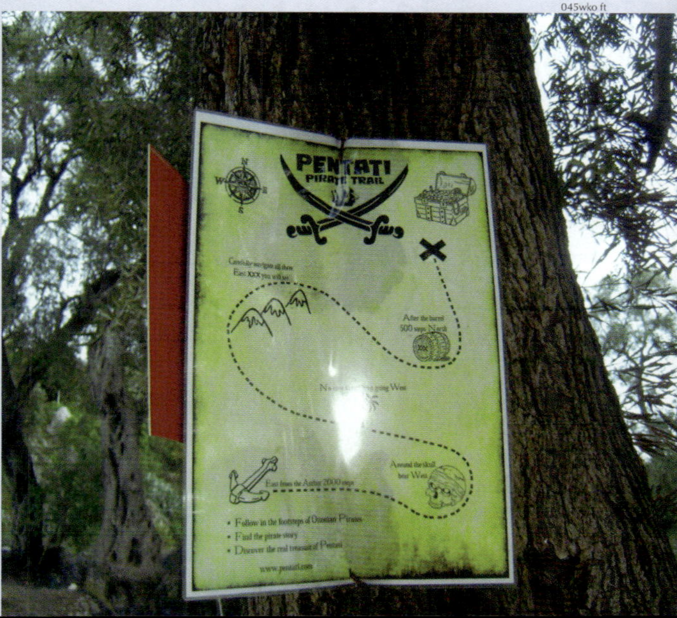

fangs geht es recht steil bergauf, ab etwa der Hälfte der Strecke jedoch bergab. Nach ca. 2 km erreichen wir eine Gabelung und hier gehen wir rechts weiter, um nach einem weiteren Kilometer das Dorf Kato Garouna zu erreichen, in das wir nun noch einmal steil bergauf steigen müssen. Die Straße endet neben dem **Dorfplatz (10)** an einer T-Kreuzung. Hier beginnt entsprechend den Anweisungen der Streckenwanderung der Rückweg nach Agios Gordis.

046wko ft

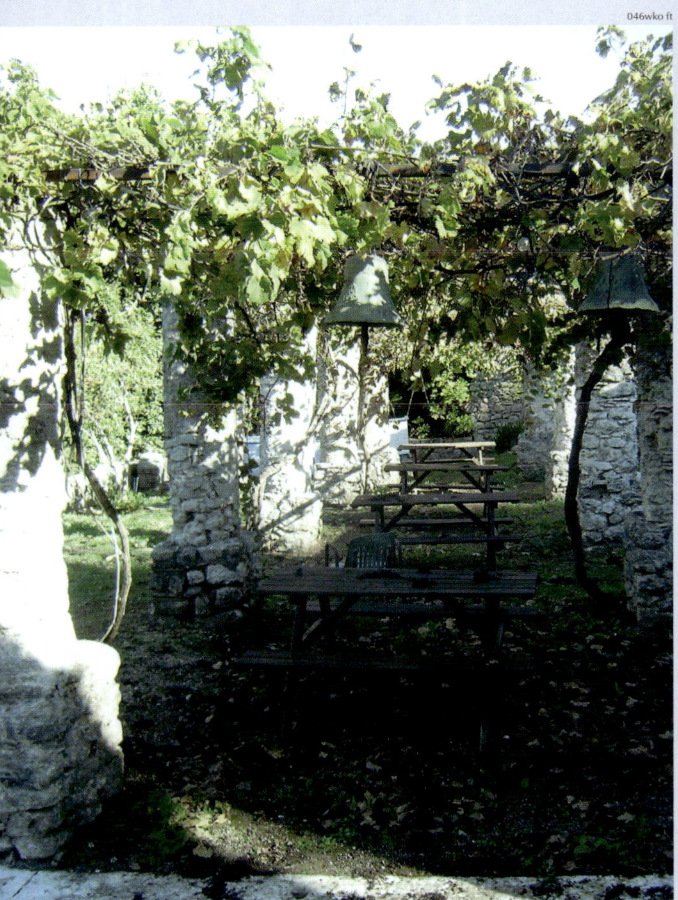

Abstecher zum Kloster Agios Panteleimonas (Hin und zurück ca. 2 Kilometer):

Ab **WP 12** beginnt ein lohnenswerter Abstecher mit phänomenalen Aussichtspunkten zu einem Kloster: Dazu folgen wir bei WP 12 dem zementierten Wegabschnitt und wandern noch 200 Meter bergauf, bis der Weg an einer gut ausgebauten Fahrstraße endet. Hier gehen wir rechts bergan und weitere 100 Meter weiter kommen wir an einen **hölzernen Pavillon (R2 3)** mit Sitzgelegenheit, der ein wirklich unbeschreibliches Panorama bietet: Ganz links der Pantokrator mit seinen Antennen – unter uns überblicken wir die Nord-Ostküste Korfus, geradeaus im Hintergrund die albanische Küstenstadt Agia Saranta und das gebirgige Massiv dahinter. Vor uns baut sich der zweithöchste Berg, der Ai Deka auf und etwas weiter rechts der Stavros-Berg. Rechts schaut man bis zur Süd-Ostküste und erkennt dahinter die Gebirgskette des griechischen Festlandes.

Von hier aus wandern wir noch etwa 200 Meter weiter, bis wir an der höchsten Stelle ankommen, direkt oberhalb von unserem Ausgangs- und Endpunkt Agios Gordis. Hier ist eine Gedenktafel am Fels angebracht, die an einen beim Gleitschirmfliegen tödlich verunglückten jungen Mann erinnert. Etwas später geht der Betonweg in einen unbefestigten Schotterweg über – wir passieren ein einzelnes Haus und folgen einige Meter dahinter einem schmalen betonierten Fußweg nach rechts, der uns jetzt in wenigen Minuten zum verlassenen Kloster Agios Panteleimonas führt. Durch ein wunderschön gemauertes Tor betreten wir den kleinen **Klosterhof (R2 4)** mit den Überresten seiner ursprünglichen Gemäuer. Die hölzernen Tische unter den Weinreben laden zu einer Rast ein. Die Tür zur Kirche ist offen und wer möchte, kann die Ikone des Heiligen Panteleimon betrachten und eine Kerze anzünden. Weiter unterhalb gibt es ein zweites, neueres Kirchenbauwerk, die Agia Paraskevi.

Wir gehen nach dem Abstecher zum Kloster auf dem gleichen Weg zurück, am Aussichtspavillon vorbei. Etwa 100 Meter weiter unterhalb zweigt der betonierte Weg nach links ab, auf dem wir gekommen sind. Wir wandern ihn abwärts bis zum Ende des zweiten zementierten Wegabschnittes. Ab hier, bei WP 12, folgen wir wieder den Anweisungen der Streckenwanderung.

Im Klosterhof laden Sitzgelegenheiten zum Verweilen ein

059wko ft

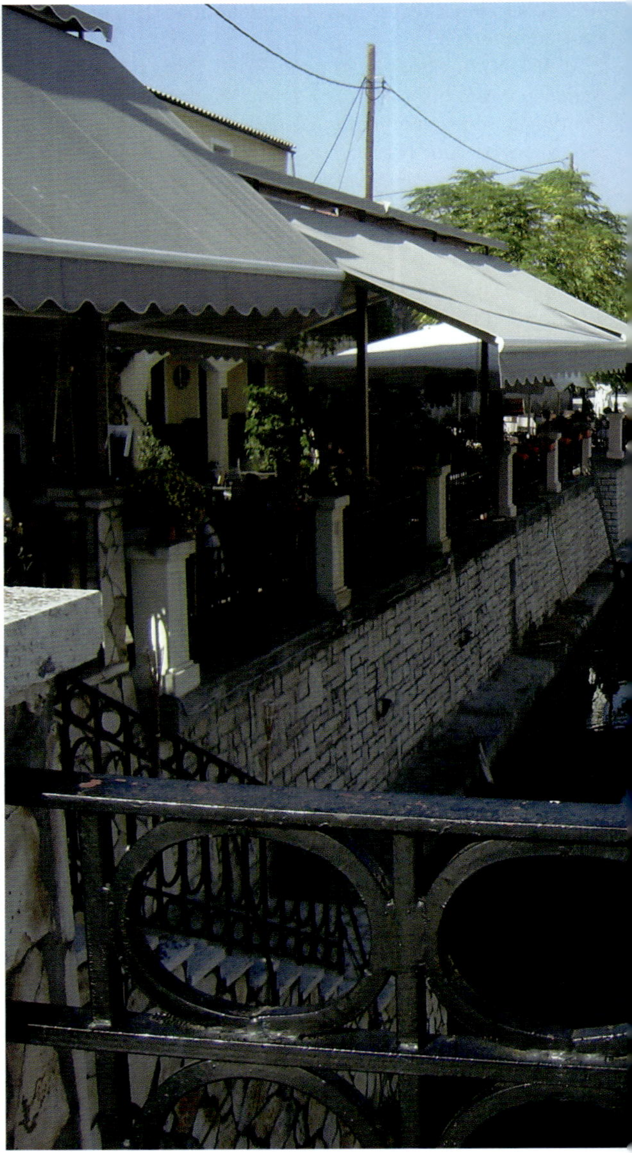

Der Süden: Lefki

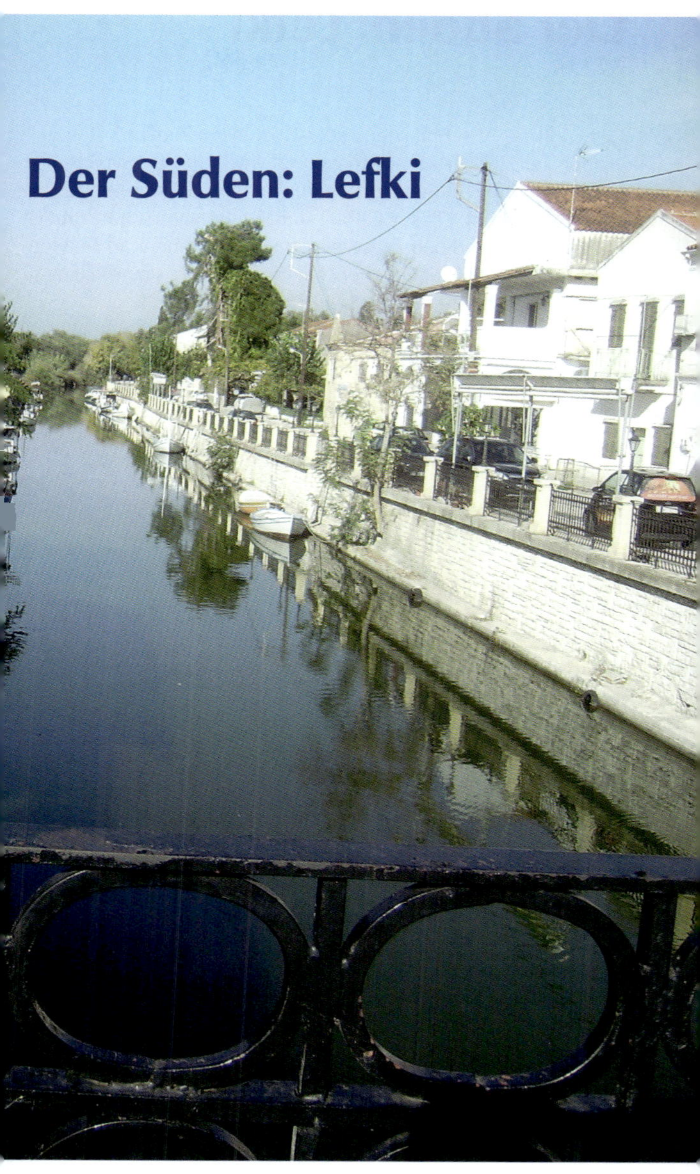

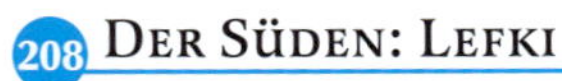

Der Süden: Lefki

Der südliche Abschnitt der Insel ist vor allem Tiefland, das zum großen Teil landwirtschaftlich genutzt wird. Eindrucksvoll ist hier die ausgedehnte Dünenlandschaft, die den Korission-Binnensee vom Meer trennt. Dieses Gebiet steht unter Naturschutz und ist dementsprechend naturbelassen und weitgehend vom Massentourismus verschont geblieben. Nichtsdestotrotz sind die langen Strände in Südkorfu begehbar und attraktiv.

Kapitelstartseite: Am Fluß Potami in Lefkimmi

Tour S1
Zwischen Kavos und Lefkimmi

15 km
5 Std.
mittelschwer

Die südlichste Landspitze Korfus wurde aufgrund der schroffen, aber sehr hellen Kalksteinküste von den Venezianern Cavo bianco – weißes Kap, auf griechisch „Asprokavos", genannt. Daher hat der ehemals abgeschiedene und bescheidene Küstenort **Kavos** seinen Namen. Heute ist hier ein überfülltes Vergnügungszentrum für überwiegend junge britische Touristen entstanden. Auffallend ist die hohe Dichte an medizinischen Notfallpraxen, die sich zwischen die unzähligen Bars und Fast-Food-Restaurants einreihen. Wer Kavos im Sommer erlebt, ahnt, dass die Ärzte hier überwiegend Alkoholvergiftungen bzw. alkoholbedingte Unfälle behandeln müssen.

Länge: 15 km
Dauer: 5 Std.
Schwierigkeit/Charakter: mittelschwer. Eine ausgedehnte Corfu-Trail-Wanderung durch die überraschend schöne Südspitze Korfus zwischen dem Touristenort Kavos und Lefkimmi mit mehreren fantastischen Aussichtspunkten. Es gibt einige unwegsame und steile An- und Abstiege und ungesicherte Kanten, daher ist festes Schuhwerk, Trittsicherheit und an einigen Aussichtspunkten auch Schwindelfreiheit erforderlich. Bei stürmischer See ist der Arkoudilas-Strand nicht passierbar!
Übernachtung: In Kavos gibt es zahlreiche Unterkünfte, Lefkimmi selbst hat nur eine sehr kleine Auswahl an Übernachtungsmöglichkeiten, doch an den Strandorten in der Umgebung gibt es zahlreiche Hotels und Pensionen.
Einkehr: Unterwegs keine Möglichkeiten, daher bitte an Wasser und Verpflegung denken!
Öffentliche Verkehrsmittel: Zum Ausgangspunkt Linie B1 Richtung Kavos, vom Etappenziel Linie B1

Rundwander-Variation: Der Arkoudilas-Rundweg (Rückweg ab WP 4)
Länge: 7 km
Dauer: 2½ Std.
Schwierigkeit: einfach

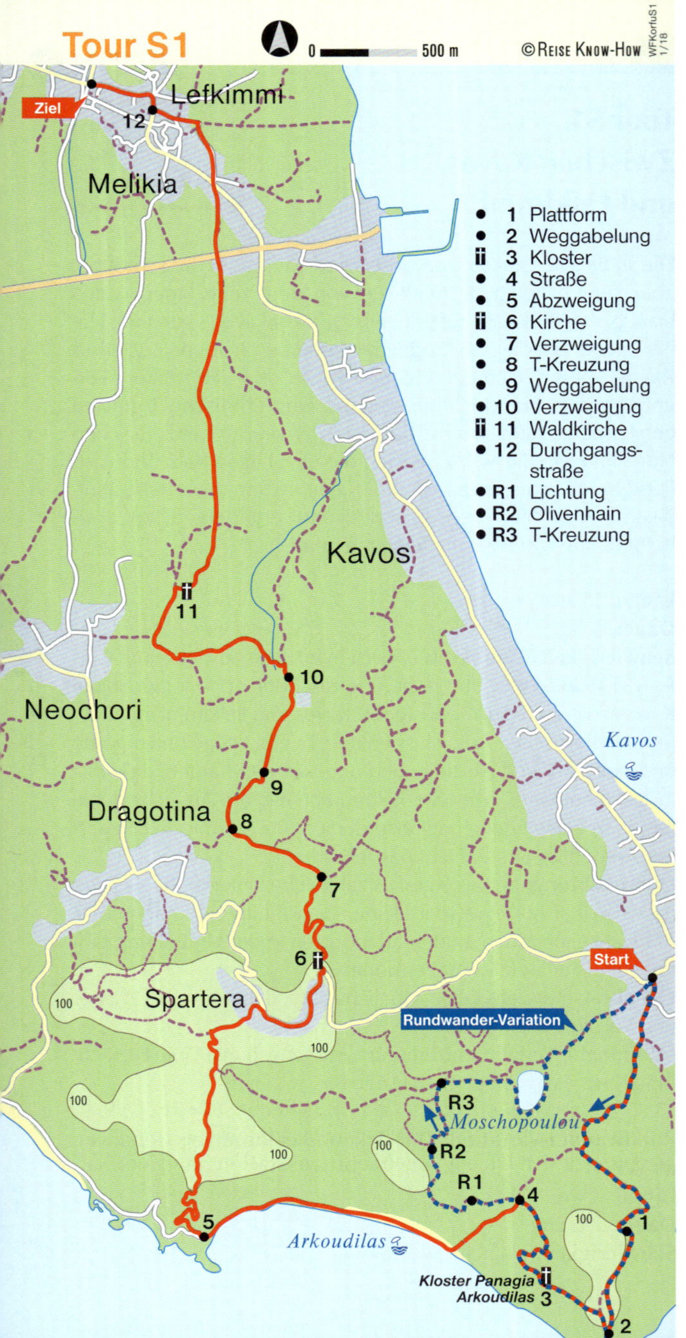

Tour S1
0
500 m
© Reise Know-How
WFKorfuS1 1/18
Lefkimmi
Ziel
Melikia
1 Plattform
2 Weggabelung
3 Kloster
4 Straße
5 Abzweigung
6 Kirche
7 Verzweigung
8 T-Kreuzung
9 Weggabelung
10 Verzweigung
11 Waldkirche
12 Durchgangsstraße
R1 Lichtung
R2 Olivenhain
R3 T-Kreuzung
Kavos
Neochori
Kavos
Dragotina
Start
Spartera
Rundwander-Variation
Moschopoulou
Arkoudilas
Kloster Panagia Arkoudilas

Kurzwander-Variation: Von Kavos nach Spartera (bis WP 6)
Länge: 8,5 km
Dauer: 3 Std.
Schwierigkeit: mittelschwer mit zwei anstrengenden Steigungen

Wegbeschreibung

Wer im Zentrum von Kavos ankommt, mag kaum glauben, dass das Hinterland mit dem Namen Akoudilas uns zu einer herrlichen Wanderung durch eine zauberhafte Landschaft einlädt. Um zum **Ausgangspunkt** der Tour und der Rundwander-Variation zu gelangen, durchqueren wir den Ort Kavos bis zum südlichen **Ortsausgang,** wo sich die Straße gabelt. Hier folgen wir dem Straßenverlauf durch eine Linkskurve und 100 Meter weiter gehen wir geradeaus in einen kleineren Fahrweg. Das Kloster, das unsere erste Station sein wird, ist hier schon mit einem handgemalten Wegweiser ausgeschildert. Wir wandern entlang von Gärten, Bauernhöfen und Weideflächen, der Weg führt zunächst leicht, später stärker bergan. Wir ignorieren Abzweigungen und bleiben immer auf dem Hauptweg.

Nach einem Kilometer gehen wir an der Kreuzung dem Schild entsprechend links in Richtung Kloster und je höher wir kommen, desto unkultivierter scheint die Landschaft, bis sie in eine für Korfu typische Mischung aus niedrigen Büschen, Kermeseichen und Zypressen übergeht. Dazwischen finden wir immer wieder große, imposante Olivenbäume, die mit ihren knorrigen, verdrehten Stämmen interessante Fotomotive abgeben. Wir orientieren uns immer an den gelben Wegmarkierungen an Bäumen und Zäunen und folgen den wenigen Beschilderungen zum Kloster. An einer **Plattform (1)** mit einer Wetterstation, die wir etwa 15 Minuten später erreichen, halten wir uns rechts um die Ecke.

400 Meter weiter folgen wir nicht den Wegweisern zum Kloster, sondern gehen links in einen Waldweg. Nach weiteren 200 Metern verlassen wir diesen an einer **Gabelung (2)** nach links, um am Ende eines kurzen Pfades einen Betonbau zu erreichen, der hier, ziemlich versteckt, mitten im Wald steht.

Es handelt sich um eine **Beobachtungsstation** der deutschen Besatzer im Zweiten Weltkrieg. Wenn man ein kleines Stück hinter den Bau tritt, erkennt man, warum die Besatzer diesen Standort gewählt haben: Die Aussicht von dieser Position, dem abso-

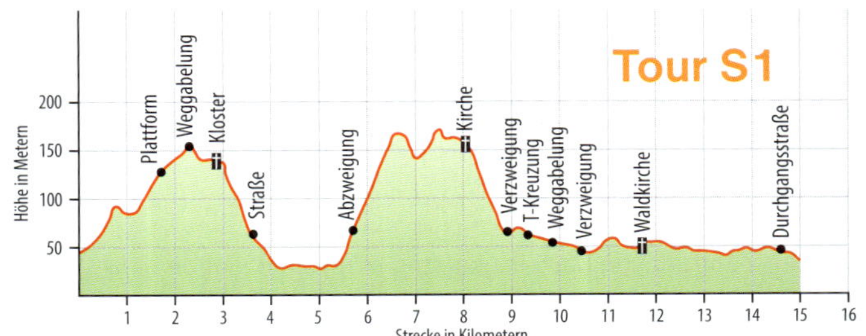

lut südlichsten Punkt Korfus ist unvergleichlich, doch Vorsicht: die Kante ist ungesichert und wer nicht schwindelfrei ist, sollte sich nicht sehr nah an die Kante wagen!

Nach diesem kurzen Abstecher folgen wir dem Weg hinter der **Gabelung (2)** geradeaus abwärts in den Wald und erreichen nach 100 Metern eine T-Kreuzung. Hier gehen wir links in einen Sandweg – bald haben wir erneut eine wunderbare Aussicht auf die Südküste, doch auch hier ist Vorsicht geboten. Kurz danach erreichen wir die **Ruinen des Klosters (3).**

Oberhalb des Klosters Panagia Arkoudilas hat man noch einmal eine atemberaubende Sicht auf die schroffen Steilküsten des

Kloster Panagia Arkoudilas

Von dem im Jahr 1700 errichteten Kloster Panagia Arkoudilas stehen heute nur noch einzelne Teile. Gut zu erkennen sind noch der Glockenturm und das imposante Eingangstor. Im Klosterhof ist eine Steintreppe noch gut erhalten und hinter dem Ausgang eine schöne Bogenbrücke. In die Klostermauer war eine Art Befestigungsturm integriert, dessen Reste oberhalb der Klosterruine zu sehen sind. Die ganze Anlage ist in bedauernswertem Zustand und man fragt sich, warum sich niemand um seine Erhaltung und Restaurierung kümmert. Wahrscheinlich liegt es – wie so oft – an ungeklärten Eigentumsverhältnissen: Ursprünglich gehörte das Kloster Arkoudilas sowie das gesamte gleichnamige Waldgelände der venezianischen Adelsfamilie Quartano. Seitdem wurden die Ländereien unter den zahlreichen Erben verteilt, bis sich heute eine unüberschaubare besitzrechtliche Situation eingestellt hat.

Kaps und den gesamten südlichen Zipfel der Insel. Von hier führt uns jetzt ein Pfad, der als Sackgasse ausgeschildert ist, in ca. 20 Minuten abwärts durch den Wald. Je weiter wir hinabsteigen, desto unwegsamer und zugewachsener ist dieser Weg – teilweise muss man umgestürzte Baumstämme unter- oder überqueren – bis wir an der tiefsten Stelle einen meist trockenen Bach überqueren, hinter dem wir die Böschung steil heraufklettern und bald darauf eine **Straße (4)** erreichen.

Für Wanderer der Rundwander-Variation beginnt hier der Rückweg: Wer einen Badestopp einlegen möchte, geht – wie in der Streckenwanderung – den Betonweg nach links zum Arkoudilas-Strand und anschließend zurück zur **Straße (4).** Hier zweigen wir nun nach links in einen Erdweg ab, der zunächst durch eine Wiese, später durch ein urwüchsiges Waldgelände und schließlich durch verwilderte Olivenhaine führt. An einer **Lichtung (R1),** die wir nach ca. 300 Metern erreichen, halten wir uns links. Der Weg wird jetzt breiter und offener und führt in mehreren Kurven abwärts.

Etwa 600 Meter weiter sind wir in einem ziemlich dichten **Olivenhain (R2),** wo wir uns leicht rechts halten. Unterhalb können wir den weiterführenden Pfad schon erkennen, auf dem wir anschließend weiter abwärts wandern. Der Pfad wird stetig breiter und nach 400 Metern gelangen wir an eine **T-Kreuzung (R3),** an der wir nach rechts gehen. Nach einigen Minuten stoßen wir an eine Gabelung und wählen den rechten, aufwärts führenden Weg. Kurze Zeit später erreichen wir einen kleinen künstlichen See, der **Moschopoulou** genannt wird. Jetzt folgen wir dem Weg, entlang des Sees nach rechts und umrunden diesen. Anschließend gehen wir an der T-Kreuzung rechts und erreichen nach weniger als einem Kilometer unseren Ausgangspunkt.

Wer weiter nach Lefkimmi wandert, geht nun den Betonweg nach links bis zum langen weißen Sandstrand Paralia Arkoudilas und läuft nach rechts bis zu seinem anderen Ende. Hier werden immer mal wieder Karettschildkröten gesichtet, die zur Eiablage an den abgeschiedenen Strand kommen. Daher bitte vorsichtig und ohne Stöcke gehen.

Karettschildkröte (Caretta caretta)

Die Unechte Karettschildkröte (Caretta caretta) gehört nach europäischem Recht zu den besonders schützenswerten Tierarten. Neben ihrer wichtigsten Brutstätte im Mittelmeer, an der Südküste von Zakynthos, gehört auch Südkorfu mittlerweile wieder zu den bevorzugten Ablageplätzen. In den warmen Sommernächten kommen die riesigen Schildkrötenweibchen hier an Land. Die bis zu 140 Kilogramm schweren Reptilien wuchten ihre schwerfälligen Körper einige Meter den Strand hinauf, graben ca. 50 Zentimeter tiefe Löcher, in die sie um die 100 Eier legen und wieder zugraben. Dann kehren sie ins Meer zurück und überlassen die Gelege ihrem Schicksal. Die Brut ist empfindlich und braucht Licht, Wärme und Sauerstoff. Wird der Sand zu sehr verdichtet, ist es für die Jungtiere unmöglich, den Weg ins Freie zu bewältigen. Deshalb errichten Umweltschützer an den betreffenden Stellen Holzgestelle, um die Nester zu sichern.

Diejenigen Schildkrötenbabys, die sich nach dem Schlüpfen durch den Sand gebuddelt haben, müssen auf schnellstem Weg ins Meer. Doch die Babys leben gefährlich: Von 1000 geschlüpften Schildkröten erreichen höchstens zwei das Erwachsenenalter. Das Überleben der Caretta caretta hängt von vielen Faktoren ab. Sie ist genetisch so programmiert, dass sie ihre Eier auf jeden Fall am Strand ihrer Geburt legt. Daher ist es wichtig, diesen Ort zu schützen. Mit ein bisschen Glück und durch geeignete Schutzmaßnahmen könnten die Meeresriesen demnach auch auf Korfu wieder richtig heimisch werden.

046wko fo © Georgia K

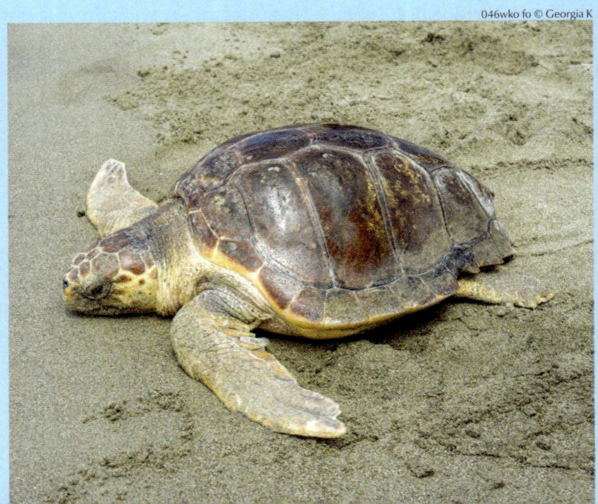

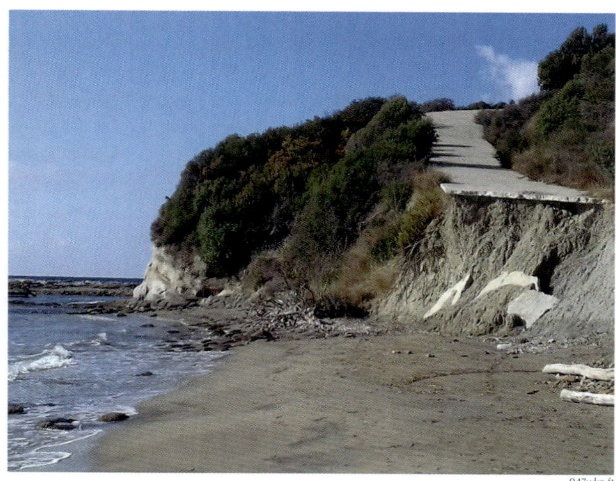

047wko ft

Am rechten Ende dieses 1,5 Kilometer langen, weitestgehend unberührten Strandes sehen wir eine abgebrochene Straße, auf die wir über die steil abfallende Kante der Küste gelangen müssen (ein paar Einbuchtungen dienen als Trittstufen, aber bei Nässe ist hier besondere Vorsicht geboten!). Wir folgen anschließend der Straße 100 Meter bis zu einem nach rechts **abzweigenden Weg (5),** in Serpentinen führt uns dieser durch die zerklüfteten Felsen, mit den typischen mediterranen Wegesrandgewächsen dazwischen, aufwärts. Schatten gibt es in dieser offenen Landschaft nur wenig, dafür ist die Aussicht auf die südliche Küstenlinie und die gegenüberliegende Insel Paxos atemberaubend.

Nach etwa einem Kilometer kommen wir zur vorläufig höchsten Stelle und anschließend geht es inseleinwärts bergab – immer mal wieder begegnen wir hier den gelben CT-Markierungen. Wir ignorieren alle Abzweigungen und bleiben auf dem kurvigen Schotterweg, der nach etwa einem halben Kilometer wieder leicht ansteigt. 200 Meter weiter gehen wir an einer T-Kreuzung rechts und kommen nach wenigen Minuten oberhalb

Um auf die Straße zu gelangen, müssen wir ein bisschen klettern

des Dorfes Spartera aus. Wir folgen dem Weg geradeaus. Ein gelbes Zeichen an einer Zypresse bestätigt uns, dass wir richtig sind – und plötzlich haben wir einen fantastischen Panoramablick über den Hafen von Lefkimmi bis ans griechische Festland.

Das Dörfchen **Spartera** wurde in der zweiten Hälfte des 15. Jahrhunderts gegründet, jedoch fiel es weniger als 100 Jahre später bereits dem gefürchteten Piraten Hayerdin Barbarossa zum Opfer. Es wurde wieder aufgebaut und ist heute ein abgeschiedenes und noch sehr traditionelles Bauerndorf.

Wir gehen abwärts über die Betonstraße, folgen dann der Asphaltstraße nach rechts und etwas später, entsprechend dem Zeichen am Strommast, wiederum rechts. Die Straße führt jetzt sacht bergauf ins eigentliche Dorf. Nach knapp einem halben Kilometer passieren wir die Bushaltestelle, etwas weiter, an einer Weggabelung wenden wir uns nach links und gelangen auf einem Sträßchen zur **Dorfkirche Agia Marina (6),** an der wir rechts vorbeigehen. An einem verfallenen Gehöft neben der Kirche befindet sich eine blasse CT-Markierung, die uns nach links in einen steil bergab führenden Betonweg weist. Der Weg ist zunächst breit, nach etwa 400 Metern wird er schmaler und unbefestigt und führt jetzt in einen Wald aus hohen, mit Efeu berankten, wilden Oliven.

Wir kommen an eine **Verzweigung (7),** an der Wegmarkierungen fehlen, und wandern links auf einem gut ausgebauten Schotterweg weiter. Nach einigen Minuten treffen wir auf eine **T-Kreuzung (8),** an der wir entsprechend der CT-Markierung an

048wko ft

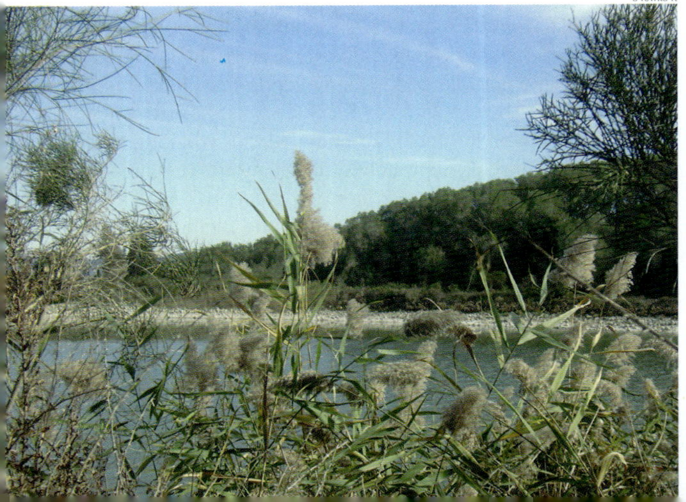

einer Zypresse rechts gehen. 150 Meter weiter folgen wir der Rechtskurve und etwas später überqueren wir eine Brücke. 50 Meter hinter dieser **gabelt sich der Weg erneut (9).** Hier wählen wir den geradeaus führenden Weg, der in einen Wiesenpfad übergeht. Wir wandern weiter durch das dschungelartige Grün, passieren ein einzelnes kleines Haus und knapp 100 Meter danach biegen wir an einer **Verzweigung (10)** links ab. Jetzt wandern wir 100 Meter auf dem gut ausgebauten Wirtschaftsweg, jedoch zweigen wir an der ersten Möglichkeit links in den Wald hinein ab. 50 Meter weiter passieren wir eine Brücke und bald steigt der Weg an und führt uns zwischen Olivenhainen sanft aufwärts.

600 Meter weiter gehen wir an einer T-Kreuzung rechts abwärts, bis wir nach 100 Metern eine weitere Kreuzung erreichen. Auch hier gehen wir entsprechend der Pfeile nach rechts und wenige Meter dahinter wieder rechts in einen abzweigenden Waldweg. In etwa 5 Minuten erreichen wir eine neu gebaute **Waldkirche (11),** vor der wir rechts in einen parallel zur Kirchenauffahrt verlaufenden Schotterweg abbiegen. Etwa 100 Meter weiter zweigen wir links auf einen breiten Weg ab. Diesem folgen wir jetzt geradeaus, bis wir an einen Zaun stoßen, der das Gelände der geplanten, aber noch nicht in Betrieb genommenen, neuen Mülldeponie absichern soll. Hier gehen wir links.

Auf dem breiten, gut ausgebauten Weg wandern wir 1,5 Kilometer immer geradeaus – der Weg zieht sich, aber irgendwann hören wir die Hauptverkehrsstraße, die zum Hafen von Lefkimmi führt. Bald darauf erreichen und überqueren wir sie. Direkt dahinter setzen wir unsere Wanderung in den Ort Lefkimmi fort: Geradeaus wandern wir entlang einiger landwirtschaftlich genutzter Grundstücke, bis wir nach etwa 400 Metern die nächste quer verlaufende Straße erreichen. Gegenüber gehen wir geradeaus in eine schmale Straße, die nach knapp einem halben Kilometer an einen Schotterweg trifft. Wir gehen links und kommen bald zur asphaltierten Dorfstraße, der wir geradeaus folgen. Schließlich treffen wir auf die **Durchgangsstraße (12),** deren Verlauf uns bis zum **Etappenziel, der Brücke,** die im Zentrum von Lefkimmi den Fluss überquert, bringt.

Ein kleiner künstlicher See wurde hier zur Wasserversorgung angelegt

Tour S2 Kurzer Rundweg von Lefkimmi zum Kloster Tis Kyras

5,5 km
2 Std.
einfach

Lefkimmi wird mal als „Großes Dorf“, mal als zweite Stadt Korfus bezeichnet und tatsächlich hat der Ort einen stark urbanen Charakter, ist aber gleichzeitig noch eng mit den Sitten und Bräuchen der Vergangenheit verbunden geblieben. Das ursprüngliche Fischerdorf ist auch heute noch kein touristisches Zentrum – lediglich entlang des „Potami“, des kanalisierten Flusses, auf dem die bunten Fischerboote schöne Fotomotive darstellen, befindet sich eine Ausgehmeile. Der zwei Kilometer lange Kanal wird von einer malerischen, restaurierten Brücke überspannt und mündet bei Bouka ins Meer. Nördlich davon ragt eine flache Halbinsel ins Meer, die bereits im 15. Jahrhundert und bis Ende der 1980er Jahre zur Salzgewinnung genutzt worden ist. Die Becken und die Lagerhäuser der ehemals bedeutenden „Alykes“ (Salinen) sind heute zum Teil noch erhalten und wurden restauriert. Das Gebiet wurde wegen seiner hohen ökologischen Bedeutung, insbesondere für die Vogelwelt, in das Europäische Naturschutzprojekt Natura 2000 aufgenommen.

Länge: 5,5 km
Dauer: 2 Std.
Schwierigkeit: einfach. Ein kurzer und schöner Rundweg, der uns am Fluss von Lefkimmi entlang und durch alte hohe Olivenhaine bis zu einem Kloster mit einer außergewöhnlichen Geschichte führt.
Übernachtung: Lefkimmi selbst hat eine sehr kleine Auswahl an Übernachtungsmöglichkeiten, an den Strandorten in der Umgebung gibt es zahlreiche Hotels und Pensionen.
Einkehr: am Ausgangs- bzw. Endpunkt zahlreiche Möglichkeiten
Öffentliche Verkehrsmittel: Linie B10 Richtung Kavos, Ausstieg in Lefkimmi an der Brücke

Ein hohler Olivenbaum mit Geschichte

Wegbeschreibung

Wir starten an der **Brücke,** die im Zentrum von Lefkimmi den Fluss überquert und gehen von dort auf der linken Seite des Flusses entlang in Richtung Meer. Nach 1,4 Kilometern erreichen wir die **Anlegestelle der Fischerboote (1).** Hier zweigt nach links ein gerader Weg ab, der sehr bald in einen alten Olivenhain führt. Wir ignorieren alle Abzweigungen, nach 800 Metern wird das Gelände offener und schließlich führt der Weg uns an den Anfang einer Wohnsiedlung. Hier zweigen wir bereits nach 100 Metern **nach rechts in eine Seitenstraße ab (2).** Wir folgen dem Verlauf dieser Straße durch das Wohngebiet bis zu einer **Verzweigung (3).** Hier biegen wir wieder rechts ab und folgen

049wko ft

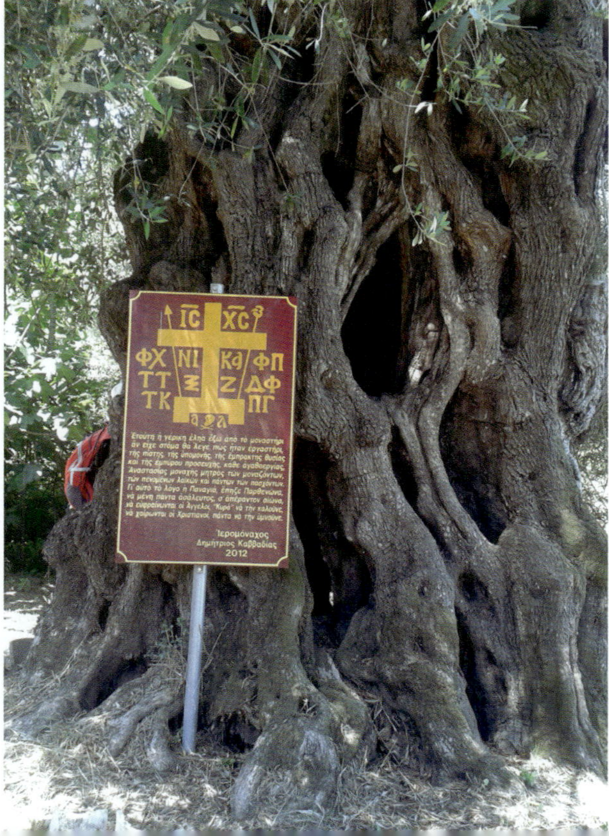

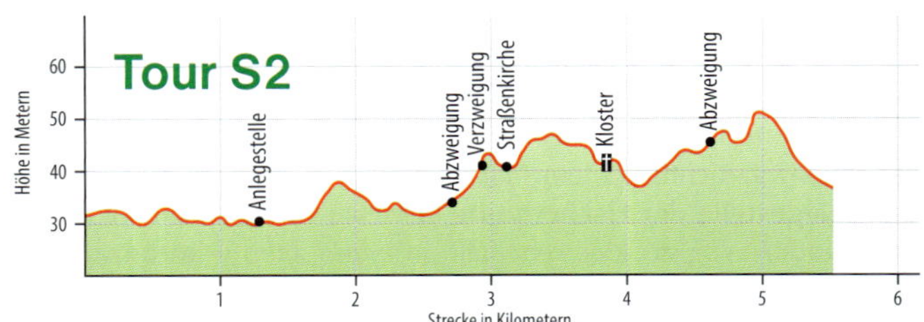

der Straße dann, bis sie an einer T-Kreuzung endet. Wir überqueren die dahinter verlaufende Fahrstraße, hier steht eine kleine **Straßenkirche (4),** neben der die griechische Flagge weht.

Wir gehen 10 Meter nach rechts, um dann nach links in einen anfangs noch asphaltierten Weg einzubiegen. Bald lassen wir das Wohngebiet hinter uns, doch kurze Zeit später treffen wir wieder an eine Asphaltstraße. Wieder gehen wir nur ein kurzes Stück nach rechts, denn hier ist nach links schon das **Kloster (5)** ausgeschildert, das wir in wenigen Minuten erreichen.

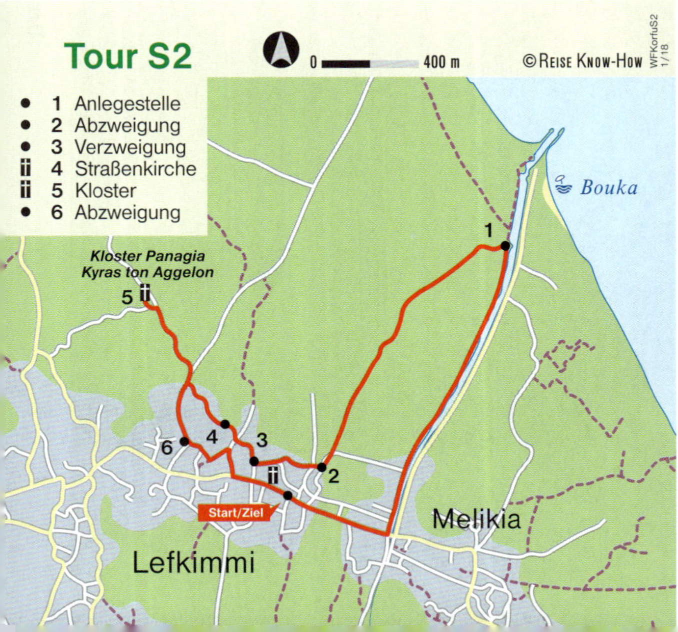

Tour S2
0 400 m
©Reise Know-How
WFKorfuS2 1/18
1 Anlegestelle
2 Abzweigung
3 Verzweigung
4 Straßenkirche
5 Kloster
6 Abzweigung
Kloster Panagia Kyras ton Aggelon
Bouka
Start/Ziel
Melikia
Lefkimmi

Kloster Panagia Kyras ton Aggelon

Der Ursprung des Klosters Panagia Kyras ton Aggelon liegt viele Jahrhunderte zurück. Es heißt, dass ein Vater an dieser Stelle zu Ehren der Muttergottes eine Kirche errichten ließ, weil seine Söhne eine scheinbar aussichtslose Seenot überlebt hatten. Im 17. Jahrhundert existierte hier eine kleine autonome Gemeinschaft von etwa 50 Mönchen. 100 Jahre später, als Südkorfu von einer Pest-Epidemie befallen war, wurde das Kloster im Zuge der von den englischen Besatzern angeordneten Hygiene-Maßnahmen niedergebrannt. Die ursprüngliche Kirche blieb jedoch erhalten, bis zum Jahr 1933 war sie jedoch verlassen.

In dieser Zeit begann die damals noch minderjährige Anastasia Vlachou, als sie an der Ruine vorbeiging, eine Stimme zu hören, die ihr befahl, das Kloster wieder aufzubauen. Sie folgte dem Ruf und in jahrelanger harter Arbeit errichtete sie ein neues Kloster. Während der Bauarbeiten wohnte sie einem ausgehöhlten Olivenbaum, später zog sie in eine winzige Zelle und lebte in spartanischer Bescheidenheit, wie es heißt, ohne sich jemals satt gegessen zu haben.

Im Kloster kann man neben der Kirche die Wohnanlage besuchen, mit Fotos und den wenigen persönlichen Gegenständen der Äbtissin (die als Kopfkissen einen flachen Stein benutze) sowie den Olivenbaum, den sie während der Bauphase bewohnte.

050wko ft

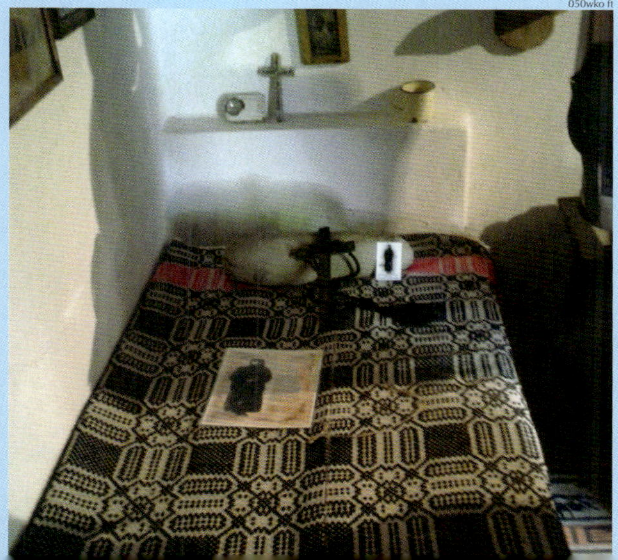

Wir gehen vom Kloster auf dem Weg, den wir gekommen sind, zur Straßenkreuzung zurück. Hier gehen wir ca. 200 Meter rechts über die Straße bis zu einer **Abzweigung (6),** wo wir in eine schmale Seitenstraße nach links einbiegen. 100 Meter weiter stoßen wir an eine T-Kreuzung, an der wir der Betonstraße nach links folgen. An der nächsten T-Kreuzung kurz darauf gehen wir rechts, und 50 Meter weiter wieder links. Nun sind wir bereits auf der Hauptstraße von Lefkimmi, auf der wir an den alten Häusern und kleinen Geschäften auf eine Kirche zugehen. Wir gehen rechts an ihr vorbei und erreichen bald unseren Ausgangspunkt.

Hier wird noch auf traditionelle Art gefischt

051wko ft

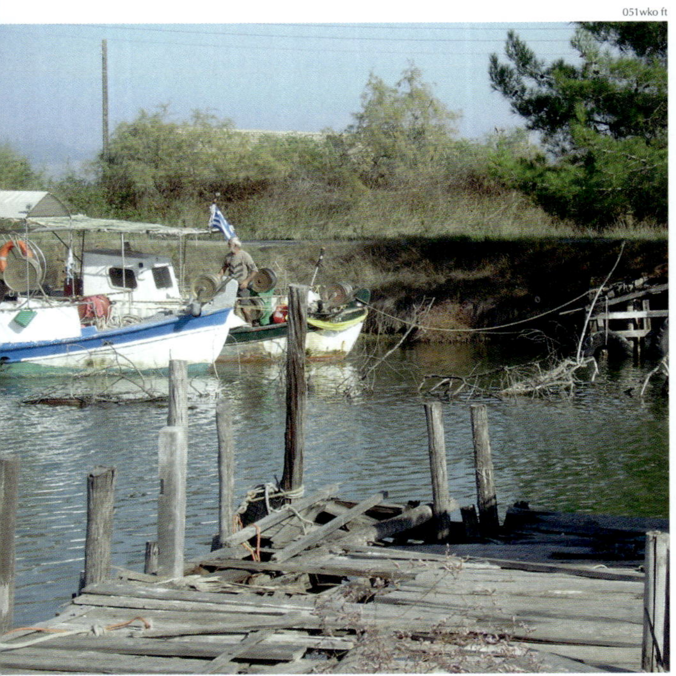

Tour S3 Malerische Dörfer zwischen Marathias und Messonghi

15 km
4½ Std.
mittelschwer

Die Ruinen und die kleine Kirche Panagia Lambovitissas sind die einzigen Überbleibsel des ursprünglichen Dorfes **Marathias,** das in der Vergangenheit schwere Schicksalsschläge zu tragen hatte: Einerseits wurde es, wie alle Dörfer Südkorfus, zum leichten Ziel von Piraten, die die Dorfbewohner töteten oder versklavten. Andererseits war dieser Ort Anfang des 19. Jahrhunderts besonders stark von einer Pestepidemie betroffen und es wurde angeordnet, das gesamte Dorf zu verbrennen. Die neue Siedlung wurde unterhalb der Überreste gegründet und später ins Nachbardorf Argyrades eingemeindet.

Länge: 15 km
Dauer: 4½ Std.
Schwierigkeit/Charakter: mittelschwer. Eine lange entspannte Wanderung, überwiegend über breite, gut begehbare Wanderwege. Es gibt eine längere Steigung vor Hlomos, sonst ist die Tour wenig anstrengend und kann zu einer schönen Tagestour ausgedehnt werden. Wir passieren zwei der schönsten traditionellen Dörfer Südkorfus, in denen Möglichkeiten zur Pause und Einkehr besteht.
Übernachtung: Agios Georgios und Argyrades
Einkehr: in Argyrades, in Hlomos und Hlomatiana und am Etappenziel
Öffentliche Verkehrsmittel: zum Ausgangspunkt Linie B1 Richtung Kavos, Ausstieg in Marathias, vom Etappenziel Linie B7

Rundwander-Variation: Marathias – Argyrades – Marathias (Rückweg ab WP 8)
Länge: 8,5 km
Dauer: 2½ Std.
Schwierigkeit: einfach

Kurzwander-Variation: Argyrades – Hlomos (WP 8 bis WP 14)
Länge: 4 km
Dauer: 1½ Std.
Schwierigkeit: mittelschwer

Wegbeschreibung

Start der Wanderung ist an der Hauptstraße Korfu – Lefkimmi an der **Bushaltestelle von Marathias.** 20 Meter daneben (in Richtung Korfu) zweigen wir auf einen Betonweg nach rechts aufwärts ab. Die Kirche und die Ruinen des alten Dorfs Marathias sind hier schon ausgeschildert und wir erreichen sie nach wenigen Minuten Aufstieg.

Hinter der Kirche setzen wir unseren Weg fort, der sich jetzt mal ab- und mal aufwärts zwischen alten und neuen Olivenanpflanzungen vorbeischlängelt, bis er ganz plötzlich zu Ende ist. Hier biegen wir im rechten Winkel nach rechts in einen schwach

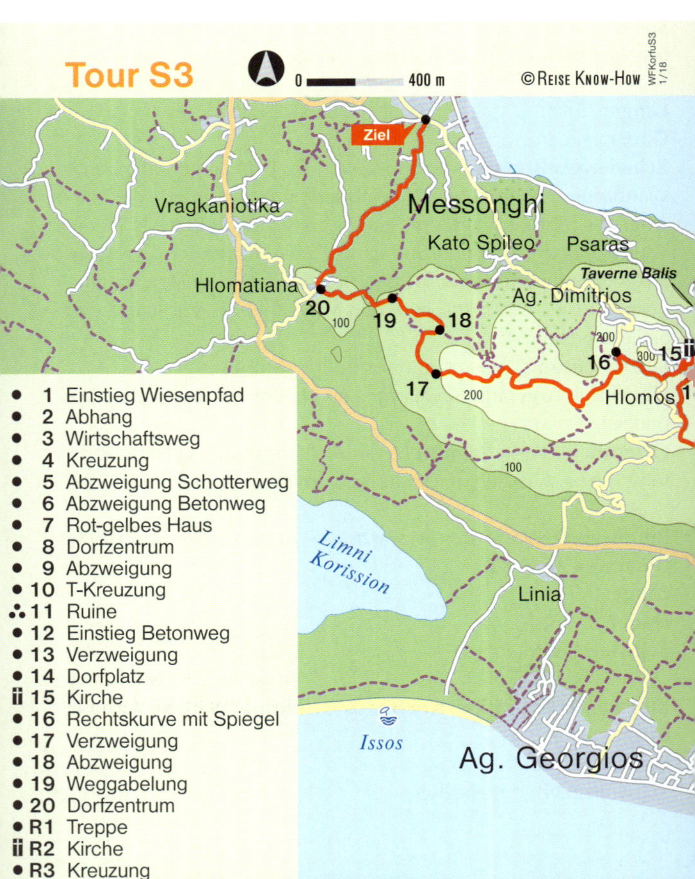

zu erkennenden **Wiesenpfad (1)** ein, der nach knapp 100 Metern vor einem **Abhang (2)** endet. Am Fuß des Hangs erkennen wir einen Pfad und so steigen wir durch den Hain abwärts, um diesen zu erreichen. Wir folgen dem Pfad dann nach rechts und sehr bald stoßen wir auf einen breiten **Wirtschaftsweg (3).** Hier gehen wir 200 Meter nach links und gelangen an eine Fahrstraße, auf der wir nun rechts weiter gehen. Etwa einen Kilometer weiter kommen wir zu einer **Kreuzung (4),** an der wir nicht dem niedlichen Schild nach Roumanades folgen, sondern links in einen Schotterweg abzweigen. Vor uns sehen wir jetzt bereits das Dorf Argyrades, das unsere nächste Station sein wird.

150 Meter weiter biegen wir nach links auf einen schönen breiten **Schotterweg (5)** ab. Ab jetzt ignorieren wir die rechts und links abzweigenden Stichwege zu den verschiedenen Anpflanzungen und folgen diesem schönen breiten Wanderweg ca. einen Kilometer, bis er in einen Betonweg übergeht, der uns steil aufwärts ins Dorf Argyrades und weiter zur Hauptstraße führt. Wir gehen etwa 50 Meter nach rechts und biegen dann links in einen aufwärts führenden **Betonweg ab (6).** Jetzt geht es steil bergauf, unser Pfad geht in eine Betontreppe über, an deren Ende wir rechts in eine schmale Dorfstraße wandern. Entlang der alten, teils verlassenen Häuser gehen wir ca. 400 Meter bis zu **WP 7,** wo wir schräg gegenüber einem **rot-gelb gestrichenen Haus** in eine Gasse nach rechts abzweigen. Nach 50 Metern gehen wir an einer T-Kreuzung einige Schritte nach links, wo neben einer Kirche das kleine ursprüngliche **Dorfzentrum (8)** mit nur zwei unscheinbaren Läden ist.

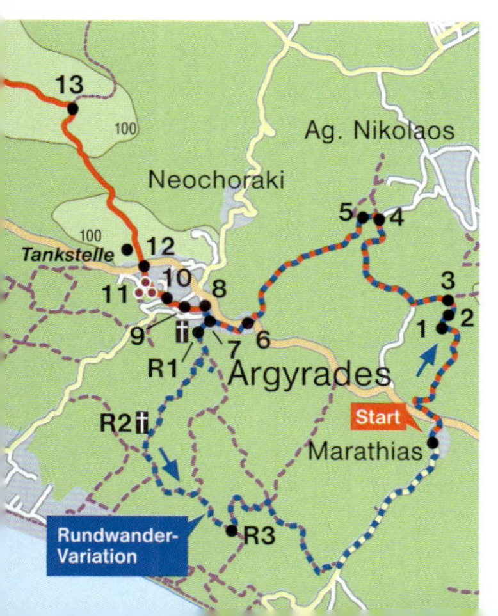

Das Dorf **Argyrades** ist ein besonders anschauliches Beispiel für die traditionelle venezianische Bauweise auf Korfu und verdient aus architektonischer Sicht besondere Beachtung: Zwischen drei Hügeln erbaut, weist es alle Merkmale der damaligen Verteidigungsstrategie auf. Die Häuser links und rechts der schmalen Gassen

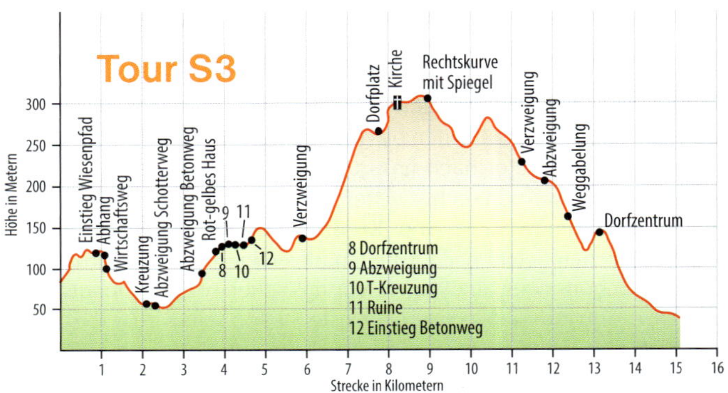

sind eng aneinander gebaut, ihre Eingänge oft untereinander verbunden. Die unteren Etagen hatten meist nur kleine Fenster zur dem Meer abgewandten Seite und einzelne Häusergruppen waren zudem durch eine gemeinsame Überdachung noch besser geschützt.

Hier beginnt der **Rückweg für diejenigen, die die Rundwander-Variation nach Marathias zurücklaufen möchten:** Links von uns erblicken wir ein blaues Schild „to the beach". Wir folgen ihm nicht, sondern zweigen vorher nach links ab, dem Schild zur Kirche Agios Ioannis folgend. Durch die urigen Dorfgassen mit ihren eng beieinander stehenden alten Häuschen gelangen wir auf einen bergauf führenden Betonweg, welcher am Fuß einer langen **Treppe (R1)** endet. Diese führt über 70 Stufen zur Kirche Agios Ioannis hinauf, von der wir zu beiden Seiten eine herrliche Aussicht sowohl auf das offene Meer nach Westen als auch auf das epirotische Festland im Osten genießen.

Unterhalb der Treppe folgen wir dem Betonweg nach links abwärts. Kurz darauf stoßen wir an eine T-Kreuzung und gehen links. Wir folgen dem Wegverlauf durch eine Rechtskurve, und obwohl unser Ziel Marathias ist, folgen wir hier zunächst dem Wanderschild nach St. George. Auf diesem breiten Wirtschaftsweg setzen wir unseren Weg fort, wobei wir Abzweigungen ignorieren. Ein Wanderschild weist in Richtung der Kirche St. Nikolaos. Und nach einigen Minuten erreichen wir diese kleine **Kirche (R2)** mitten im Olivenhain.

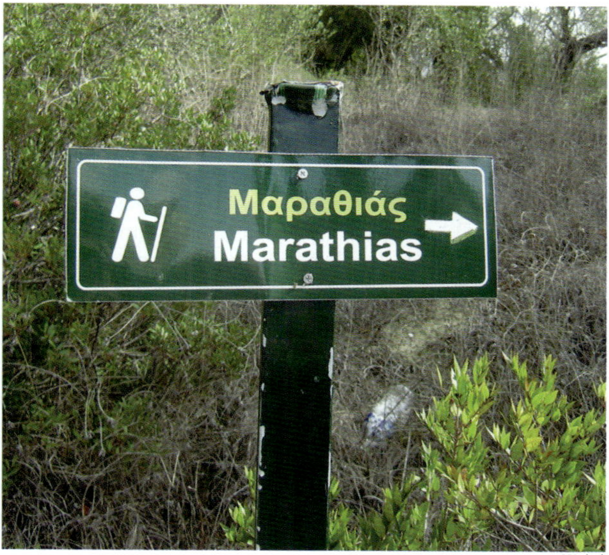

052wko ft

Es geht auf dem Weg weiter, immer noch beachten wir Abzweigungen nicht. Wir gelangen an eine T-Kreuzung, wo wir links gehen und nach einem halben Kilometer folgen wir an einer Gabelung dem Wanderschild nach Marathias nach rechts. An der nächsten **Kreuzung (R3)** wenden wir uns nach links und 500 Meter dahinter weist uns ein Schild darauf hin, dass unser Ziel nur noch einen Kilometer entfernt ist. Hier gehen wir rechts. Nach einigen Minuten erreichen wir die ersten Gärten und Häuser des Dorfes. Der Weg endet an einer T-Kreuzung, hier gehen wir rechts, um uns kurz darauf an der Asphaltstraße nach links zu wenden. Wir bleiben jetzt für ca. einen Kilometer auf dieser Straße, die uns zu unserem **Ausgangspunkt** bringt.

Jetzt ist es nicht mehr weit

Wir gehen an der Kirche vorbei und verlassen nach wenigen Metern den breiten gepflasterten Platz, um 20 Meter weiter in ein sehr schmales, nach links **abzweigendes Betongässchen (9)** abzuzweigen. Zwischen verlassenen Häusern gehen wir bis zu einer Verzweigung, wo wir den rechts aufwärts führenden Zweig wählen. Kurze Zeit später kommen wir an eine **T-Kreuzung (10),** hier gehen wir links nun auf einer Asphaltstraße, die bald in eine breitere Straße einmündet. Deren Verlauf folgen wir ca. 200 Meter, bis wir gegenüber einer **Ruine ohne Dach (11)** nach rechts abbiegen. Auf diesem Betonsträßchen wandern wir einige Minuten, bis es direkt neben dem Verwaltungsgebäude an der Hauptstraße endet. Wir überqueren die Straße und setzen unseren Weg 10 Meter nach links versetzt fort. Ein **Betonweg (12)** führt aufwärts in einen Wald und wir laufen nun auf dem breiten Waldweg gut 1,2 Kilometer bis zu einer **Verzweigung (13),** wo wir links weitergehen.

Bald geht es bergauf und wir können bereits das Dorf Hlomos über uns sehen, das unsere nächste Station sein wird. Alle Abzweigungen ignorierend wandern wir durch die grüne Landschaft moderat bergauf. Nach 500 Metern gehen wir an einer Verzweigung geradeaus – ab hier wird es anstrengender, denn es geht nun steil bergauf. Im oberen Teil ist der Weg betoniert, hier passieren wir eine Köhlerei in einem stillgelegten Steinbruch und kommen kurz danach unterhalb eines alten Fabrikgebäudes zur Fahrstraße, der wir nach rechts folgen. Etwas später erreichen wir eine T-Kreuzung, an der das Dorfzentrum von Hlomos bereits ausgeschildert ist. Wir gehen dem Schild entsprechend nach rechts und kommen auf dem kleinen, mit einem kreisrunden Mosaik belegten **Dorfplatz (14)** an. Hier ist ein Wegweiser zur Taverne Balis, von dem wir uns nun leiten lassen: Durch die schmalen gepflasterten Gassen gelangen wir bis zu dieser Taverne, deren Terrasse mit einer fantastischen Aussicht punktet.

Einkehrtipp: Taverne Balis

Dieser exklusive Platz präsentiert uns bei einem Getränk oder einem Snack ein großartiges Panorama auf das Ionische Meer und die freundliche Atmosphäre lädt zum Verweilen bei einer Tasse Kaffee oder einem kühlen Getränk ein. Für den großen oder kleinen Hunger gibt es typisch korfiotische Speisen und Spezialitäten vom Grill.

Unterhalb der Taverne führt ein mit einem neueren Pflaster belegter Weg steil aufwärts. Er führt uns ins obere Dorf und schon bald begegnen wir den Schildern zur „Church of Archangels", denen wir folgen, bis wir an dieser **Kirche (15),** die den höchsten Punkt des Dorfes darstellt, ankommen. Noch einmal genießen wir die Aussicht über die Dächer von Hlomos auf den südlichen Teil und die Ostküste Korfus.

Hlomos wurde bereits im 13. Jahrhundert erbaut und ist somit eines der ältesten Dörfer Korfus, das aber bis heute sehr gepflegt und im traditionellen Stil erhalten ist. Die um den runden Dorfplatz angeordneten, im venezianischen Stil erbauten Häuschen sind überwiegend in rot-orangenen Tönen gestrichen. Dies und die mit Natursteinplatten gepflasterten engen Gassen machen das Dorf besonders malerisch. Über den Dorfnamen gibt es verschiedene Theorien: Unter anderem wird überliefert, dass das Dorf Hlomos (auf Deutsch „blass") genannt wurde, weil seine Bewohner krank und blass schienen – die Gegend war in der Vergangenheit von Malaria geplagt.

Von der Kirche aus gehen wir zurück, bleiben jedoch auf der oberen, dorfauswärts führenden Betonstraße, wobei wir den Wegweisern in Richtung des Ionios Anemos Workshop folgen, einem kleinen Souvenirshop, in dem es ausschließlich handgefertigte kleine Kunstobjekte zu kaufen gibt. Hinter dem Lädchen setzen wir unseren Weg abwärts fort: Die Straße stößt nach 100 Metern an eine T-Kreuzung und wir halten uns rechts in Richtung Messonghi. Nun gehen wir einen halben Kilometer auf einer wenig befahrenen Asphaltstraße. In einer Rechtskurve haben wir einen wunderbaren Blick auf unser Etappenziel und hier verlassen wir die Straße, indem wir in den nach hinten links abwärtsführenden Betonweg **hinter dem Spiegel einbiegen (16).** Er geht in einen gut ausgebauten breiten Waldweg über, auf dem wir zwischen alten, verwilderten Olivenpflanzungen entspannt abwärts wandern, wobei wir zunächst alle Abzweigungen ignorieren. Nach etwas mehr als einem Kilometer gehen wir an einer Verzweigung links aufwärts. Noch einen Kilometer weiter **verzweigt sich der Weg (17)** und wir halten uns diesmal rechts.

Etwas mehr als einen halben Kilometer danach macht der Weg eine kurze Steigung und etwa 100 Meter weiter, vor einer Lichtung, **zweigt vom Hauptweg ein Weg nach links ab (18),** den wir einschlagen. An der nächsten **Weggabelung (19),** 600 Meter weiter, gehen wir links in einen Waldweg, der uns durch Olivenhaine zu den ersten Häusern des Dorfes **Hlomatiana** führt. Nach knapp einem Kilometer erreichen wir das **Dorfzentrum (20).** Von dort aus folgen wir den Wegweisern zum „Archontiko", lassen die Auffahrt zu diesem Restaurant jedoch rechts liegen und folgen der Straße, die uns steil abwärts aus dem Dorf heraus führt. Durch einige Kurven führt uns diese ruhige Straße in etwas mehr als 1,5 Kilometern bis zur Hauptstraße, nach **Messonghi,** wo unsere Wanderung an einem Brunnen endet.

Im Zentrum von Argyrades

053wko ft

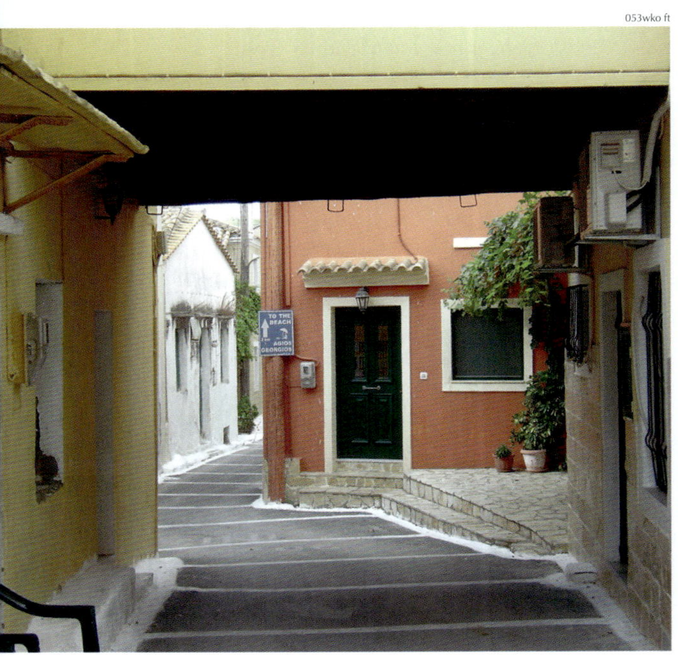

Tour S4
Um die Korission-Lagune

16,5 km
4½ Std.
einfach

Diese Tour bringt eine weniger bekanntere Seite Korfus zum Vorschein: Eine große Dünenlandschaft auf einer Nehrung trennt den **Korission-Binnensee** vom offenem Meer. Hier kommen je nach Jahreszeit Naturliebhaber, vor allem Vogelkundler, auf ihre Kosten, denn das gesamte Gebiet ist Bestandteil des Europäischen Naturschutzprojekts Natura 2000. Außerdem gibt es einen für Korfu einzigartigen Zedernwald und in der Umgebung der Lagune wachsen verschiedene Orchideenarten, unter anderem das seltene Sumpf-Knabenkraut. 123 verschiedene Vogelarten wurden im Bereich der Lagune bereits gezählt, unter anderem Pfeifenten, Möwen, Kormorane, Silberreiher und Eisvögel. Zahlreiche Zugvögel nutzen das Gebiet als Ruheplatz. Regelmäßig kommen auch große Gruppen Flamingos in die Lagune.

Länge: 16,5 km
Dauer: 4½ Std.
Schwierigkeit/Charakter: einfach, Rundweg ohne nennenswerte Höhenunterschiede. Die ersten Kilometer dieser ausgedehnten Rundwanderung verlaufen über hohe Sanddünen. Der Weg ist zum größten Teil schattenlos. Nach stärkeren Regenfällen ist diese Wanderung nicht zu empfehlen, da die Gegend um die Lagune sumpfig ist. Auf der gesamten Strecke gibt es kaum Wegmarkierungen, daher ist die Wegbeschreibung sehr detailliert und man sollte sich daran halten.
Übernachtung: zwischen Issos und Halikounas zahlreiche Möglichkeiten
Einkehr: entlang des Strandes gibt es zahlreiche Einkehrmöglichkeiten (nur in der Hauptsaison), auf der anderen Uferseite: siehe Einkehrtipp
Öffentliche Verkehrsmittel: Linie B6 Richtung Issos

Wegbeschreibung

Wer mit **öffentlichen Verkehrsmitteln** anreist, geht von der Haltestelle in Linia in Richtung des Ferienortes Issos etwa einen Kilometer zum Strand. Kurz vor dem Strand ist ein geräumiger **Parkplatz,** an dem unsere Wanderung beginnt.

Zunächst biegen wir rechts in die **Sanddünen (1)** ab. Es gibt keinen markierten Weg, Fahrspuren helfen uns bei der Orientierung. Schon bald treffen wir auf die ersten Zedern und je weiter wir fortschreiten, umso dichter stehen die einzelnen Bäume zusammen. Wir folgen immer den Reifen- und Fußspuren, daher halten wir nach ca. 300 Metern links auf die hohe Düne zu.

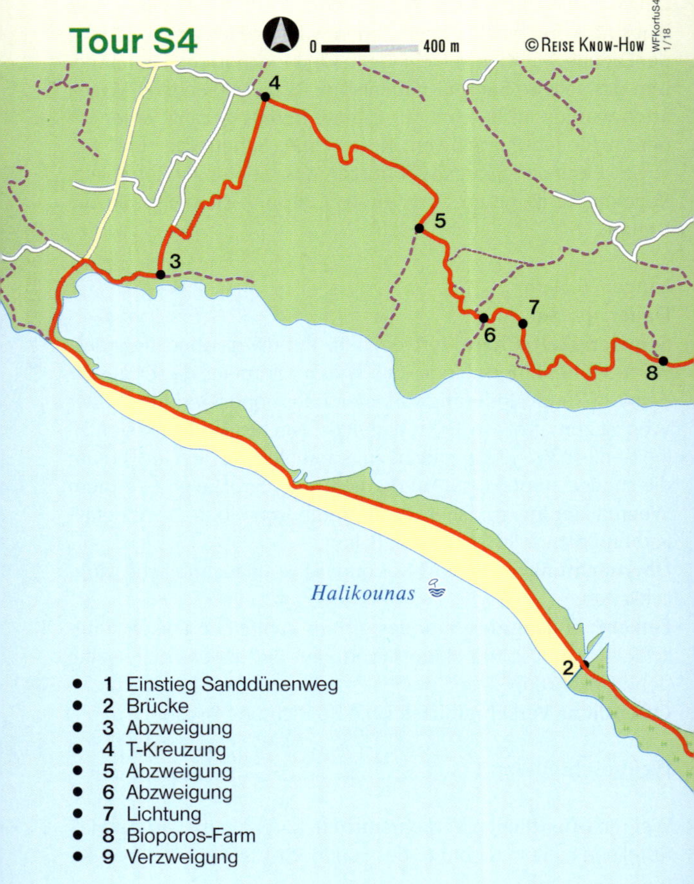

Das Wandern durch den hohen Sand in dieser schattenlosen Landschaft ist zwar anstrengend, doch der Blick von der sandigen Erhebung auf Meer, Lagune und die dahinter liegende Hügelkette entschädigt uns. Wir gehen immer parallel zur Küstenlinie, bis die Spur nach fast 2 Kilometern vom Meer abkehrt. Nach und nach gesellen sich jetzt andere Gehölze zum Wacholder und schließlich kommen wir in einen relativ dichten Niederwald. Kurz dahinter stoßen wir auf einen breiten sandigen Weg, der uns nach rechts in Richtung See bringt. Nach insgesamt 3 Kilometern erreichen wir das Ufer. An der schmalsten Stelle zwischen Meer und See und wandern wir an der Uferlinie entlang, bis diese 350 Meter weiter am Zuflusskanal der Lagune, der Tayo genannt wird, endet.

Um ihn zu überqueren, passieren wir eine abenteuerliche, aus Holzbrettern zusammengezimmerte, aber stabile **Brücke (2).** Nach der Brücke wandern wir auf einem breiten, geraden, lang gezogenen Schotterweg links von der Lagune weiter, Schatten

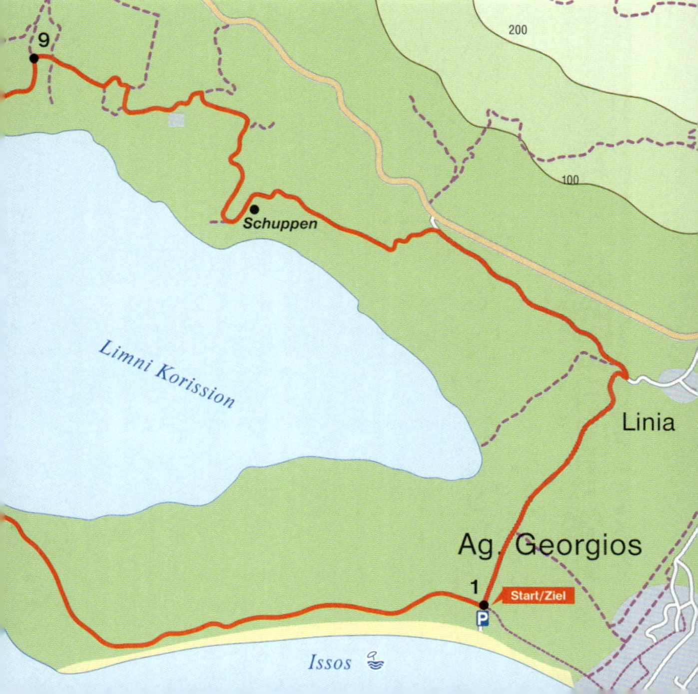

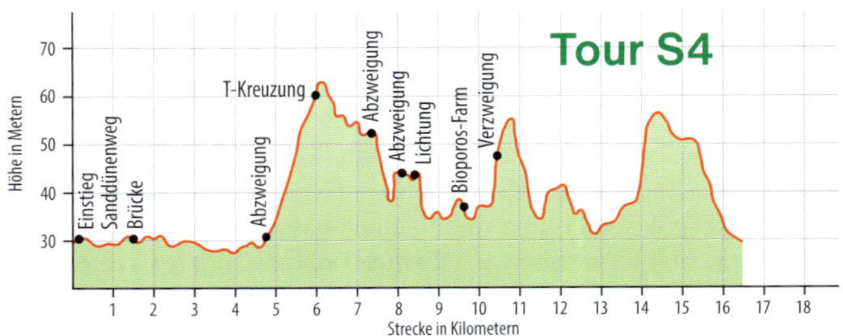

gibt es hier keinen. Am Strand von **Halikounas** bietet sich eine Badepause an und an einigen kleine Strandbars können wir uns erfrischen.

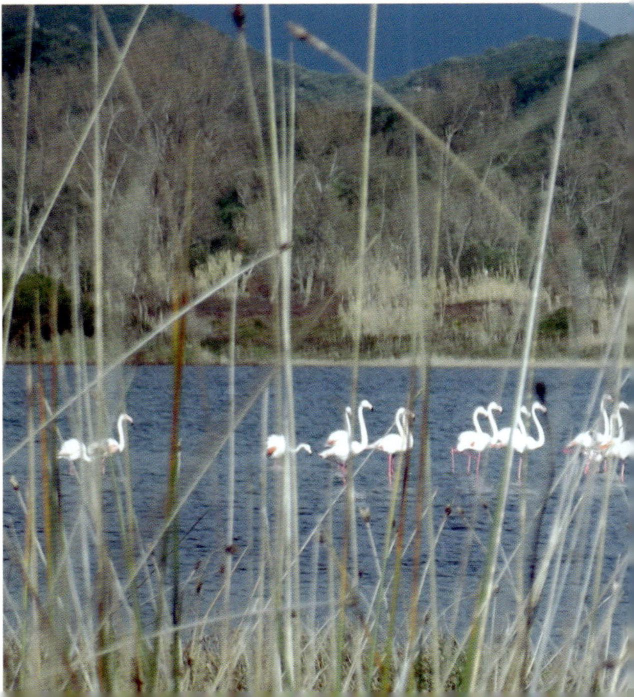

Wir setzten unseren Weg fort, immer so nah wie möglich an der Lagune. Wenn wir Glück haben, können wir Wasservögel beobachten. An der letzten Strandbar geht der Weg in einer Kurve um das Ende des Sees und nach 3 Kilometern erreichen wir die Asphaltstraße nach Halikounas. Diese verlassen wir jedoch sofort wieder, denn wir bleiben noch 300 Meter auf dem sandigen Rundweg, der direkt am Wasser verläuft. Nun **biegen wir nach links in einen breiten Weg (3)** (den zweiten möglichen Stichweg) ab, der von der Lagune weg führt. Wir folgen dem Wegverlauf durch eine 90-Grad-Rechtskurve und nun scheint der Weg geradewegs auf die Einfahrt eines Ferienhauses zuzuführen. Vor diesem biegen wir jedoch rechts in einen Wiesenpfad ab, der entlang der Außenmauer des Grundstücks und später von diesem abkehrend (ein kleines Holzschild weist zu „Kissos“) zwischen Weinfeldern, teils verwilderten Nutzgärten und Ferienhäusern vorbei führt.

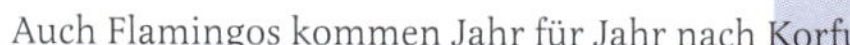

Auch Flamingos kommen Jahr für Jahr nach Korfu

054wko ft

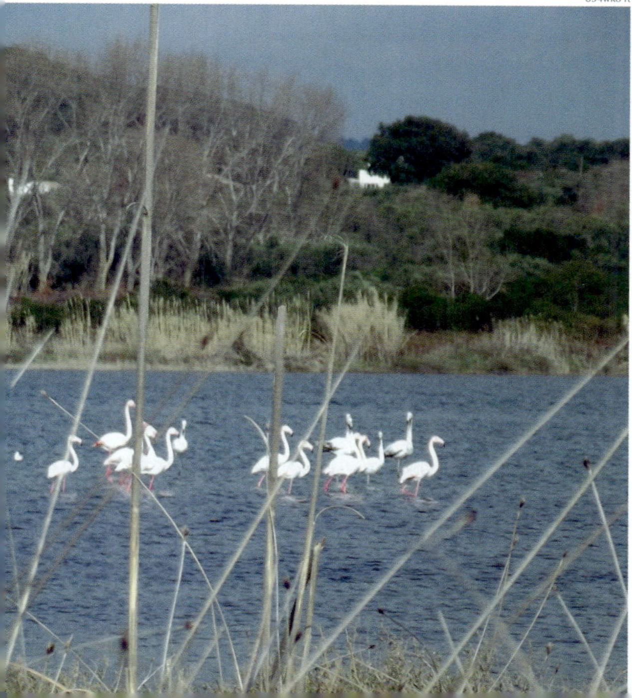

600 Meter weiter passieren wir ein modern gestaltetes Apartmenthaus und kurz dahinter stoßen wir an dessen Zaun auf eine **T-Kreuzung (4).** Hier biegen wir rechts auf einen breiten, sandigen, parallel zur Lagune verlaufenden Weg ab. Dieser schöne, aber schattenlose Höhenweg führt zunächst an mehreren eingezäunten Privatgrundstücken vorbei, später geht es entlang offener Olivenfelder und hoher Wiesen. Gut einen Kilometer weiter macht er einen Rechtsknick in Richtung See und 100 Meter dahinter **biegen wir in einen schmalen abwärtsführenden Weg nach links ab (5),** der vor einem Metalltor in eine Rechtskurve abknickt. Jetzt wandern wir entlang eines kleinen Wasserlaufs, links ist ein Feld mit noch jungen Olivenbäumen. Bald stoßen wir an einen Zaun, dem wir durch eine Rechtskurve und anschließend weiter geradeaus folgen. Vor dem Eingangsbereich eines anderen eingezäunten Grundstücks verengt sich der Weg zu einem Wiesenpfad, der uns nach 50 Metern zu einer T-Kreuzung führt. Jetzt biegen wir nach rechts auf einen breiten, ausgewaschenen Weg ab, **den wir aber weitere 50 Meter weiter (6) bereits wieder verlassen.** Hier gehen wir nach links

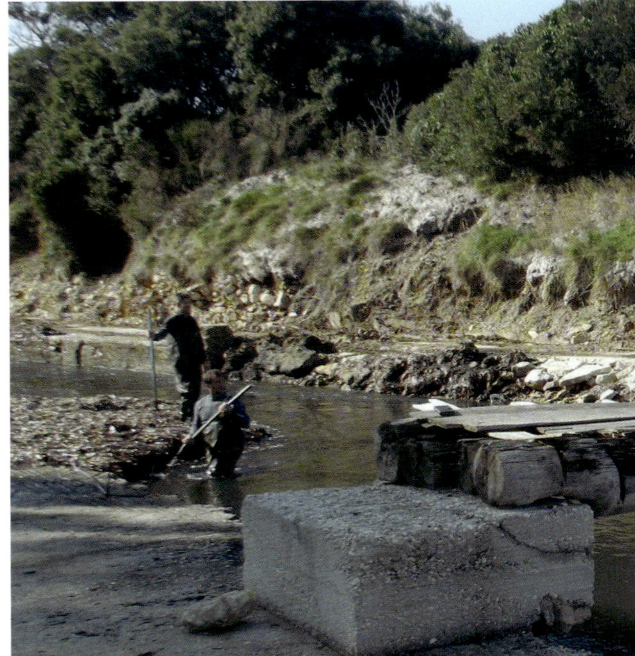

in eine Schneise zwischen einer von Erika dominierten Landschaft. Nach 200 Metern kommen wir auf eine **Lichtung (7)** mit einigen niedrigen Olivenbäumen, hier halten wir uns rechts und wandern entlang der Büsche durch das Gras bis wir nach wenigen Metern wieder auf einen klar erkennbaren Weg gelangen.

Jetzt gehen wir direkt auf die Lagune zu. Der Weg endet an einer T-Kreuzung, an der wir links gehen. 700 Meter weiter erreichen wir das Gelände der **Bioporos-Farm (8).** Um zum Restaurant zu gelangen, gehen wir auf der bergaufwärts führenden Betonstraße entlang der Mauer, bis wir das Eingangstor erreichen.

Nach unserem Abstecher zum Bioporos gehen wir die letzten Meter wieder zurück und verlassen den Weg nach links, um einen mehr oder weniger trockenen Wasserlauf zu überqueren.

Die Brücke hält!

055wko ft

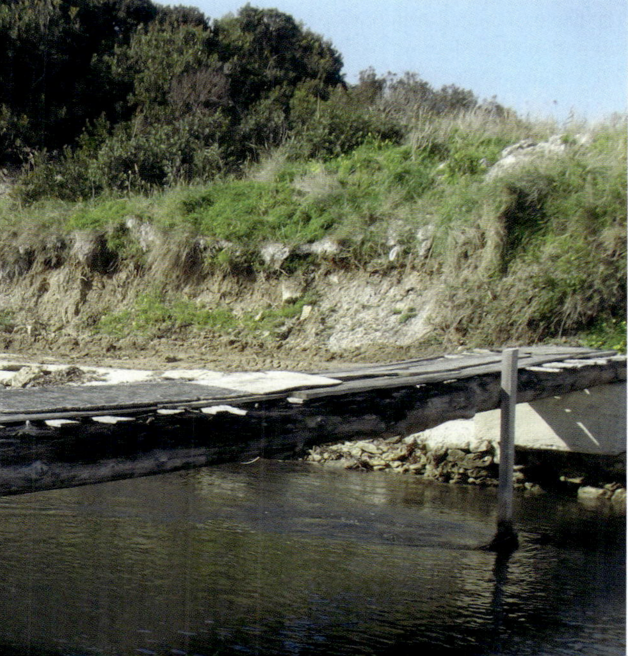

Einkehrtipp: Bioporos-Farm

Der mit Abstand beste Platz, um die Lagune und ihr Umland in aller Ruhe zu genießen, ist die Bio-Farm von Kostas und Agathi. Hier werden die traditionellen Speisen Korfus aus den selbst angebauten Produkten zubereitet. Zwischen den Obst- und Gemüsewiesen leben Bienen, Schafe und ein Pferd und vor dem Restaurant gibt es ein kleines Freiluftmuseum mit Ausstellungsstücken zum Thema Landwirtschaft. Agathi bietet neben dem Restaurant-/Cafébetrieb auch Seminare zum Thema Kochen, Seifenherstellung und Kräutern an.

Wir gehen 30 Meter am Rand eines Ackers entlang, bis wir auf einen Weg treffen, dem wir nun geradeaus folgen. Entlang von Zäunen wandern wir weiter, bald kommt der See in unser Blickfeld. Nach einem halben Kilometer **verzweigt sich der Weg (9),** wir gehen rechts, parallel zum See. Auf den folgenden 300 Metern kommen noch zwei Kreuzungen: An der ersten gehen wir geradeaus, an der zweiten halten wir uns schräg links. Weitere 100 Meter dahinter treffen wir wieder auf den parallel zum See führenden Weg, dem wir nach links folgen.

5 Minuten später kommen wir zu einem freistehenden Haus, wir gehen links um das Haus herum und bleiben auf dem zementierten Weg. 200 Meter weiter verlassen wir ihn im 90-Grad-Winkel nach rechts und an der nächsten Verzweigung in weiteren 200 Metern folgen wir dem rechten Weg in Richtung See durch mehrere Kurven. 400 Meter hinter einer Linkskurve passieren wir ein tunnelartig mit Myrte zugewachsenes Wegstück, an der Verzweigung kurz dahinter nehmen wir die linke Möglichkeit, folgen dem Weg dann ca. 100 Meter. In einer Rechtskurve passieren wir einen Schuppen, der Weg macht noch mehrere Kurven und hinter einem Geflügelgehege wird er breiter. An einer T-Kreuzung nach einem halben Kilometer folgen wir der schmalen Asphaltstraße nach links aufwärts. Bald kommen wir an eine zweite Straße, in die wir nach rechts gehen, sie verläuft parallel zur Hauptstraße durch die Siedlung Linia. Nach etwas mehr als einem Kilometer halten wir uns an einer T-Kreuzung nun wieder rechts in Richtung See, um nach einem weiteren Kilometer unseren **Ausgangspunkt** zu erreichen.

Tour S5
Am Hausberg von Agios Matthäos

6,2 km
2½ Std.
anspruchsvoll

Länge: 6,2 km
Dauer: 2½ Std.
Schwierigkeit/Charakter: Eine kurze, anspruchsvolle, aber wunderschöne Höhenwanderung mit unvergleichlichen Fernblicken, die man allerdings nur gehen sollte, wenn man in guter körperlicher Verfassung ist. Der Aufstieg zum Kloster, das auf dem höchsten Gipfel Südkorfus liegt, ist lang und an einigen Stellen extrem steil.
Übernachtung: an den Stränden hinter Agios Matthäos gibt es zahlreiche Möglichkeiten
Einkehr: am Etappenziel
Öffentliche Verkehrsmittel: Linie B8 Corfu – Agios Matthäos

Rundwander-Variation: Auf den Hausberg von Agios Matthäos (Start in Agios Matthäos, Rückweg ab WP 8)
Länge: 5,3 km
Dauer: 2½ Std.
Schwierigkeit: mittelschwer, die ersten 1½ Std. geht es stetig aber mäßig bergauf

Wegbeschreibung

An der Endhaltestelle der Linie B8 (ca. 2 Kilometer unterhalb des Dorfes Agios Matthäos) zweigt von der Hauptstraße die Straße in Richtung Halikounas und Gardiki ab. Hier beginnen wir unsere Wanderung, indem wir 150 Meter in diese Richtung gehen. Dann biegen wir nach **rechts in einen Betonweg ab (1),** der sich im weiteren Verlauf als Waldweg durch einen Olivenhain mit hohen, zum Teil sehr alten, weit auseinanderstehenden Bäumen fortsetzt. Nach und nach wird die Vegetation dichter, der Weg wird schmaler und geht schließlich in einen Pfad über. Nach fast einem Kilometer, am Ende eines Zaunes, der eine Oliven- und Obstanpflanzung links von uns begrenzt, führt ein schmaler **Waldpfad (2)** nach rechts in den terrassierten Hang zu einer Höhle. Zwei dicke Wasserrohre dienen uns als Orientierung, denn wir müssen sie weiter oberhalb überqueren. Bald taucht vor uns ein massiv wirkender Felsen auf, in dem der erste Eingang zur **Höhle (3)** ist. Etwas weiter rechts befindet sich eine zweite Öffnung.

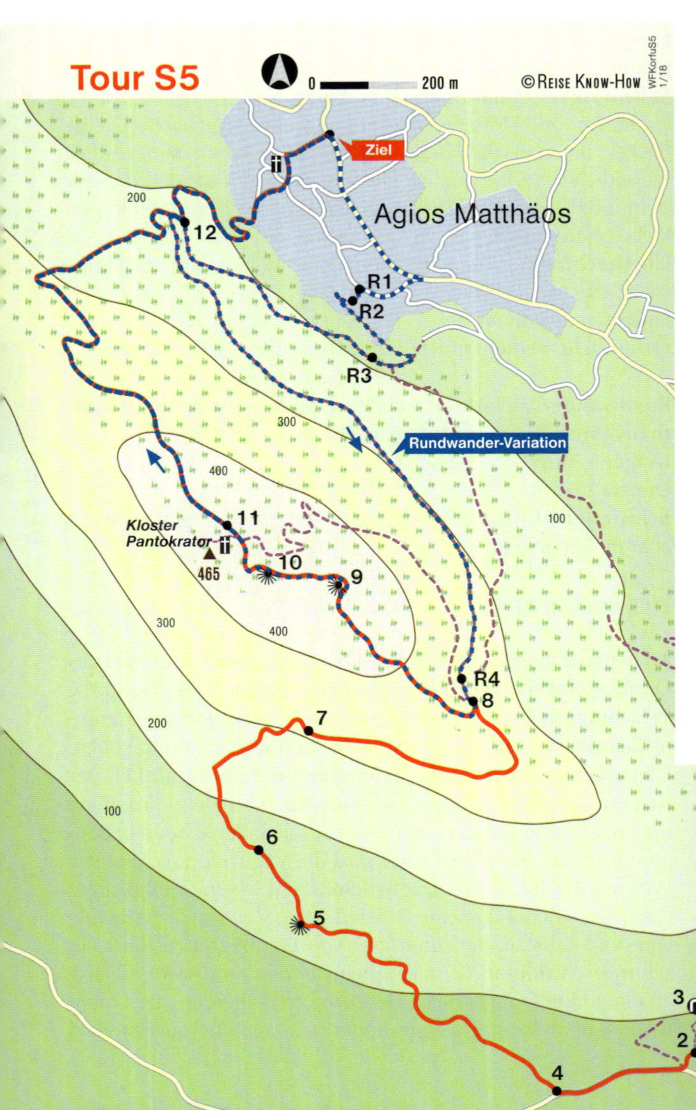

Höhle von Gardiki

In den 1960er Jahren wurde die Höhle von Gardiki erforscht, wobei unter anderem steinzeitliche Werkzeuge und Knochenreste von Wildschweinen und Hirschen gefunden wurden. Sie ist somit eine der ältesten „Behausungen" auf Korfu, die 13.000 bis 20.000 Jahre vor unserer Zeit von Jägern und Sammlern bewohnt war. Heute misst die Höhle eine Länge von 20 Metern.

Wir gehen zurück auf unseren Weg und folgen ihm noch 30 Meter, wo er vor einem Privatgrundstück endet. Hier gehen wir links bis zur Hauptstraße und dann 250 Meter nach rechts. An der Straße steht ein **Holzschild (4),** auf das mit roter und blauer Farbe zwei unterschiedliche Gehzeiten zum Kloster Pantokrator auf dem Gipfel des Berges Agios Matthäos aufgepinselt worden sind. Wir folgen den Wegmarkierungen. Anfangs ist der Weg noch breit und bequem zu gehen. Es geht durch alte, wunderschöne Olivenhaine, später wechseln sich Kermeseichenwälder mit kultivierten Anpflanzungen ab und es wird steiler. Doch nach 800 Metern können wir uns ausruhen: Einfache, aber liebevoll gestaltete **Aussichtsterrassen (5)** laden hier oben zu einer Pause ein. Neben einem Picknickplatz gibt es sogar zwei Liegestühle, von denen wir die Sicht auf die unter uns liegenden Küstenabschnitte genießen, bevor unser Weg 200 Meter weiter im rechten Winkel nach links abknickt und uns die roten und blauen Punkte in einen schmalen **Trampelpfad (6)** leiten.

Ab jetzt wird der Weg anstrengend: Durch einen dichten, tunnelartigen Niederwald geht es immer steiler bergauf und schließlich müssen wir an manchen Stellen über die Felsen

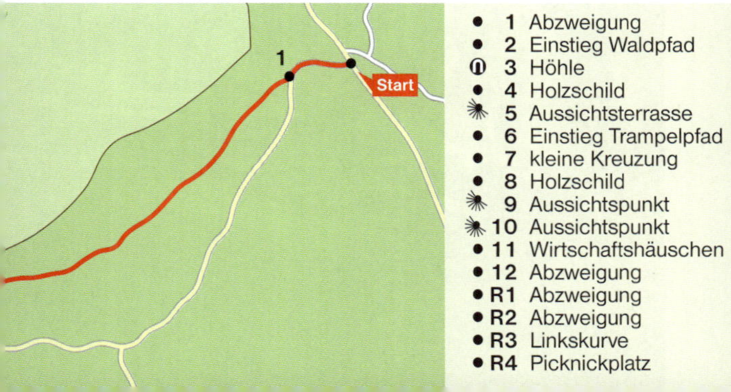

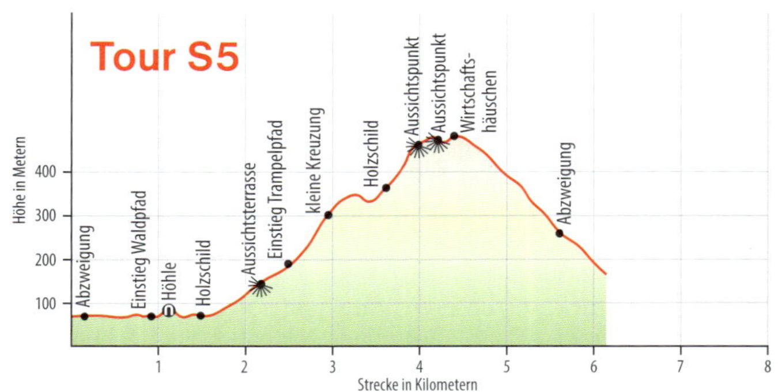

hinaufklettern. Nach 300 Metern geht es kurz bergab, doch der Eindruck täuscht: Noch einmal werden wir herausgefordert, bevor der Weg endlich moderater wird. An einer **kleinen Kreuzung (7)** gehen wir geradeaus, nun am Hang entlang, während wir mit einer fantastischen Aussicht auf die Lagune unter uns be-

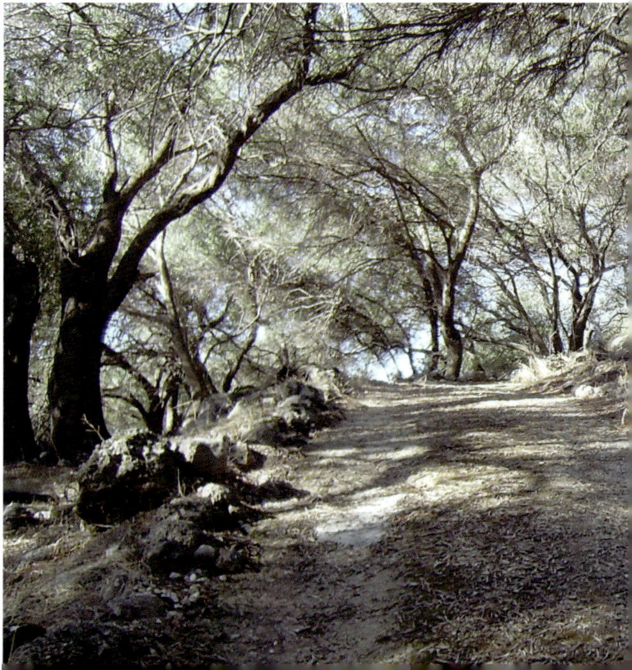

lohnt werden. Dann kehrt der Pfad wieder von der Küste ab und nun geht es durch einen Mischwald abwärts über herrlich luftigen Waldboden. An einem **Holzschild (8)** trennen sich dann die roten von den blauen Wegmarkierungen. Rechts geht es in wenigen Metern zu einem kleinen **Aussichtspavillion (R4)** an der Fahrstraße, wo wir ausruhen können.

Anschließend folgen wir den blauen Markierungen und wandern nun wieder aufwärts durch das unterholzartige Gelände aus hohen Sträuchern und niedrigen Bäumen. Es ist dicht bewachsen, aber der Pfad ist eindeutig zu erkennen, auch wenn die Markierungen jetzt spärlicher werden. Er schlängelt sich über weichen, mit Kermeseichenlaub bedeckten Waldboden stetig bergauf. Je höher wir den Pfad erklimmen, desto steiniger wird jedoch der Untergrund, Steinstufen erleichtern uns den Aufstieg.

Nach etwa 500 Metern auf diesem Pfad wird dieser eben, wir folgen den nun verschiedenfarbigen Wegmarkierungen und

Der Weg führt durch alte Olivenhaine

056wko ft

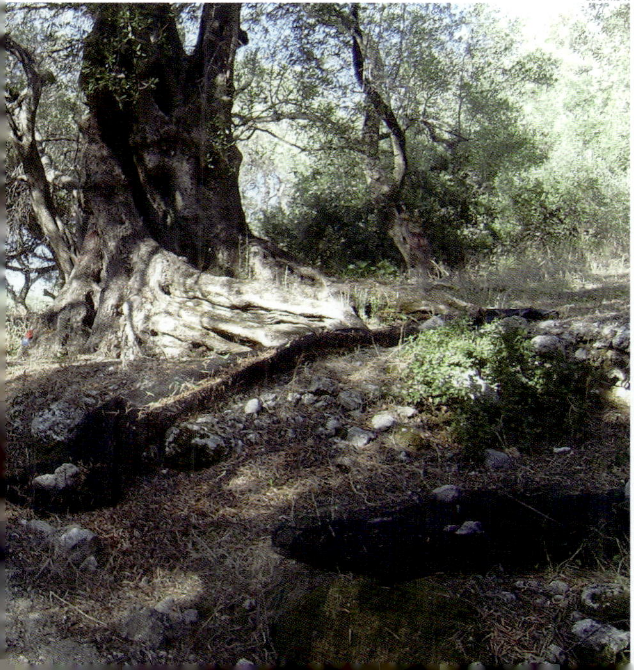

plötzlich befinden wir uns in einem düsteren und bizarren Lorbeerwald. Hier bahnen wir uns entlang der bunten Punkte den Weg und nähern uns dem Kloster. Überall erkennen wir die Überreste der einst gepflegten Anlage rund um das Klostergelände: Bänke, Mülleimer, Rastplätze, umgekippte Wegweiser. Und dann gelangen wir an den **ersten von insgesamt drei Aussichtspunkten (9),** von dem aus man weit von der West- bis zur Südküste Korfus blickt.

Jetzt gehen wir ein paar Meter zurück bis zu einem hölzernen Wegweiser, auf dem sehr verblasst zu erkennen ist, dass man rechts zum Kloster weitergeht. Der Weg ist jetzt eben und nach einigen Gehminuten erreichen wir ein großes rundes Gebilde aus Natursteinen, dessen Zweck auf Anhieb nicht erkennbar ist. Es handelt sich um ein Überbleibsel der deutschen Besatzer im Zweiten Weltkrieg, wohl eine Art Beobachtungsposten. Ein bisschen weiter erreichen wir den nächsten **Aussichtspunkt (10),** der uns einen Traumblick auf die Westküste ermöglicht.

Nun geht es bergab weiter, über einige Steinstufen kommen wir zum umzäunten und durch schwere Schlösser abgeriegelten Gelände des **Klosters des Heiligen Pantokrator** – des Allmächtigen –, das hier bereits im 16. Jahrhundert stand. Die meisten

Beide Wege führen zum Kloster

058wko ft

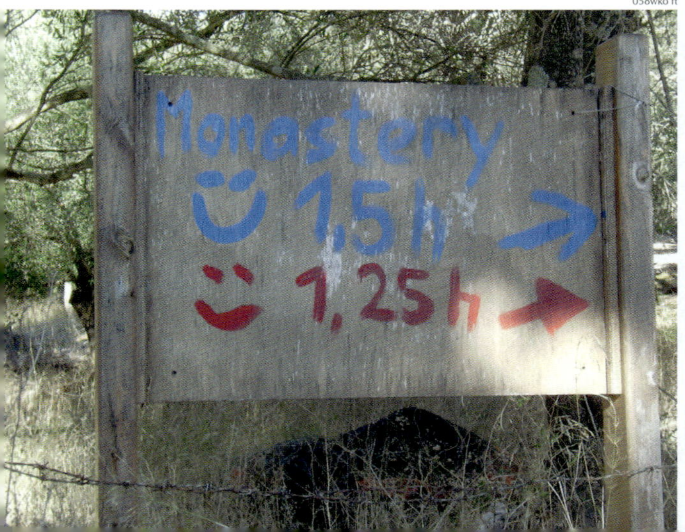

Gebäudeteile sind jedoch neueren Datums: Wir sehen sie, wenn wir durch eines der Tore einen Blick in den Klostergarten werfen. Heutzutage werden diese Tore nur noch einmal pro Jahr geöffnet: am 6. August, wenn es, wie alle dem Pantokrator geweihten Kirchen, sein Kirchweih feiert.

Wir umrunden das Kloster entlang seiner imposanten Mauer und gelangen zum Hintereingang. Auch hier zeugen die schattigen Sitzgelegenheiten von der ehemaligen Anziehungskraft dieses Ortes. Gegenüber den Picknickplätzen auf der Klosterrückseite befindet sich auch ein halbverfallenes **Wirtschaftshäuschen (11).** 10 Meter links daneben führt ein breiter Fußweg ins Unterholz, dem wir jetzt folgen.

Nach ca. einer halben Stunde (1,3 km) kommen wir auf die Schotterstraße, die wir aber knapp 50 Meter weiter an einer **Abzweigung (12)** in einen scharf links abwärts führenden Pfad in Richtung des Dorfes unter uns verlassen. Nach etwa 300 Metern erreichen wir die ersten Häuser von Agios Matthäos und bald sehen wir den imposanten Glockenturm des Dorfes, an dem wir uns jetzt orientieren. Der Betonweg wird schmaler, wir gehen an einem Haus vorbei, ignorieren den gepflasterten Weg geradeaus und gehen weiter links den Betonweg abwärts. Dann geht es einige Stufen abwärts, zwischen Häusern entlang, und durch die Gassen des Dorfes erreichen wir die Kirche und folgen dahinter der Gasse bis zur Hauptstraße, wo wir unser Ziel erreicht haben.

Agios Matthäos

Das Dorf Agios Matthäos zählt zu den größten Dörfern auf Korfu und hat seine Ursprünglichkeit bis heute nicht verloren. Zwar ist der Tourismus mittlerweile auch hier angekommen, jedoch ist das Dorf weit davon entfernt, sich diesem zu unterwerfen. Zu jeder Tageszeit füllen sich im Ortskern die zahlreichen Bars, Cafés und Tavernen mit den Mitgliedern der Dorfgemeinschaft.

Das Dorf ist eng mit seinem Hausberg verbunden, der mit 465 Metern die höchste Erhebung im Süden der Insel ist. Wie ein Schutzwall erhebt sich der dicht bewaldete Berg hinter dem Dorf, spendet ihm Schatten und diente in früheren Zeiten als Versteck vor Piraten. Im Mittelalter wurde eine Kirche und später ein Kloster auf dem Gipfel errichtet, zu dem ein reichlich verzweigter Pilgerweg durch die schattige Vegetation führt.

Rundwander-Variation:

Wir beginnen unsere Wanderung in der Ortsmitte von Agios Matthäos, wo auch der Bus hält. Wir durchqueren den Ort Richtung Süden, also entgegengesetzt der Fahrtrichtung nach Korfu-Stadt, und gehen etwa 100 Meter. Hier sehen wir auf der rechten Seite ein Versicherungsbüro mit einem großen Schaufenster. ΑΣΦΑΛΙΑ steht auf dem Schild darüber (das griechische Wort für Versicherung) und wir erkennen daneben eine breite gepflasterte Gasse, die in sehr spitzem Winkel nach rechts hinten in Richtung des Dorfinneren hinauf führt.

Wir gehen zwischen den Häusern entlang, nach etwa 130 Metern halten wir uns schräg links und wandern weiter bergauf, wobei uns die Stufen auf der linken Seite der Gasse den Anstieg erleichtern. An der nächstmöglichen **Abzweigung (R1)** (nach ca. 20 Metern) gehen wir links weiter. Kurz danach, nach weiteren 20 Metern, **biegen wir rechts in einen schmalen Betonweg ab (R2),** der sich den Berg weiter hinaufschlängelt. Hier sind kordelähnliche Schnüre als Geländer an Metallpfosten montiert. Wir ignorieren einen Stufenweg und folgen dem Betonweg, der hier eine Rechtskurve macht, bis zu einem Haus, unter dessen Terrasse wir vorbei gehen. Bald darauf treffen wir auf eine befahrbare Betonstraße, der wir nach links folgen. 200 Meter weiter stoßen wir auf eine weitere betonierte T-Kreuzung und wenden uns hier nach rechts, weiter aufwärts. Nach knapp 100 m beschreibt die Straße eine scharfe **Linkskurve (R3),** wir gehen jedoch geradeaus auf dem Schotterweg weiter. Etwa 600 Meter später zweigt rechts ein Weg ab, den wir hier ignorieren, aber auf dem Rückweg einschlagen werden.

Die Wanderung auf dieser breiten, schattenlosen Schotterstraße ist vor allem wegen der grandiosen Ausblicke ein Erlebnis: Die Hügelkette von Mittelkorfu mit dem zweithöchsten Berg der Insel, dem Agios Deka, liegt hinter uns. Vor uns sehen wir die Korission-Lagune sowie die gesamte Südspitze Korfus bis nach Paxos. Auch die Ostküste Korfus und die Berge des griechischen Festlandes sowie die Hafenstadt Igoumenitsa können wir sehen. Nach ca. 45 Minuten und insgesamt 1,8 km verlassen wir die Straße an einem überdachten **Picknickplatz (R4),** indem wir links in einen sehr schmalen Pfad einbiegen, und kurz darauf erreichen wir ein **Holzschild (8).** Ab hier folgen wir den Anweisungen der Streckenwanderung.

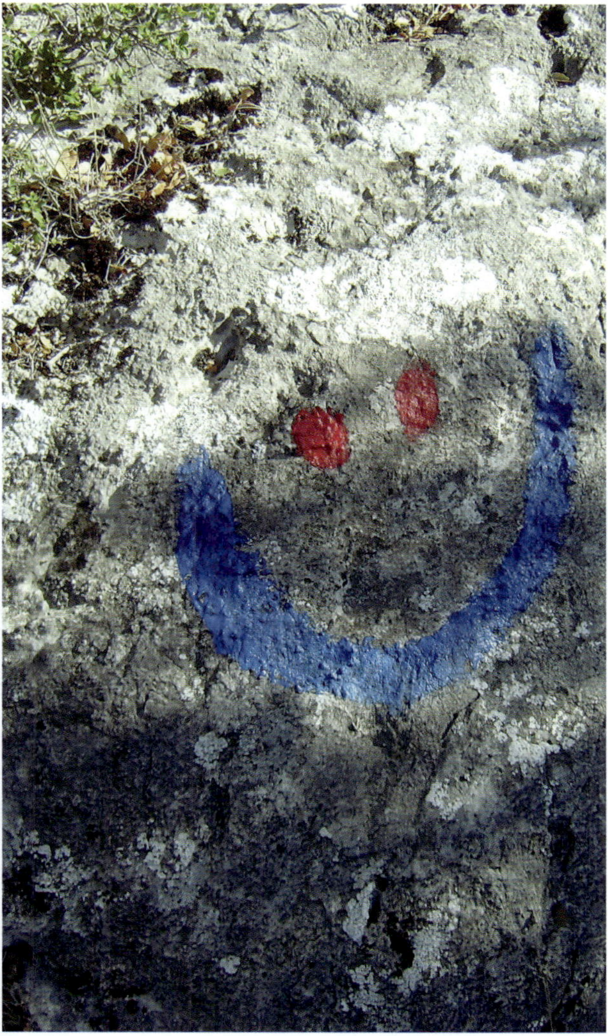

057wko ft

Das steilste Stück haben wir geschafft

061wko ft

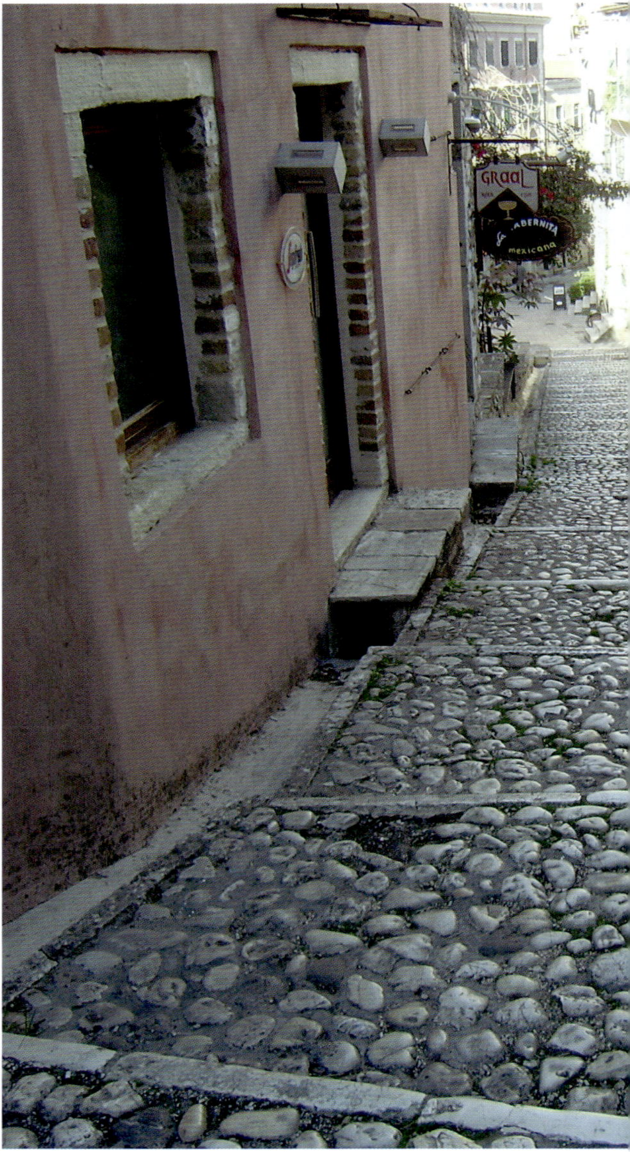

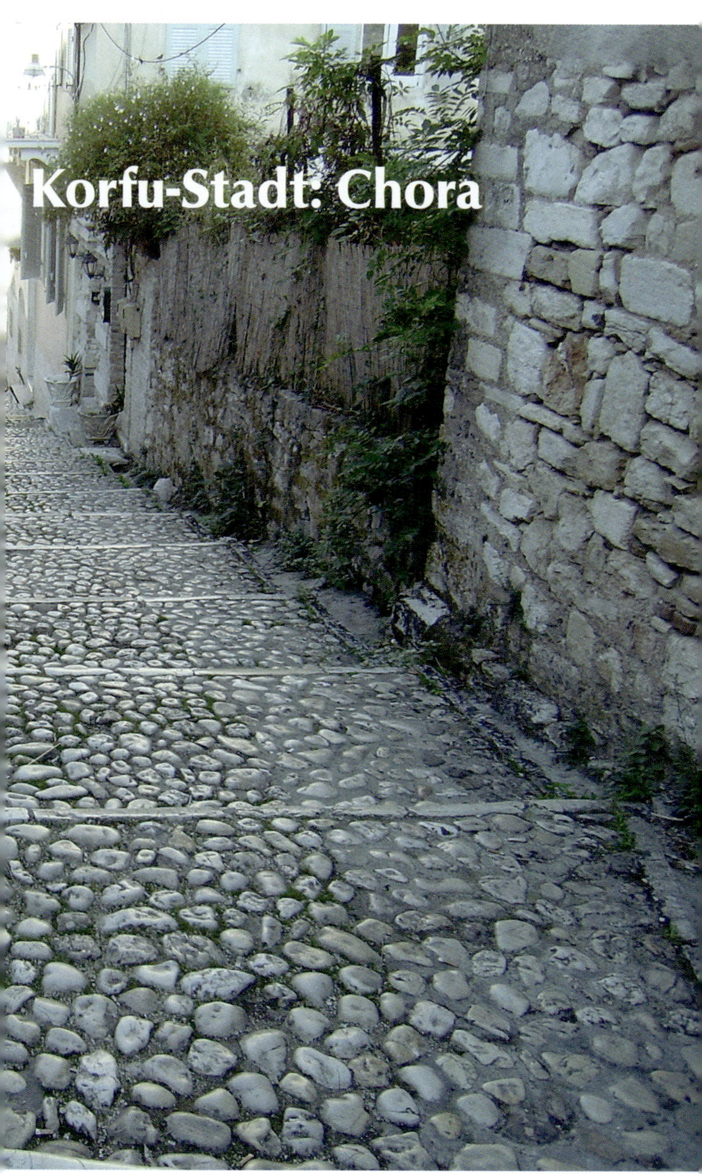

Korfu-Stadt: Chora

Korfu-Stadt: Chora

Im Stadtbild von Kerkyra, der einzigen Stadt auf Korfu, spiegelt sich die multikulturelle Geschichte der Insel wider. Mehr als vier Jahrhunderte war die Insel unter venezianischer Besatzung, aber auch Franzosen und Engländer haben die Stadt kulturell und städtebaulich geprägt. Die historische Altstadt mit ihren engen Gassen, den „Kantounia", und kleinen Platies ist einzigartig und gehört daher zum Weltkulturerbe der UNESCO. Auf unserer Stadwanderung werden wir die wichtigsten Sehenswürdigkeiten des Stadtzentrums entdecken.

Kapitelstartseite: Abstieg von der Neuen Festung

Tour C1 Vom Hafen durch die Altstadt nach Kanoni bis zur Mäuseinsel

9,5 km
2½ Std.
einfach

Länge: 9,5 km
Dauer: 2½ Std. reine Gehzeit
Schwierigkeit/Charakter: einfach. Auf Straßen und durch gepflasterte Gassen wandern wir entlang der Sehenswürdigkeiten von Korfu-Stadt. Steigungen gibt es kaum und wir machen zahlreiche Besichtigungs- und Einkehrunterbrechungen.
Übernachtung: Hotels, Pensionen, Privatzimmer
Einkehr: auf der gesamten Strecke

Rundwander-Variation: Stadtrundweg (Start bei WP 1, Rückweg ab WP 6)
Länge: ca. 7 km
Dauer: 2½ Std. reine Gehzeit
Schwierigkeit: einfach

Wegbeschreibung

Wir beginnen die Stadtwanderung **am Neuen Hafen von Korfu.** Von der Hafenzufahrt kommend überqueren wir die Hauptstraße und gehen einfach geradeaus weiter in eine kleinere Straße, die zu einem Wohngebiet führt. Nach wenigen Metern passieren wir die SnackBar del Mar, queren eine parallel zur Hauptstraße verlaufenden Straße und gelangen etwa 10 Meter weiter auf die Fußgängerzone des Stadtteils Mantouki. Hier gehen wir links.

Mantouki ist einer der ältesten Vororte von Korfu mit einer langen und für Korfu bedeutsamen Geschichte. Die erste Siedlung wurde hier bereits im 16. Jahrhundert direkt am Meer gegründet, denn vor dem Bau des Neuen Hafens reichte der Strand bis an die alte Häuserzeile heran. Damals lebten die Einwohner von Mantouki hauptsächlich vom Fischfang. Im Laufe der Zeit bis Mitte des 20. Jahrhunderts entwickelte sich der Ort zu Korfus erstem und wichtigstem Industriegebiet. Eine große Nudelfabrik, eine Schlachterei sowie die größte Olivenmühle Korfus boten neben zahlreichen anderen größeren und kleineren Betrieben den Anwohnern Arbeitsplätze. Heute sind von

Tour C1

0 400 m

WFKorfuC1 1/18

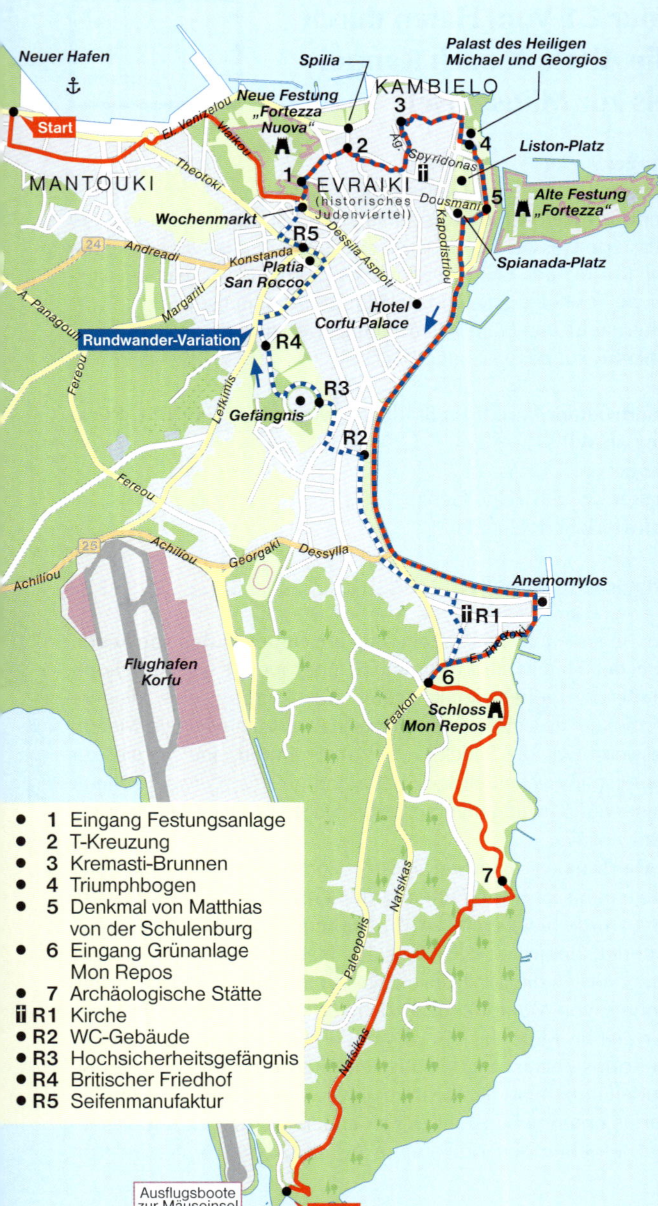

den alten Industrieanlagen nur noch wenige Überreste zu sehen. Gleichwohl hat der Ort aufgrund seiner Präsenz von Alt und Neu einen besonderen Charme. Viele der kleinen alten Häuschen mit ihren bepflanzten Gärten sind rechts und links der historischen Gasse noch erhalten.

Nach ca. 500 Metern endet die Fußgängerzone an einer Kreuzung, wir gehen geradeaus in Richtung der Hauptstraße bis zu dem großen Verkehrskreisel. Wir bleiben auf der rechten Straßenseite und folgen der viel befahrenen Straße ca. 400 Meter vorbei an einigen Cafés und Hotels. Hinter einem Parkplatz biegen zwei kleinere Stichstraßen nach rechts ab, wir wählen die zweite, die uns zwischen zwei mächtigen Mauern sanft aufwärts führt. Jetzt türmt sich links von uns auch schon die Neue Festung auf, bald erkennen wir in der Festungsmauer das Relief des geflügelten Markuslöwen, das Wahrzeichen der Venezianer. Etwas weiter befindet sich auf der rechten Seite der Eingang zum **Wochenmarkt** von Korfu, der jeden Tag außer sonntags geöffnet ist. Ein kurzer Abstecher lohnt sich: Auf dem Markt gibt es neben frischem Gemüse, Obst und Fisch auch lokale Spezialitäten und Bioprodukte. Direkt gegenüber vom Eingang zum Wochenmarkt weist uns ein Wegweiser zwischen dem Parkplatz und einem leer stehenden Schuppen in Richtung der Neuen Festung. Durch einen Stollen gelangen wir zum **Eingang der Festungsanlage (1),** von wo wir einen Rundweg entlang der Festungsmauern unternehmen können. Der Eintritt ist frei und 9–15.30 Uhr haben Besucher die Möglichkeit, die Außenanlage der Burg mit ihren gut erhaltenen Gängen und Stollen zu besichtigen.

Hier beginnt auch die Rundwanderung.

Die **Neue Festung „Fortezza Nuova"** wurde zwischen 1576 und 1645 unter der Aufsicht des italienischen Architekten Francesco Vitelli erbaut. Es heißt, dass damals viele Privathäuser geopfert wurden, um an Material für diese stabile Bastion zu gelangen. Später wurde die Neue Festung von den Engländern übernommen und ausgebaut. Leider wurde sie im Zweiten Weltkrieg größtenteils zerstört. Trotzdem lohnt sich ein Aufstieg zur Festung entlang der massiven Mauern unbedingt, allein schon wegen der Sicht von oben auf die Dächer der Altstadt bis zur Alten Festung und auf den alten, zur Marina umgebauten Hafen.

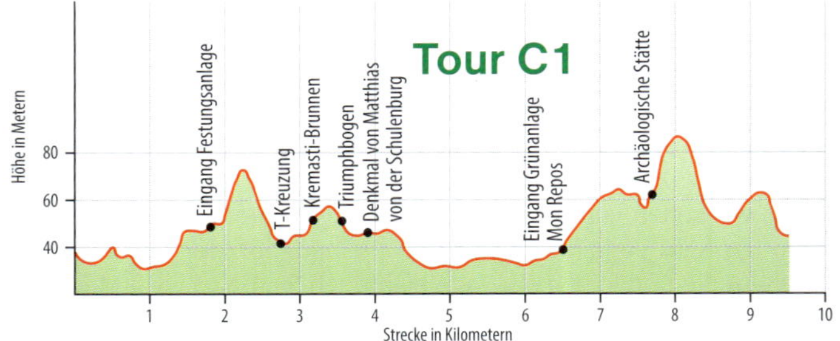

Nach dem Rundgang verlassen wir die Burg wieder und gehen vom Ausgang einen gepflasterten Treppenweg abwärts. Am Fuß der Treppe geht er in einen Weg über und dieser führt uns nach wenigen Metern in Korfus **historisches Judenviertel,** das auch heute noch **Evraiki** genannt wird. Wer am Ende des gepflasterten Weges nach links schaut, sieht hinter der Terrasse des Restaurants das bronzene Holocaustmahnmal für die im Juni 1944 von den Nationalsozialisten in Konzentrationslager verschleppten 2000 Juden aus Korfu, von denen nur 130 überlebten.

Wir wandern weiter durch die Fußgängerzone am Supermarkt vorbei bis zu einer **T-Kreuzung (2).** Links von uns erblicken wir in etwa 30 Metern Entfernung ein uraltes tunnelartiges Tor –

062wko ft

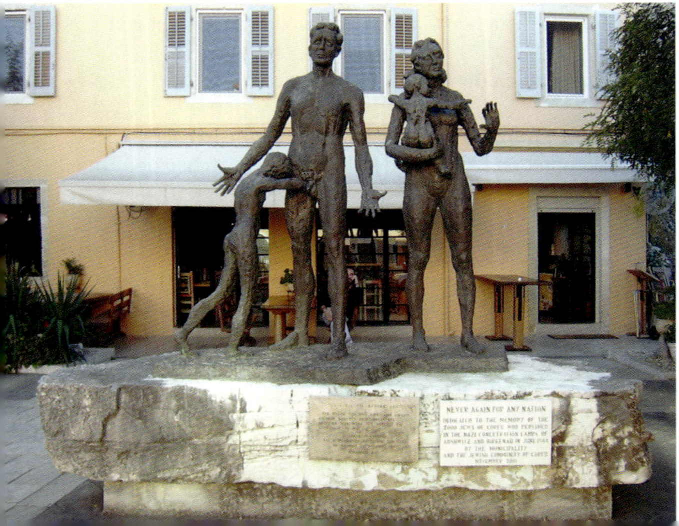

Heiliger Spyridon

Der 12.12. ist auf Korfu einer der wichtigsten Feiertage, denn an diesem Tag feiert man den Namenstag des Schutzpatrons der Insel, des Heiligen Spyridon, der für Korfu eine immense Bedeutung hat, obwohl seine Wiege der Legende nach auf Zypern stand. Bereits zu Lebzeiten im 4. Jh. soll er zahlreiche Wunder gewirkt haben, wirklich bekannt wurde er aber erst nach seinem Tod. Nach dem Fall Konstantinopels wurden seine Reliquien auf einer abenteuerlichen Flucht aus der verlorenen Stadt durch die räuberischen Gebiete Makedoniens, Thessaliens und Albaniens nach Korfu gebracht. Dort bewirkte der Heilige Spyridon zahlreiche Wunder und deshalb wird sein Sarkopharg viermal im Jahr in einer großen Prozession durch die Straßen Korfus getragen – und zwar an Palmsonntag, um daran zu erinnern, dass er die Korfioten vor der Pest im Jahr 1630 bewahrte; seit 1550 am Karsamstag, als er die Korfioten vor einer Hungersnot bewahrte; am 11. August, um daran zu erinnern, dass er die monatelange Belagerung der Türken m Jahr 1716 abwendete; am 1. Sonntag im November, um daran zu erinnern, dass er die Korfioten auch vor der Pest im Jahr 1673 bewahrte.

Spilia (auf Deutsch: Höhle) genannt. Es handelt sich um eine der vier historischen Zugangsmöglichkeiten zur alten Stadt Kerkyra.

Wir gehen aber rechts weiter und kurz darauf an der Verzweigung folgen wir links der breiten aufwärtsführenden Fußgängerstraße. Hier reiht sich ein Geschäft an das nächste – rechts von uns schmiegen sich mit Souvenirartikeln dekorierte Arkaden an die Häuserfront. Wir gehen 200 Meter bis zu einer gelb gestrichenen Kirche, die sich harmonisch in die Häuserzeile einreiht. Schräg gegenüber ist ein Supermarkt, vor dem wir links in eine Gasse abbiegen – auch in dieser wimmelt es im Sommer von Touristen, die in den kleinen Andenkenläden stöbern.

Bald steigt die Gasse leicht an. Wenn wir jetzt in die nach rechts abzweigende Gasse mit dem Namen „Odos Agios Spyridonas“ blicken, sehen wir den **Glockenturm der größten und wichtigsten Kirche** von Korfu-Stadt – Agios Spyridon.

Das Holocaustmahnmal

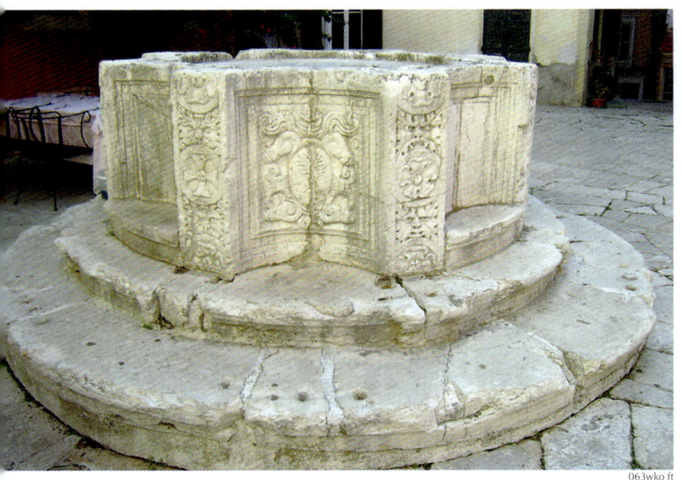

063wko ft

Wir folgen jetzt dem leicht aufwärts führenden Gässchen in einen Treppenweg, bereits nach fünf Stufen biegen wir aber links in eine Gasse ab, an deren Ende wir uns rechts, gleich darauf aber wieder links halten. Ein deutliches W weist uns an der Hauswand den Weg. Wieder steigen wir ein paar Stufen hinauf und stehen bald auf einem Platz, den der sehr alte und aufwendig gestaltete **Kremasti-Brunnen (3)** schmückt. Die Inschrift auf dem Brunnen zeigt sein Entstehungsjahr (1699) und den Namen seines Spenders.

Dieser Platz heißt **Kremasti** nach der gleichnamigen Kirche, die hier steht und ist einer der schönsten Plätze der zum UNESCO-Weltkulturerbe gehörenden historischen Altstadt von Korfu. Das auf diesem Hügel erbaute Viertel **Kambielo** ist ein labyrinthartiges Gewirr aus engen Gassen und Winkeln und schmalen Treppenwegen, die uns zu einem Bummel zwischen

Der Venezianische Brunnen auf dem Kremasti-Platz

den alten venezianischen Fassaden und zu einer Reise in die Vergangenheit – ins venezianische Korfu des 17. Jahrhunderts – einladen. Die eng nebeneinanderstehenden, meist mehrstöckigen Gebäude sind nach venezianischer Tradition oft durch Torbögen oder überdachte Eingänge miteinander verbunden, an Wäscheleinen zwischen den Fenstern der gegenüberliegenden Häuser trocknen die Bewohner ihre Wäsche, auf dem alten Steinpflaster herrscht ein gemächlicheres Tempo und nichts erinnert mehr an das nahe Geschäftsviertel.

Wir gehen am Brunnen vorbei und steigen rechts dahinter einen Treppenweg abwärts, an dessen Fuß wir nach links in eine Gasse abbiegen. An deren Ende erwartet uns ein weiterer Platz (der allerdings als Parkplatz genutzt wird), hier wenden wir uns nach rechts und gehen leicht aufwärts weiter. Wir folgen der zweiten nach links abzweigenden Straße durch einen überdachten Hauseingang bis wir bald darauf die Altstadt verlassen und auf eine Straße treffen. Diese überqueren wir, gehen dann nach rechts und unterqueren einen herrschaftlich gestalteten großen **Triumphbogen (4).** Der Bogen begrenzt den **Palast des Heiligen Michael und Georgios,** den der britische Oberkommissar der Ionischen Inseln, Sir Thomas Maitland 1816 aus maltesischem Stein errichten ließ. Nach der Vereinigung Korfus mit Gesamtgriechenland im Jahr 1864 war der Palast zeitweise Sommerresidenz der griechische Königsfamilie. Heute beherbergt er das Asiatische Museum.

Bevor wir am Palast vorbeigehen, lassen wir unseren Blick nach rechts über den **„Liston"** schweifen – so nennen die Korfioten ihre Lieblings-Flaniermeile, die auf den ersten Blick an Italien erinnern mag, tatsächlich aber aus der Zeit der französischen Besatzung stammt. Früher wurde angenommen, dass der Name Liston sich aus dem Wort „Liste" (im venezianischen Dialekt Lista oder Lizza) herleite, weil damals der Zutritt nur denjenigen gestattet war, die ins „Libro d'Oro", in die Liste der Adligen der Stadt eingetragen waren. Tatsächlich bedeutet der Name jedoch nichts anderes als „Breiter Fußgängerweg".

Neben dem Palast befindet sich der **Volksgarten,** von dem aus man einen schönen Blick aufs Meer hat und die ein- und ausfahrenden Fähr- und Kreuzfahrtschiffe beobachten kann. Eine Eisentreppe, die zum Meer hinunterführt, ist gesperrt – sie war früher der private Strandzugang der Königsfamilie. Das angrenzende Gebäude beherbergt eine Gemäldegalerie.

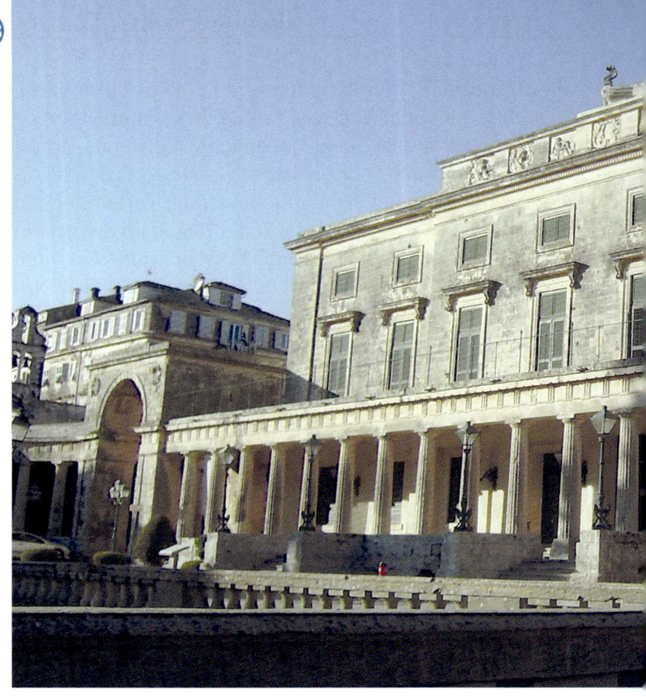

Vom Volksgarten aus machen wir uns parallel zum Liston auf den Weg zur Alten Festung, die wir schon bald erreichen. Am Eingang prangt das **Denkmal von Matthias von der Schulenburg (5)**, das ihm aufgrund seiner erfolgreichen Verteidigung gegen die Türken schon zu Lebzeiten errichtet wurde.

Die **Alte Festung „Fortezza"** bestand bereits zu byzantinischer Zeit. Im 6. Jahrhundert wurde sie aus den Überresten der zerstörten ursprünglichen Befestigungsanlage der Halbinsel Kanoni aufgebaut. Bis zum 16. Jahrhundert wurden die Mauern von den Venezianern verstärkt und die Steine geglättet, um die insgesamt fünf Angriffsversuche der Türken abzuwehren. Tatsächlich haben es die Osmanen dank der Festung und der genialen Strategie des Feldmarschall von der Schulenburg niemals geschafft Korfu einzunehmen.

Heute führt eine Brücke über den künstlich geschaffenen Burggraben „Kontra Fossa" auf die Festungsinsel „Kapo Sidero". Dort konnte man die Festung einst mittels einer Zugbrücke komplett vom Festland abschirmen. Die beiden Türme der Fes-

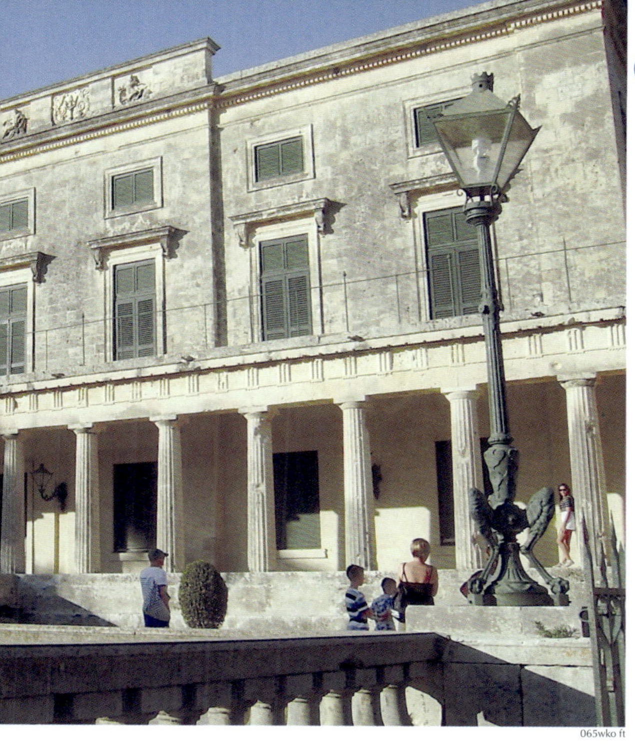

065wko ft

tung sind auf den Gipfeln zweier Hügel errichtet worden, welche für den Namen Korfu (*Koryfes* – Gipfel) verantwortlich sind.

Im Inneren der Burganlage befinden sich Gebäude sowohl aus venezianischer als auch aus englischer Zeit, unter anderem ein Gefängnis, das bereits von den Venezianern errichtet und dann von den Engländern erweitert wurde, zwei englische Kasernen und ein Militärkrankenhaus, in dem heute die Säle der Musikhochschule untergebracht sind. Sehenswert ist die Kirche des Hl. Georg mit ihren hohen dorischen Säulen sowie die kleine Ausstellung mit byzantinischen Ikonen und Mosaiken. Im Sommer finden auf der Alten Festung Konzerte und andere kulturelle Veranstaltungen statt.

Zwischen der Festung und der Altstadt von Korfu liegt ein riesiger grüner Platz, die **Spianada,** Schauplatz zahlreicher religiöser und kultureller Ereignisse. Neben Büsten von berühmten Per-

Der Palast des Heiligen Michael und Georgios

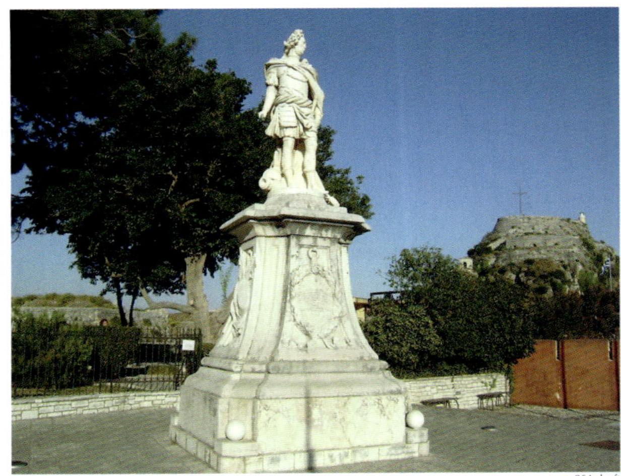

064wko ft

sönlichkeiten steht hier das Denkmal zur Erinnerung an die Vereinigung der Ionischen Inseln mit Griechenland und eine Rotonda, die im Jahr 1816 vom britischen Oberkommissar Sir Thomas Maitland gebaut wurde.

Nach dem Besuch der Alten Festung überqueren wir die Straße, um auf den unteren Teil des großen Spianada-Platzes zu gelangen. Von dort gehen wir weiter in den oberen Teil, vorbei an der Rotonda, bis wir hinter dem Platz auf eine Fahrstraße stoßen. Gegenüber sehen wir eine **Säule,** die dem auf Korfu geborenen Politiker **Ioannis Kapodistrias** gewidmet ist, dem ersten Staatsoberhaupt des unabhängigen Griechenlands. Er gilt als Begründer des modernen griechischen Staates, wurde aber im Oktober 1831 nach nur vier Amtsjahren ermordet.

Wenn wir hier nach rechts blicken, sehen wir das für seine Aussichtsterrasse bekannte und beliebte Hotel Cavalieri, zwei Häuser weiter links die **Ionische Akademie,** die 1824 als erste moderne Universität in Griechenland mit den Fakultäten Theologie, Rechtswissenschaften, Medizin und Philosophie eröffnet wurde.

Das Denkmal von Matthias von der Schulenburg

Rechts vom Kapodistrias-Denkmal führt ein Treppenweg abwärts, der am Hotel Corfu Palace in die Hauptstraße mündet. Ab jetzt wandern wir für die nächsten zwei Kilometer immer neben dem Meer, die gesamte Bucht entlang, bis wir die Windmühle an deren Ende erreichen, die dem Viertel seinen Namen gibt: **Anemomylos.** Neben dem gleichnamigen Restaurant ist ein beliebter Badeplatz für die Stadtbewohner.

Nun folgen wir der Straße durch eine Rechtskurve, dann geht es entlang einer alten Mauer unter hohen schattigen Bäumen, die bereits zu dem großen Park gehören, der sich hinter der Mauer verbirgt. Einige Minuten später erreichen wir den **Eingang zu dieser herrschaftlichen Grünanlage (6),** die das Schloss **Mon Repos** umgibt.

Mehr als 2000 verschiedene Pflanzen und die Ausgrabungen zweier antiker Tempel beherbergt der rund 26 Hektar große Park des **Schlosses Mon Repos,** das um 1830 von einem Engländer erbaut wurde. Für einen längeren Zeitraum wurde es auch von Kaiserin Elisabeth (Sisi) von Österreich bewohnt, bevor sie das Schloss Achillion bauen ließ. Im Schloss Mon Repos wurde außerdem der Herzog von Edinburgh und spätere Ehemann der Königin Elisabeth von England geboren. Im Jahre 1864, nach der Vereinigung der Ionischen Inseln mit dem Königreich Griechenland, wurde das Gelände der Dynastie des Königs Georgios I. überlassen. Dieser taufte das Schloss auf den Namen Mon Repos, „Meine Ruhe“. Bis 1967 befand sich die Anlage im Besitz der griechischen Königsfamilie. Ihr letzter Bewohner war König Konstantin II. Danach stand es lange Zeit leer, denn der nun im Exil lebende König Konstantin II. aus dem Haus Glücksburg beanspruchte das Schloss und den Park als sein Eigentum. Erst 1991 wurde vor dem Europäischen Gerichtshof entschieden, dass es dem Volk gehöre.

Das Schloss mit seiner unvergleichlichen Sicht aufs Meer wurde renoviert und ein Museum darin eingerichtet. Darin kann man unter anderem Einrichtungsgegenstände sowie Gemälde der ehemaligen Bewohner sehen.

Der Park ist täglich bis etwa zum Sonnenuntergang geöffnet, der Eintritt ist frei. Das Schloss und das Museum können Dienstag- bis Sonntagvormittag besichtigt werden.

Direkt neben dem Park befinden sich die Ausgrabungen der antiken Siedlung Paleopolis, im 8. Jahrhundert v. Chr. war hier der alte Marktplatz von Korfu.

Wer die Rundwanderung wandert, startet an diesem Punkt den Rückweg.

Nach der Besichtigung des Mon Repos, gehen wir vom Ein- bzw. Ausgang etwa 100 Meter nach rechts, auf dem Weg, den wir gekommen sind. Auf der linken Seite zweigt eine abwärtsführende Straße ab, 10 Meter dahinter biegen wir links in eine schmale, mit zwei Eisenstangen als Fußgängerzone gekennzeichnete Straße ab. An deren Ende überqueren wir eine Fahrbahn und setzen unseren Weg genau gegenüber fort. Links sehen wir jetzt die eindrucksvolle **Kirche Jasonas und Sosipatros (R1).**

Die **Apostel Jason und Sosipatros** waren Jünger des Apostels Paulus und sollen den Bewohnern der Insel das Christentum gelehrt haben. Die den beiden Heiligen geweihte Kirche ist eine der wichtigsten Kirchen Korfus und eines der wenigen noch existierenden Bauwerke der byzantinischen Periode. Sie wurde auf den Ruinen eines antiken Tempels um das Jahr 1000, mit Baumaterial der zerstörten Palaiopolis errichtet. Im Inneren der Kirche sind unter anderem Ikonen der beiden Heiligen sowie deren Gräber untergebracht.

Durch ein Tor überqueren wir das Gelände der Kirche und kommen hinter dieser auf einen gepflasterten Weg. An dessen Ende gehen wir links durch eine Gasse bis zu einer größeren Straße. Ab jetzt wandern wir parallel zur Hauptstraße des Hinwegs. Zwischen dieser und unserem Weg liegen mehrere Restaurants und Cafés sowie ein parkähnlicher schmaler Grünstreifen. Nach ca. 600 Metern passieren wir einen Basketballplatz unter hohen Eukalyptusbäumen und etwas weiter ein **WC-Gebäude (R2).**

Hier gegenüber zweigen wir nach links in eine schmale Wohnstraße ab. An deren Ende geht es schräg links in einem anderen Sträßchen weiter. Dieses mündet unterhalb einer Schule in eine T-Kreuzung. Wir gehen 20 Meter nach rechts und biegen hinter der Schule in eine nach links aufwärts führende schmale Straße ab. Bald lassen wir das Wohnviertel hinter uns und wir gehen auf die massive Mauer des **Hochsicherheitsgefängnisses (R3)** von Korfu zu.

Wir folgen ihr nach rechts, 100 Meter weiter an einer Wegverzweigung gehen wir ebenfalls rechts. Wir passieren einige offizielle Gebäude, unter anderem das Gerichtsgebäude und etwa 50 Meter weiter, auf der rechten Straßenseite befindet sich neben dem wunderschön gestalteten aber meist geschlossenen Tor der unscheinbar gestaltete Eingang zum **Britischen Friedhof (R4).**

Wer im Frühjahr auf Korfu ist und Blumen liebt, sollte unbedingt einen Blick in die parkähnlich gestaltete Anlage des **Angliko Nekrotafeio** werfen, denn hier wachsen zwischen den verschiedensten Blumen, Sträuchern und Bäumen unter anderem auch zahlreiche wilde Orchideen. Der Friedhofsgärtner lebt bereits seit 1944 auf dem Gelände und kümmert sich liebevoll um die fast 500 Gräber, von denen viele noch aus der Zeit der britischen Besatzung stammen. Die kunstvollen Grabsteine enthalten neben den Namen der Verstorbenen oftmals auch deren Schicksale.

50 Meter hinter dem Eingang zum Friedhof befindet sich eine große Kreuzung, hier gehen wir rechts und gelangen nach etwa 200 Metern zum belebten **San-Rocco-Platz.** Am gegenüber liegenden Ende des Platzes steht ein mittlerweile verlassenes grünes Informationshäuschen. Hier überqueren wir die dahinter vorbeiführende Straße und folgen ihr wenige Meter nach links bis zur kleinen, aber traditionsreichen **Seifenmanufaktur (R5).**

Das unter Denkmalschutz stehende Gebäude beherbergt die ebenfalls denkmalgeschützte traditionelle Seifenmanufaktur Patounis, in der bereits in fünfter Generation seit 1850 Seife aus Olivenöl produziert wird. Sowohl die Rezeptur als auch die Herstellungsweise ist seitdem nicht verändert worden. Die Manufaktur kann täglich während der Geschäftszeiten besichtigt werden. In den Sommermonaten finden wochentags um 12 Uhr kostenlose Führungen statt.

Nach der Besichtigung der Seifenfabrik setzen wir unseren Weg abwärts in Richtung Hafen fort. In die nächste Straße zweigen wir nach rechts ab, steigen einige Stufen aufwärts und überqueren eine Straße. Dann geht es über Stufen abwärts bis zu unserem **Ausgangspunkt.**

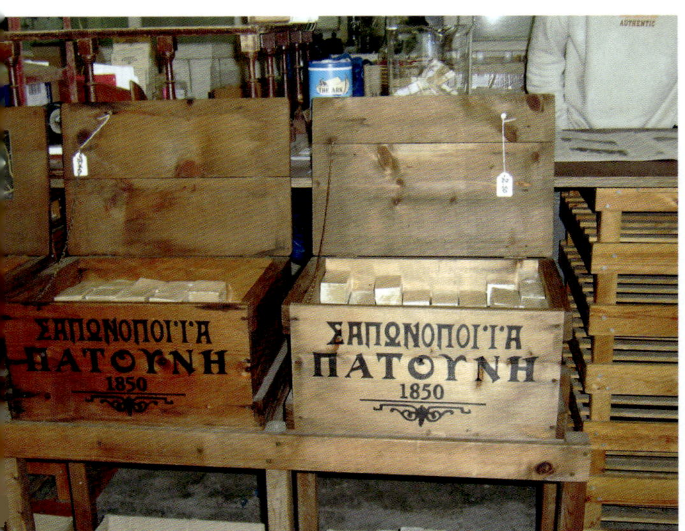

060wko ft

Nun durchqueren wir den großzügig angelegten Park: Zunächst bleiben wir auf dem asphaltierten Hauptweg zwischen den beiden Bordsteinkanten, der uns zum Schloss führt. Daran gehen wir rechts vorbei und folgen dann dem weißen Schild, das uns auf die Ausgrabungen hinweist. Die gut ausgebaute Straße geht in einen Erdweg über – wir ignorieren Abzweigungen und folgen den weißen Hinweisschildern. An einer Wegverzweigung halten wir uns links. Am Ende dieses Weges liegt der Reitplatz einer gemeinnützigen Organisation für therapeutisches Reiten. Hier gehen wir links, wieder entsprechend der Hinweisschilder. Wir bleiben auf dem oberen Weg und passieren zwei Ausgrabungen. An der nächsten Wegverzweigung halten wir uns geradeaus und erreichen die **letzte archäologische Stätte (7)** am Ende des Parks. Jetzt gehen wir hinunter bis zu den Ruinen und umrunden diese auf einem schmalen Weg, der in einen unscheinbaren Trampelpfad übergeht, welcher uns in wenigen Metern durchs Unterholz zur Außenmauer der Mon-Repos-Anlage bringt. An dieser Stelle ist die Mauer niedrig und ein bisschen

In der Seifenmanufaktur Patounis

eingebrochen, sodass wir leicht über sie steigen können. Auf der anderen Seite der Mauer ist ein Treppenweg, den wir nun hinaufsteigen. Auf der rechten Seite wird der Weg von der uralten Außenmauer des Parks begrenzt, bald geht die Treppe in einen Betonweg über, der an dem Parkplatz einer Kirche und deren Zufahrtsstraße endet. Wer sich scheut, die Mauer des Parks zu überklettern, kann bis hierher auch über eine Straße gelangen: Dazu geht man am Ein- bzw. Ausgang des Mon Repos links und folgt der aufwärtsführenden Straße in Richtung Analipsi bis zu einer Kreuzung und geht dann links weitere ca. 500 Meter. Hier überqueren wir die Straße und wenden uns nach links. Wir folgen der Asphaltstraße durch eine Linkskurve bis zu einer Wegverzweigung, an der beide Zweige als Sackgasse ausgeschildert sind. Wir gehen in den rechten Schotterweg, der uns leicht abwärts durch ein waldähnliches Gelände führt. Nach etwa 150 Metern passieren wir ein paar kleine Wohngebäude. Direkt dahinter zweigt nach rechts ein Treppenweg ab, den wir bis zur Fahrstraße hinuntergehen. Jetzt gehen wir nach links und wandern etwa einen Kilometer auf der Straße, bis wir an deren Ende eine Aussichtsplattform erreichen. Mehrere Cafés, Bars und Tavernen ziehen an dieser Stelle „Planespotter" an, denn die relativ kurze Landebahn des Flughafens befindet sich direkt unterhalb.

Direkt vor der Brüstung steht eine Kanone, die diesem letzten Teil der Halbinsel ihren Namen gegeben hat: **Kanoni.** Es handelt sich um ein Geschütz aus der französischen Besatzungszeit – bei genauerem Hinsehen findet man aber auch ein russisches Emblem auf der Kanone. Der Blick von hier oben auf die Mäuseinsel „Pontikonissi" und die Klosterinsel Vlacherna stellt wohl das beliebteste Fotomotiv Korfus dar.

Wir gehen links an der Kanone vorbei, zwischen der Bar und der Terrasse des Lokals gibt es einen Treppenweg, der uns zu einem Platz mit zwei Stegen führt. Der Längere führt über die Lagune ins gegenüberliegende Wohngebiet. Von dem anderen aus können wir das Kloster und die Ausflugsboote zur Mäuseinsel erreichen. Ihren Namen **Pontikonissi** – „Mäuseinsel", verdankt sie ihrer Größe von nur etwa 100 x 100 Metern. Als einziges Gebäude befindet sich auf der Mäuseinsel die Kirche Patokratoras im byzantinischen Stil aus dem 11. oder 12. Jh., die sich in einem dichten Hain aus Kiefern und Zypressen verbirgt. Eine Marmortafel weist darauf hin, dass Ihre Majestät Kaiserin Elisabeth (Sisi), das Kloster ihrerzeit besucht hat.

070wko ft

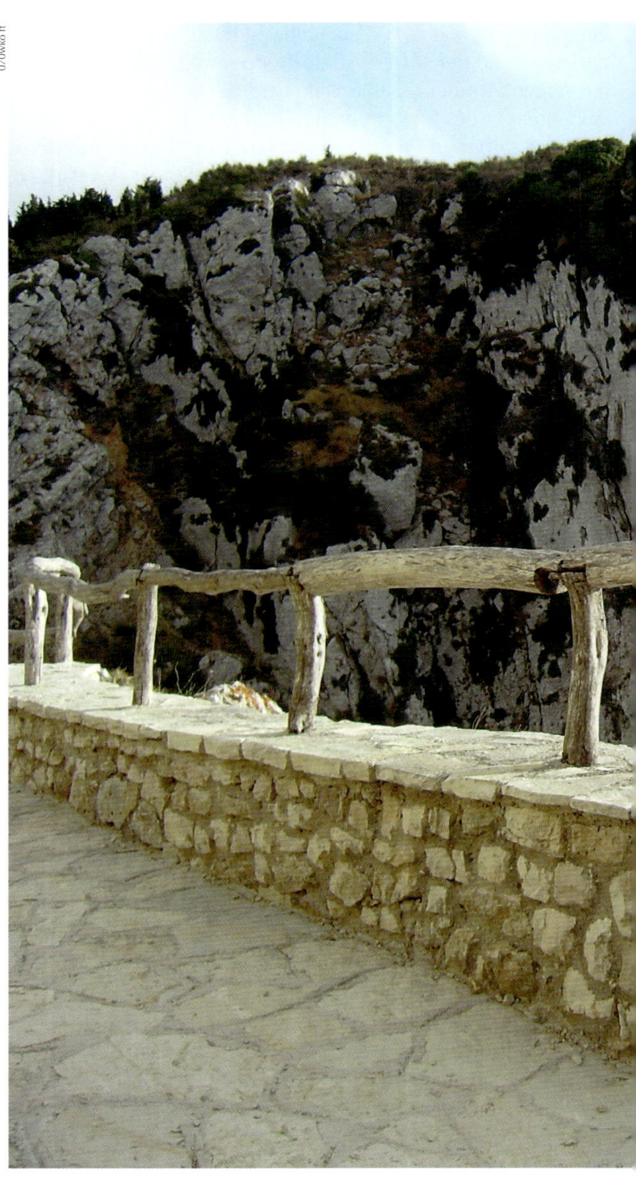

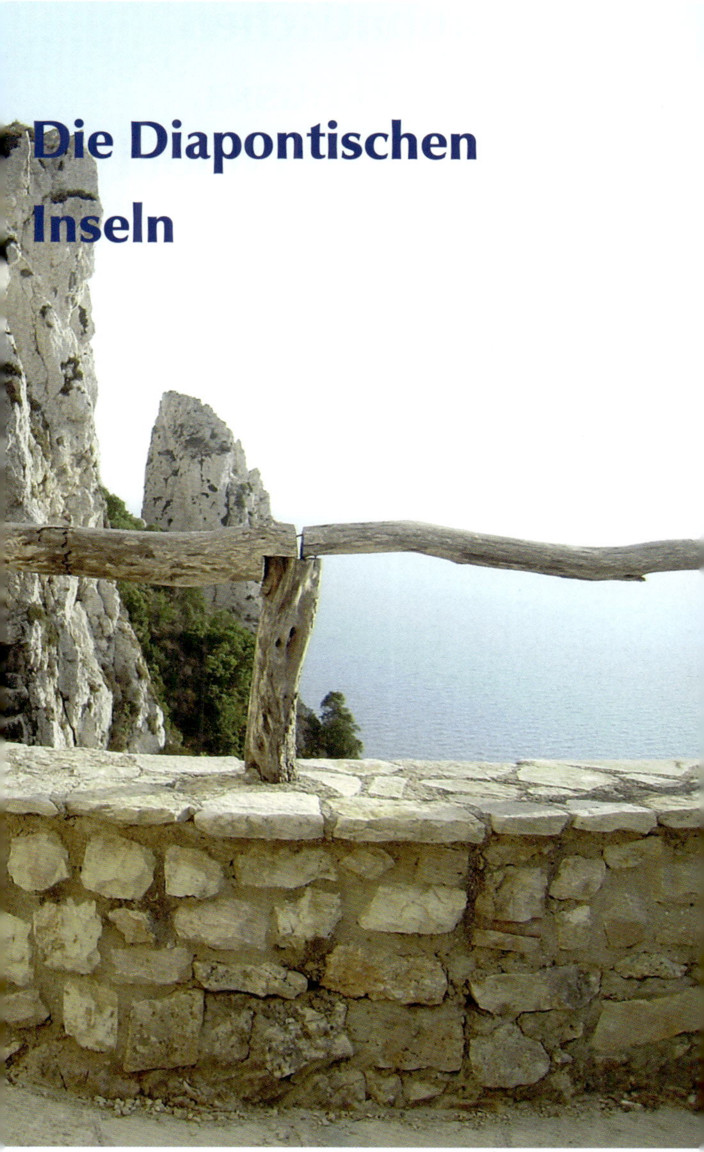

Die Diapontischen Inseln

Die Diapontischen Inseln: Ereikoussa, Mathraki und Othoni

Zum Verwaltungsbezirk von Korfu gehören drei kleinere Inseln nordwestlich von Korfu: die Diapontischen Inseln Mathraki, Ereikoussa und Othoni, die mit kleinen Fähren von Ag. Stefanos oder vom Hafen in Korfu-Stadt angefahren werden. Die kurzen und erholsamen Wanderungen auf den Inselchen sind auch bzw. gerade im Sommer empfehlenswert. Da das Meer immer in der Nähe ist, lassen sie sich gut mit Badepausen kombinieren.

Kapitelstartseite: Einer der schönsten Aussichtspunkte aufs Ionische Meer (Tour D3)

Tour D1
Ereikoussa-Rundweg

7,5 km
2¼ Std.
mittelschwer

Ereikoussa ist die östlichste der Diapontischen Inseln im Ionischen Meer, nur 9 Seemeilen, also knapp eine Stunde mit dem Boot, von der Nordwestküste Korfus entfernt. Das etwa 2 x 2 km kleine Eiland wird im Sommer gern als Ziel von italienischen Seglern genutzt. Die Strände sind sandig, das Wasser ist glasklar. Erika wächst überall und hat der Insel ihren Namen gegeben. Mittlerweile verfügt Ereikoussa auch über ein paar Hotels und Fremdenzimmer, die im Sommer geöffnet sind. Im Winter herrscht Ruhe in dem abgeschiedenen Kleinod. Knapp 60 Einwohner leben noch dort, im Jahr 2016 gab es noch eine Grundschule, deren Betrieb im Jahr 2016 noch mit insgesamt drei Kindern aufrecht erhalten, mittlerweile jedoch mangels Kindern eingestellt wurde. Ansonsten gibt es: einen Polizisten, einen kleinen Laden, ein Kafeneio. Benzin, Medikamente und Lebensmittel werden – wenn das Wetter es zulässt – per Schiff geliefert. Die meisten der ehemaligen Einwohner sind mittlerweile ausgewandert – hauptsächlich in die USA.

Länge: 7,5 km
Dauer: 2¼ Std.
Schwierigkeit/Charakter: mittelschwer, einige steile Anstiege führen uns zu den schönsten Aussichtspunkten der Insel: Santardo, der frühere Beobachtungsposten, die Fiki Beach Bar und der Hubschrauberlandeplatz
Übernachtung: auf Ereikoussa gibt es zwei Hotels und einige private Apartmentanlagen
Einkehr: in der Nähe des Hafens gibt es drei Restaurants und unterwegs die Fiki Beach Bar
Erste Hilfe: es gibt eine Arztpraxis in Porto

Kurzwander-Variation: Bragini (Start ab WP 2)
Länge: 5,8 km
Dauer: 1½ Std.
Schwierigkeit: kurze, wenig anstrengende, wunderschöne Wanderung, bei der man auf keinen Fall seine Badesachen vergessen sollte

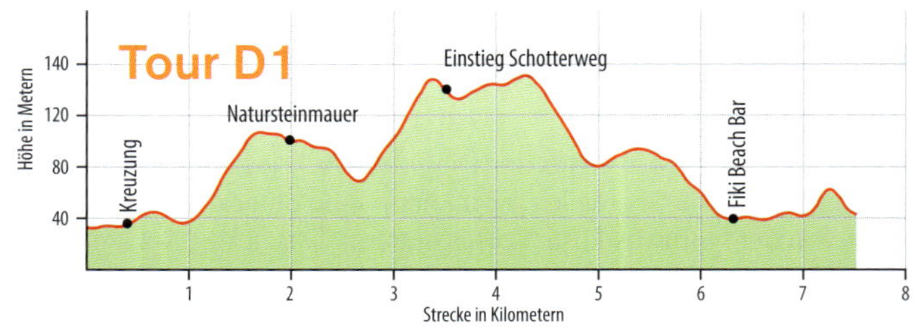
Tour D1
Höhe in Metern
140
120
80
40
Kreuzung
Natursteinmauer
Einstieg Schotterweg
Fiki Beach Bar
1
2
3
4
5
6
7
8
Strecke in Kilometern

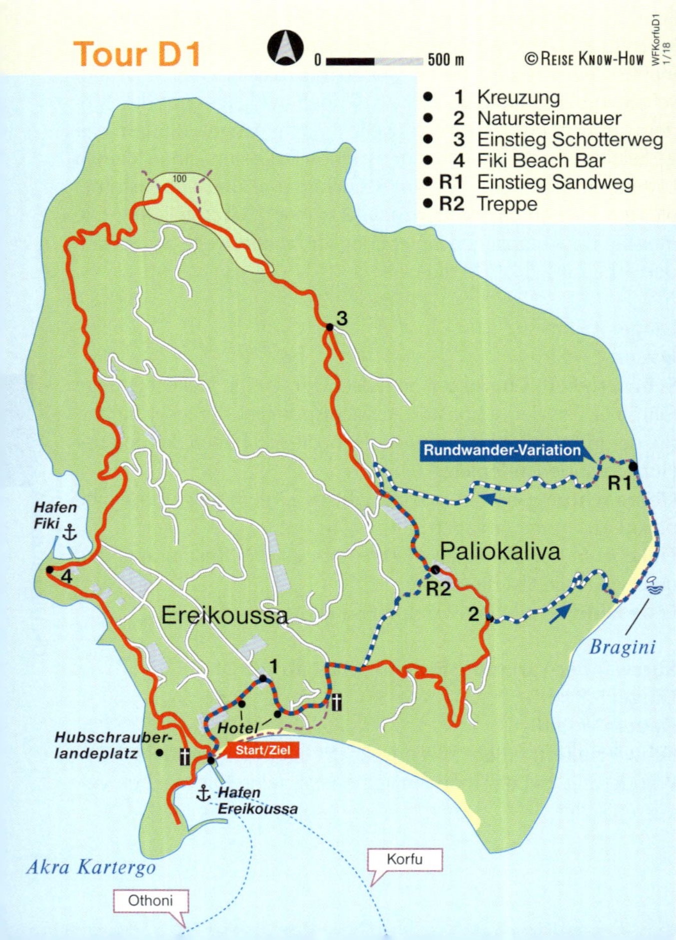

Tour D1
0
500 m
© Reise Know-How
WFKorfuD1 1/18
1 Kreuzung
2 Natursteinmauer
3 Einstieg Schotterweg
4 Fiki Beach Bar
R1 Einstieg Sandweg
R2 Treppe
100
Rundwander-Variation
Paliokaliva
Hafen Fiki
Ereikoussa
Bragini
Hotel
Hubschrauber-landeplatz
Start/Ziel
Hafen Ereikoussa
Akra Kartergo
Korfu
Othoni

Wegbeschreibung

Startpunkt ist der **Hafen von Ereikoussa,** von dem aus wir zunächst wenige Meter nach rechts gehen, bis wir zu einer Ansammlung von Wegweisern gelangen. Hier knickt die gepflasterte Straße nach links ab und wir folgen ihr durch das „Zentrum" des Strandortes Porto, passieren dann das Ereikoussa Hotel und wenig später das Restaurant Oasis. Hier gehen wir den Holzschildern entsprechend in Richtung Paliokaliva. Nach 150 Metern folgen wir den roten und blauen Pfeilen **weiter geradeaus (1).** Wenige Meter weiter sehen wir unterhalb der Straße das durch seine moderne Architektur auffallende, italienisch geführte Boutique-Hotel. Kurz darauf kommen wir an einer restaurierten Windmühle vorbei, die im Sommer für Besucher geöffnet ist und eine kleine Ausstellung aus Bildern und Werkzeugen beherbergt.

Wir gehen ab hier die Straße bergab, nach etwa 100 Metern passieren wir die Kirche und die etwa 100 Jahre alte Schule von Ereikoussa. Jetzt gehen wir auf den Friedhof zu und folgen der Linkskurve. 100 Meter hinter dem Friedhof gelangen wir an eine Gabelung, wo uns rote und blaue Pfeile nach rechts in Richtung Paliokaliva, unserem ersten Etappenziel, weisen. Wir passieren eine kleine Brücke und wenig später ein großes graues Lagerhaus, das rechts von uns liegt – eine von links kommende Abzweigung ignorieren wir, von hier werden die Wanderer der Kurzwander-Variation auf dem Rückweg kommen.

Es geht jetzt stetig bergauf und für ca. 900 Meter schlängelt sich die Straße nun aufwärts in Serpentinen bis zum Dorf Paliokaliva und gibt dabei immer wunderbare Ausblicke auf den Hafen und den Hubschrauberlandeplatz frei.

Wir erreichen die ersten Häuser der Ortschaft, an einer T-Kreuzung gehen wir links. Viele der Häuser sind verlassen, andere sind restauriert und haben z.T. hübsche und gepflegte, mit Blumen und Gemüse bepflanzte Gärten. Bald erreichen wir eine lange und schön gestaltete **Natursteinmauer (2),** die zu einem alten, liebevoll restaurierten Haus mit blauen Fensterläden gehört. Hier erhalten Wanderer, die mit diesem Buch unterwegs sind, eine Erfrischung, wann immer sie jemanden antreffen. Bis hierher sind wir genau 2 Kilometer gelaufen und hier können wir uns entscheiden, ob wir die kürze Rundwander-Variation „Bragini" machen oder die etwas längere Inselrunde.

Kurzwander-Variation „Bragini“

Rechts vor der **Natursteinmauer (2)** gehen wir dem Holzschild entsprechend nach Bragini bergab. Von hier hat man bei gutem Wetter eine herrliche Aussicht auf die senkrecht ins Meer abfallenden Felsen der Westküste Korfus. Nach ca. 500 Metern folgen wir dem Betonweg durch seine letzte Rechtskurve, wo er in einen Schotterweg übergeht. Vorbei an einem Strandhaus gelangen wir nach einigen Metern zu dem herrlichen, naturbelassenen Strand Bragini.

Wir halten uns links, den Pfeilen entsprechend, und gehen am Wasser entlang. Nach etwa 600 Metern, am Ende des Strandes schlagen wir einen auf Anhieb nicht sofort erkennbaren **Sandweg (R1)** ein, der uns vom Meer weg ins Inselinnere führt. Er verengt sich zu einem Pfad und führt uns zwischen Mastix- und Myrtesträuchern durch ein je nach Jahreszeit mehr oder weniger dicht mit Macchiapflanzen bewachsenes Gelände. Nach einigen Minuten gelangen wir an einen Schotterweg, dem wir den Pfeilen nach links bergauf folgen. Hier wächst jetzt zwischen den hohen Zypressen viel Erika, die der Insel ihren Namen gegeben hat. Für etwas mehr als einen halben Kilometer bleiben wir auf diesem einsamen „Unterholzweg“.

Der Weg wird breiter und durch eine Zypressenlandschaft geht es jetzt bergauf. An einer T-Kreuzung gehen wir nach links auf einen Betonweg und kommen 100 Meter weiter an eine Gabelung, an der wir erneut links gehen. Hinter einem kleinen Weiler geht es wieder steiler bergauf und wir laufen wenig später direkt auf ein altes aber noch bewohntes Haus zu. Der Weg führt uns um das Haus herum und wird dann zum Pfad, dem wir folgen. Nach etwa 100 Metern kommen wir zu einem mit Natursteinpflaster belegten Weg. Vor dem ersten Haus führt eine lange **Treppe (R2)** nach rechts abwärts, der wir folgen. Diese gehört zu einem der vielen öffentlichen Verbindungswege auf Ereikoussa, auf denen die Bauern früher vom Hafen zu ihren Felder, gelangt sind. Die meisten dieser Wege sind leider der Erosion ausgesetzt oder zugewachsen.

Am Ende der Treppe gehen wir auf der Straße weiter abwärts, an einem Haus vorbei, es duftet nach Rosmarin und Thymian, der hier am Wegesrand zwischen Ginster und anderen Sträuchern reichlich wächst. 100 Meter hinter dem Fuß der Treppe kommen wir an eine T-Kreuzung, an der wir links abwärts gehen. Bei einer weiteren T-Kreuzung vor dem großen grauen Lagerhaus, das wir vom Hinweg kennen, biegen wir nach rechts ab, passieren die Brücke und folgen nun dem Weg, den wir gekommen sind. Am Friedhof gehen wir auf dem Plattenweg zwischen Kirche und Schule in Richtung Strand. Wir halten uns rechts und gehen auf einem Betonweg oberhalb des Strandes am Boutique-Hotel vorbei und von dort am Wasser entlang zurück bis zum **Hafen.**

An der **Natursteinmauer (2)** des Hauses entlang folgen wir, alle Abzweigungen ignorierend, der Straße, die nach gut 200 Metern in einen mit Steinen gepflasterten Weg übergeht. Wir gehen zwischen zwei Häusern hindurch, der Weg wird zum Pfad und wir folgen ihm. Jetzt laufen wir abwärts und kommen zu einem alten, bewohnten Haus, welches wir umrunden. Anschließend gehen wir auf dem Zementweg weiter abwärts.

Nach 250 Metern gabelt sich der Weg, hier folgen wir der Linkskurve, biegen aber 10 Meter weiter, vor einem Haus, dem roten Pfeil entsprechend nach rechts ab. Holzschilder weisen uns nach Merovigli und Santardo. Der Zementweg geht bald in einen bergauf führenden breiten Schotterweg über und nach 300 Metern passieren wir ein kleines überdachtes Gebäude. Von nun an geht es für weitere 300 Meter recht steil aufwärts.

Etwa 20 Meter nach dem höchsten Punkt, müssen wir aufpassen, denn hier geht es über einen kleinen **Schotterweg (3)** nach rechts zu einer aus Baumstämmen bestehenden Stufenkonstruktion, die uns auf den Berg führt. Wir folgen den Stufen und einem Pfad, der uns direkt zu einem Beobachtungsposten führt, der vom Militär zur Beobachtung der Meerenge zu Albanien angelegt worden ist. Hier oben genießen wir einen fantastischen Ausblick auf Albanien, den Norden Korfus und die anderen beiden Diapontischen Inseln.

Wir gehen den Pfad und die Stufen wieder zurück und setzen unseren Weg nach rechts auf dem von Zypressen und viel Erika eingefassten Schotterweg weiter fort. Auf diesem Hauptweg wandern wir jetzt fast 2 Kilometer und ignorieren dabei alle Abzweigungen. Der Weg ist sonnig und wir haben immer einen schönen Ausblick auf die Inseln Mathraki und Othoni.

Nach ca. 25 Min. Gehzeit stoßen wir auf einen von oben kommenden Zementweg und folgen diesem nach rechts abwärts. Wir durchqueren nach wenigen Gehminuten eine kleine Siedlung namens Dendra, vorbei an neuen und alten Steinhäusern, bis wir den Eindruck haben, dass der Weg vor einem Haus endet. Doch er führt uns rechts an diesem vorbei, immer weiter abwärts. Ca. 200 Meter weiter kommen wir zu einer Straße, der wir nach rechts abwärts folgen. Bald sehen wir den kleinen Naturhafen namens Fiki (zu Deutsch Seetang) und erkennen sofort, warum er so getauft wurde. Wir gehen in Richtung der Hafenmole aber an einem dreieckig eingefassten Blumenbeet wenden wir uns nach rechts und gehen weiter, jetzt immer am Meer entlang. So gelangen wir zu der **Fiki Beach Bar (4),** die bei Einheimischen und Touristen für ihren herrlichen Ausblick bei Sonnenuntergang beliebt ist. Wir gehen an der Bar vorbei und passieren nach 100 Metern wieder eine kleine Siedlung. Rechts von uns ist das Meer und noch einmal genießen wir die Aussicht auf Mathraki und Othoni.

Nun folgen wir der Straße wenige Minuten, bis wir hinter einer vom Meer wegführenden Linkskurve und vor einem Stromver-

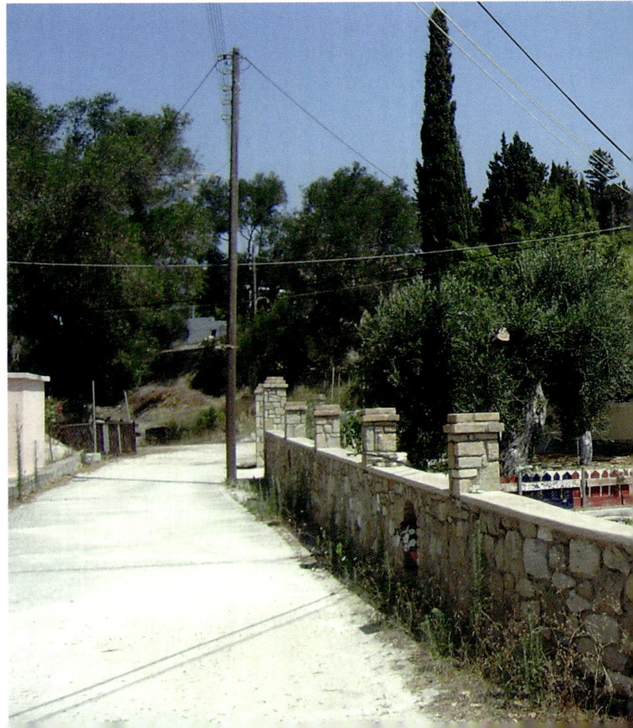

teiler nach rechts in eine Zementstraße abbiegen. Wir gelangen nach einem recht steilem Anstieg von ca. 150 Metern zu einer kleinen romantischen Privatkapelle und direkt oberhalb zum Hubschrauberlandeplatz der Insel. Von hier haben wir noch einmal eine grandiose Aussicht auf den Hafen von Ereikoussa, den Norden Korfus und wieder auf die beiden anderen Diapontischen Inseln.

Wir gehen den gleichen Weg wieder zurück bis zum Stromverteiler und folgen dann der Straße nach rechts. Bald erreichen wir das Polizeigebäude der Insel, gehen der Straße folgend um dieses herum und gelangen zurück zur **Hafenmole.**

Wer mit diesem Buch unterwegs ist,
bekommt hier eine kleine Erfrischung.

066wko ft

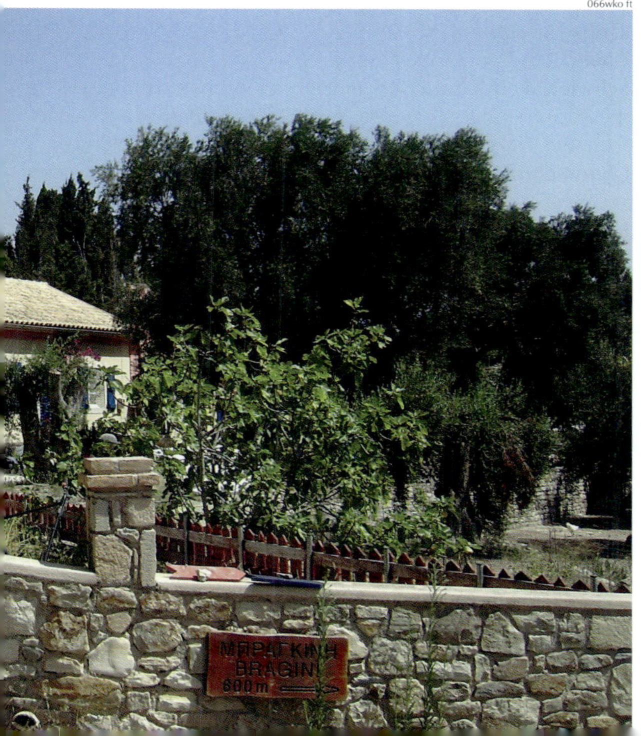

Tour D2
Mathraki-Rundweg

7,5 km
2 Std.
einfach

Die Insel **Mathraki** liegt etwa vier Seemeilen vor der Nordwestküste Korfus. Ihr Name leitet sich wahrscheinlich von dem griechischen Wort für Kohle *(Anthrakia)* ab, da die gesamte Insel wohl in der Vergangenheit einem Brand zum Opfer gefallen war. Sie ist die Kleinste der drei Diapontischen Inseln, war lange Zeit unbewohnt und wurde erst im 19. Jahrhundert besiedelt. Damals lebten die Einwohner bescheiden vom Fischfang und Olivenanbau, bis die meisten von ihnen ins Ausland – überwiegend nach Amerika – ausgewandert sind. Heute leben nur noch knapp 100 Einwohner ganzjährig auf der Insel.

Zu Mathraki gehört auch eine kleine vorgelagerte Inselgruppe, der wir auf der Überfahrt von Agios Stefanos nach Mathraki begegnen. Auf der Größten von ihnen, der Insel Diaplo, haben die Einwohner eine versteckte Kirche errichtet.

Länge: 7,5 km
Dauer: 2 Std.
Schwierigkeit/Charakter: einfach, eine abwechslungsreiche Rundwanderung mit tollen Ausblicken, schattigen Waldabschnitten, Einkehrmöglichkeiten und Gelegenheit zum Baden
Übernachtung: Auf Mathraki gibt es einige private Apartmentanlagen
Einkehr: in der Nähe des Hafens gibt es ein Restaurant, unterwegs die Taverne Levante, ein Kafeneio sowie das Restaurant Taka Taka
Erste Hilfe: es gibt ein Erste-Hilfe-Zentrum, das 24 Std. geöffnet ist

Wegbeschreibung

Wir starten am **Hafen von Mathraki.** Von dort kommend gehen wir zunächst rechts und dann auf der Zementstraße um das Gemeindezentrum herum, auf dessen unfertigem Dach die griechische Flagge weht. Dann folgen wir der Straße seicht bergauf – gegenüber sehen wir die Nordwestküste Korfus und unterhalb von uns den Hafen sowie den ca. 2,5 Kilometer langen Sandstrand der Insel.

Es ist der einzige **Sandstrand** auf Mathraki. Zwar gibt es im Nordwesten der etwa drei Quadratkilometer großen, langgestreckten Insel noch zwei weitere Strände mit den Namen Fiki und Kontrakas, die jedoch steinig und/oder mit Seetang bedeckt und zum Schwimmen und Baden wenig geeignet sind.

Wir folgen der Straße in Serpentinen immer aufwärts. Nach 800 m passieren wir Taverne/Minimarkt Levante zu unserer Rechten. Kurz darauf, an einem Stoppschild, gelangen wir an eine Gabelung mit vielen Hinweisschildern. Wir gehen links, passieren das Erste-Hilfe-Zentrum der Insel und folgen der Linkskur-

Neben dem Hafen breitet sich ein langer Sandstrand aus

067wko ft

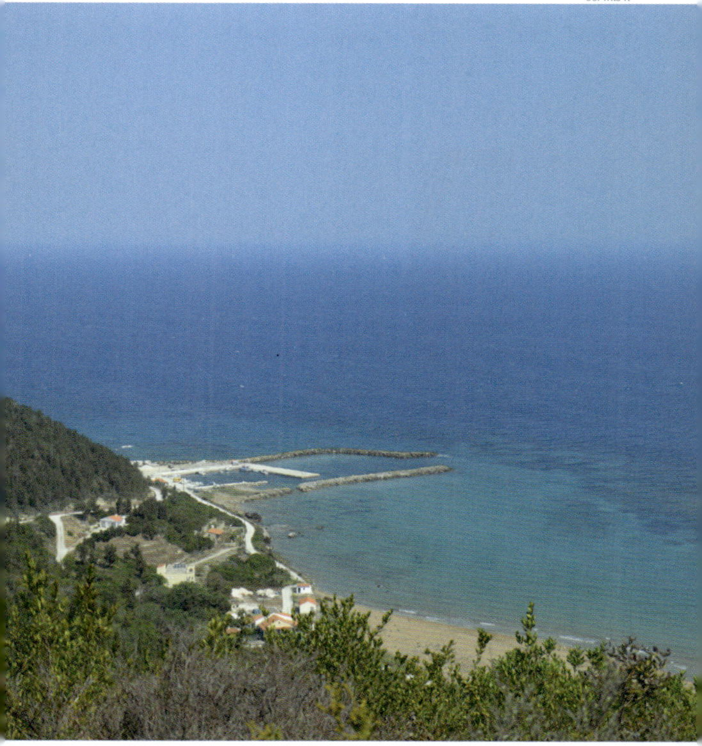

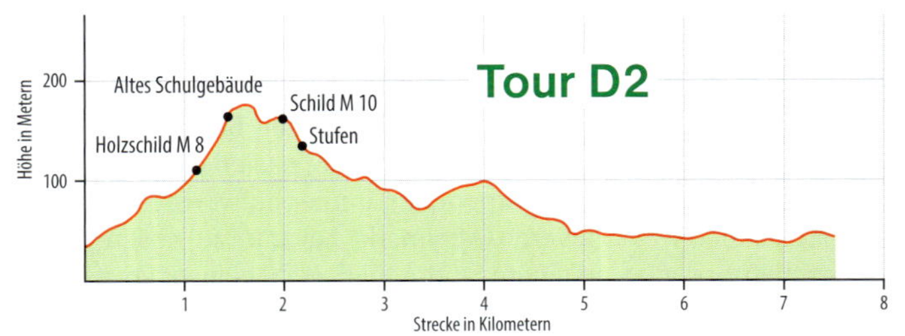

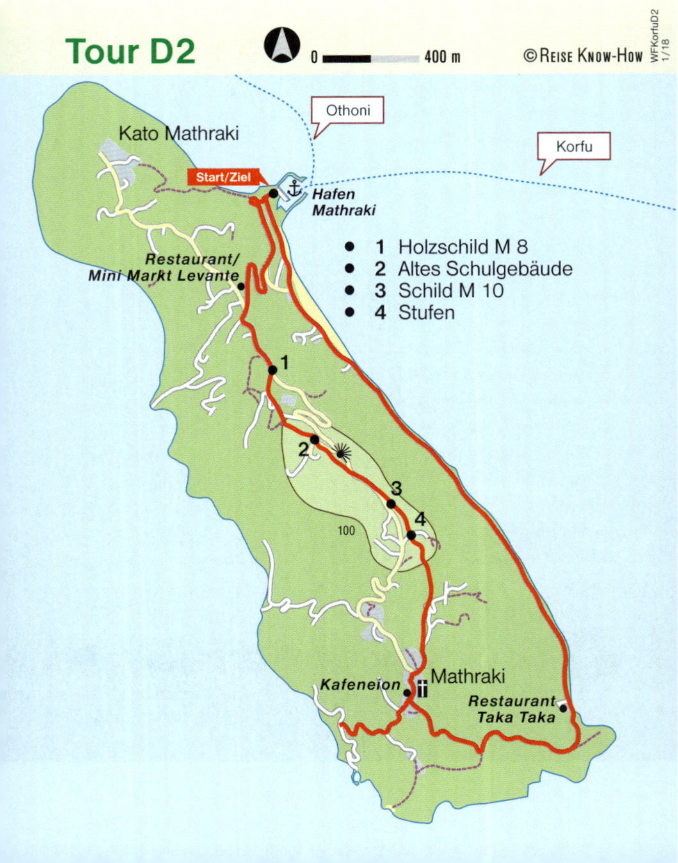

Tour D2

0 400 m

© Reise Know-How

WFKorfuD2 1/18

Othoni

Korfu

Kato Mathraki

Start/Ziel

Hafen Mathraki

- 1 Holzschild M 8
- 2 Altes Schulgebäude
- 3 Schild M 10
- 4 Stufen

Restaurant/ Mini Markt Levante

100

Mathraki

Kafeneion

Restaurant Taka Taka

ve in Serpentinen immer weiter bergan. Auf der Höhe angekommen zweigen nach links und rechts verschiedene ausgeschilderte Wanderwege ab. Wir ignorieren die ersten beiden Holzschilder und folgen schließlich dem dritten **Holzschild M 8 (1)** in einen Treppenstufenpfad. Bis hierher sind wir insgesamt 1,2 Kilometer gewandert.

Nach 100 Metern kommen wir zu einem Haus und setzen unseren Weg zunächst auf dem Zementweg fort. Diesen verlassen wir aber schon nach etwa 30 Metern in einen links abzweigen-

Künstliche Bäume sollen Zugvögel anlocken

068wko ft

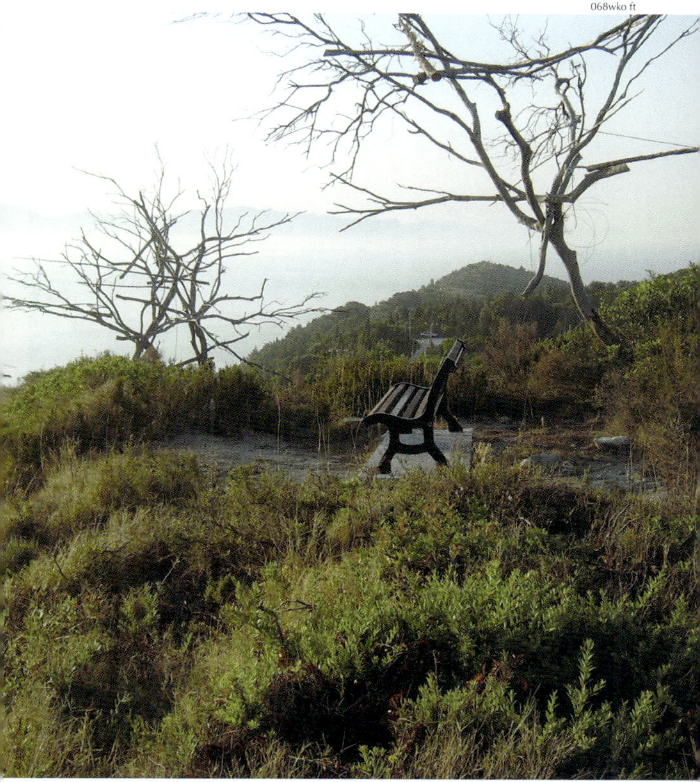

den Treppenweg, der uns entlang einer Wasserleitung in ca. 300 Metern durch ein strauchiges Gelände zum **alten Schulgebäude (2)** führt, dessen Betrieb bereits 1998 eingestellt wurde. Direkt gegenüber der Schule, hinter einem Wassertank, folgen wir einem Schotterweg bergauf. Über eine stabile Holzbrücke passieren wir einen Abrutsch und kommen bald darauf auf die höchste Erhebung der Insel. Hier oben haben Jäger eine Hütte und eine Aussichtsbank aufgestellt. Es lohnt sich, einige Minuten zu verweilen und den Blick über die Insel schweifen zu lassen. Außer der traumhaften Aussicht fallen uns jedoch auch seltsame Holzkonstruktionen ins Auge. Es handelt sich um Nachbildungen von Bäumen, die Jäger hier errichtet haben, um im April Turteltauben auf ihrem Zug zu einer Pause zu animieren.

Anschließend gehen wir auf dem Pfad weiter, ab jetzt abwärts. Nach 100 m stoßen wir auf eine Zementstraße und gehen rechts. Wir passieren ein Haus und einen Parkplatz, auf dem

069wko ft

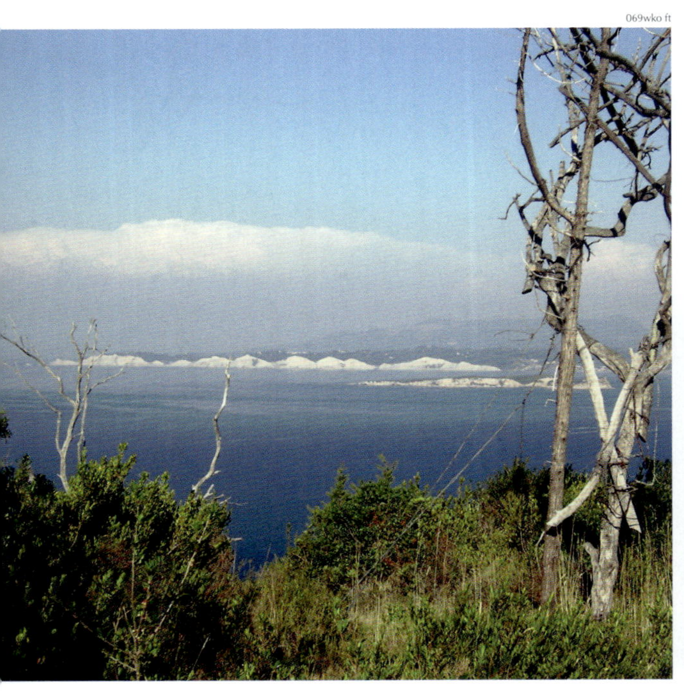

zwei Autos vor sich hinrosten. Direkt dahinter gehen wir links in einen mit **M 10 ausgeschilderten Pfad (3).** Er ist schön schattig und führt uns über Stufen bergab. Myrte, Oliven und Kermeseichen wachsen am Wegesrand. Nach 200 Metern endet der Pfad an einer Zementstraße, wir gehen rechts, aber bereits nach ca. 5 Metern führen uns **Stufen (4)** auf der linken Seite abwärts.

Ein zementierter Pfad führt an einigen Privatgrundstücken vorbei, an einigen Stellen ist er mehr oder weniger stark bewachsen, aber immer deutlich erkennbar. Wir passieren ein tunnelartig zugewachsenes Waldstück und gehen dann über Stufen abwärts durch einen Olivenhain an dessen Rändern Brombeeren wuchern. Alle Abzweigungen ignorierend gelangen wir nach insgesamt 500 Metern auf die Zementstraße, der wir nach rechts folgen. Bald erreichen wir die ersten Häuser des Dorfes Palio Chorio (auf Deutsch „Altes Dorf"). An einer T-Kreuzung gehen wir links. Neben der Kirche Agios Spyridon befindet sich ein altes, sehr schönes Kafeneio mit dem gleichen Namen „Palio Chorio", in dem es sich lohnt einzukehren. Hinter dem Kafeneio gehen wir einige Schritte die Straße entlang und folgen dann links dem Straßenschild Richtung Port.

Abstecher zum Alten Hafen: Wer möchte, kann die Straße geradeaus gehen und kommt in etwa 20 Minuten zum Alten Hafen von Mathraki, der heute nur noch von wenigen Fischern benutzt wird. Der Weg dorthin lohnt sich vor allem wegen der tollen Aussicht auf den nordwestlichen Teil der Insel.

Wer nicht zum Alten Hafen geht, wandert links weiter und nach biegt nach 200 Metern wieder links ab; nun weist uns das Schild „to the Beach". Für fast einen Kilometer bleiben wir auf diesem abwärtsführenden Zementweg, vor uns sehen wir immer das Meer. Wir erreichen das Restaurant „Jannis Taka Taka". Ab hier geht es für 2,5 Kilometer auf dem Schotterweg parallel zum Strand bis zum Hafen zurück. Wer möchte, kann unterhalb dieses Weges direkt am Strand laufen, allerdings sind einige Strandabschnitte steinig.

Tour D3
Othoni-Inselweg

11,5 km
3–4 Std.
mittelschwer

Othonoi stellt den westlichsten Punkt Griechenlands dar und ist mit 10,8 km² die größte der Diapontischen Inseln. Sie wurde lange vor den beiden anderen Inseln bewohnt, denn bereits zu Zeiten der venezianischen Besatzung haben hier Siedlungen existiert. Am nordöstlichsten Kap (Kastri) befindet sich noch die Ruine einer venezianischen Festungsanlage. Auch in der Antike wurde Othonoi bereits in Homers Odyssee erwähnt: Hier – so die Heldensage – befindet sich die Höhle der Nymphe Kalypso, die Odysseus sieben Jahre gefangen hielt, bevor er mit einem Floß nach Korfu entkam.

Wie auf Mathraki und Ereikoussa sind zahlreiche Einwohner in den 1960er Jahren ausgewandert und so ist es auch auf Othonoi außerhalb der Saison extrem ruhig, ca. 90 Menschen sind noch ganzjährig ansässig. Die drei großen Schulgebäude, in denen einst zahlreiche Kinder lesen und schreiben lernten, stehen nun leer und die mehr als 36.000 Olivenbäume sind zum größten Teil verwildert und verlassen.

Länge: 11,5 km mit allen Abstechern (Verkürzung möglich)
Dauer: 3–4 Std.
Schwierigkeit/Charakter: Entspannte, aber nicht unanstrengende Inselwanderung, die uns in insgesamt drei Abstechern zu den höchsten und schönsten Aussichtspunkten führt. Manche Wegstrecken sind unwegsam, daher sind feste Schuhe angebracht.
Übernachtung: in der Siedlung Ammos am Hafen gibt es Fremdenzimmer
Einkehr: in der Nähe des Hafens gibt es mehrere Restaurants, unterwegs besteht nicht die Möglichkeit zur Einkehr
Erste Hilfe: es gibt eine Arztpraxis in Ammos

Wegbeschreibung

Startpunkt ist am **Ende der Hafenzufahrt,** an einem Holzschild, auf dem die Inselkarte abgebildet ist. Hier können wir uns einen ersten Überblick über die Tour verschaffen, die uns zu den Ortschaften Vizentziatika, Dafni, Chorio und schließlich zur höchsten Erhebung der Insel, Merovigli, führt.

Wir wandern links die Strandstraße entlang, vorbei an den Taverne, Restaurants, Apartmentanlagen und der Polizeistation. Fast am Ende der Promenade folgen wir der Rechtskurve bergauf, wo uns ein hölzernes Schild nach BITZENTZIATIKA (gesprochen Vitsentziatika) weist. Nach 150 Metern verlassen wir die Straße in einen Stufenweg und nach weiteren 100 Metern **zweigt auf der linken Seite der Weg zu unserem ersten Abstecher (1) ab.** Nach einigen Metern überqueren wir eine Asphaltstraße und setzen unseren Weg gegenüber fort. Ein breiter aufwärts führender Weg (Stufen) führt uns zwischen Wildkräutern und niedrigen Büschen über den felsigen Boden erneut zur Asphaltstraße – die Fortsetzung unseres Pfades befindet sich nun 30 Meter weiter links und nach einigen Minuten erreichen wir die Siedlung mit dem schwierigen Namen. Ein Streifzug bergauf entlang der gepflasterten Dorfgasse führt uns zu den alten, zum großen Teil liebevoll restaurierten Steinhäusern dieser kleinen Bergsiedlung bis zu deren **höchstem Punkt (2).**

We möchte, kann sich hier einen Wanderstock ausleihen – und wieder zurückstellen

071wko ft

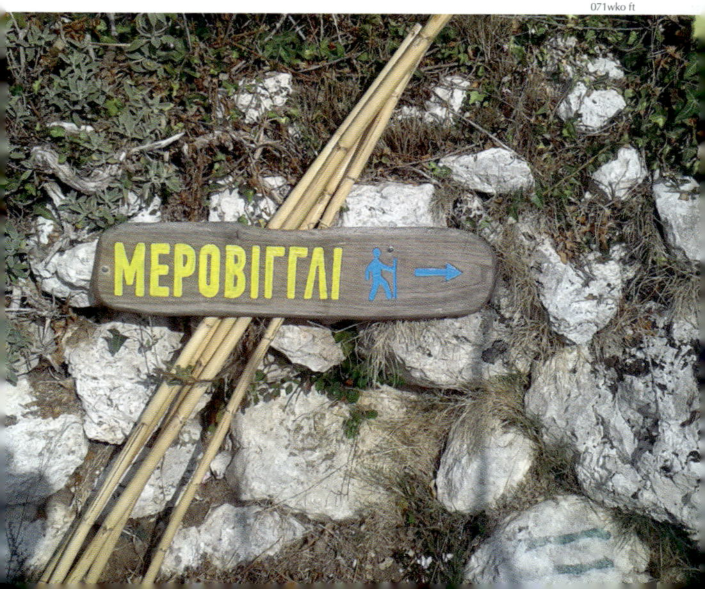

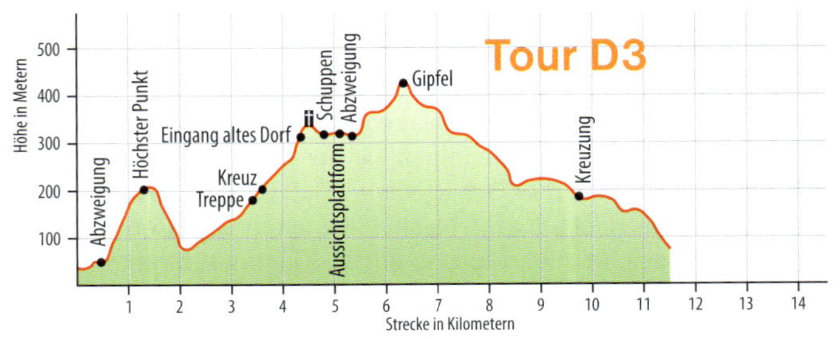

Tour D3

0 400 m

- 1 Abzweigung
- 2 Höchster Punkt
- 3 Treppe
- 4 Kreuz
- 5 Eingang altes Dorf
- 6 Kirche
- 7 Schuppen
- 8 Aussichtsplattform
- 9 Abzweigung
- 10 Gipfel
- 11 Kreuzung

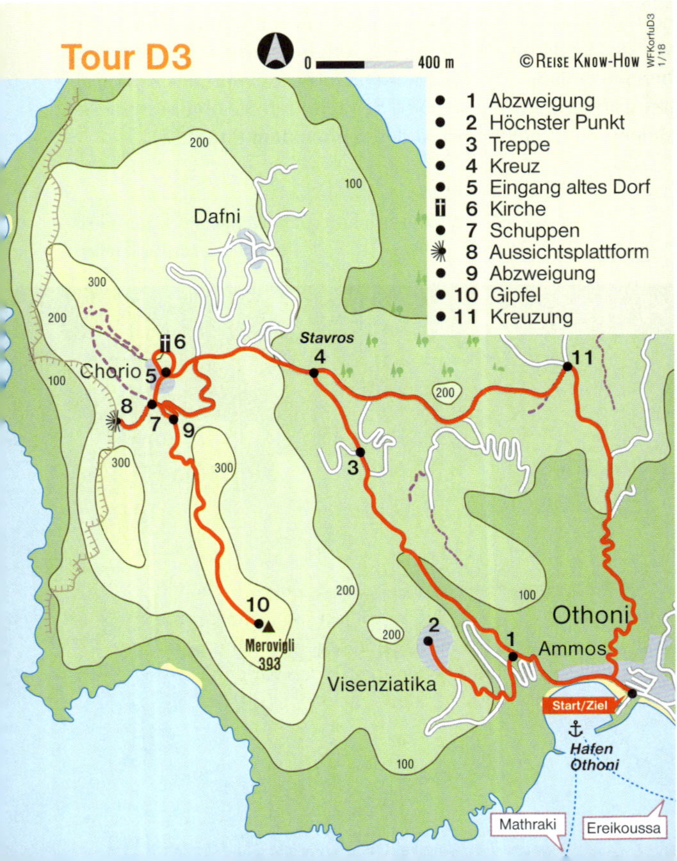

Dafni
Stavros
Chorio
Merovigli 393
Visenziatika
Othoni
Ammos
Start/Ziel
Hafen Othoni
Mathraki
Ereikoussa

Von hier aus gehen wir auf dem gleichen Weg zurück zum **Abzweig (1)** und anschließend links aufwärts. Bald wird der Weg schattiger, denn nun wachsen hohe Zypressen rechts und links unseren Weges. Nach 400 Metern passieren wir eine Brücke und folgen, parallel zu einem Wasserlauf, dem alten Steinpfad aufwärts. Einen halben Kilometer weiter plätschert der Bach unter uns durch eine Schlucht – hier begrenzt ein Holzgeländer den Wanderweg. Kurze Zeit später überqueren wir ein mehr oder weniger trockenes Bachbett und nach einigen Minuten stoßen wir an einen Zementweg, dem wir links aufwärts folgen. Bereits nach 100 Metern verlassen wir diesen jedoch wieder, um rechts eine aus Baumstämmen konstruierte **Treppe (3)** aufzusteigen. Über Felsboden führt dieser Weg bis zu einem Platz, auf dem ein weißes steinernes **Kreuz (4)** aufgestellt ist.

Der Platz heißt **Stavros** (deutsch „Kreuz") und soll mündlichen Überlieferungen zufolge an eine Schlacht im Jahr 1537 erinnern, bei der während eines Piratenangriffs der größte Teil der Bevölkerung ums Leben kam und deren Blut – so die Erzählungen – soll den Bach tiefrot gefärbt haben. Am Rand des Platzes steht auch das alte Schulgebäude, in dem eine kleine volkskundliche Ausstellung beherbergt ist.

Wir gehen links auf der Asphaltstraße weiter, aber nach 100 Metern biegen wir wieder in den links abzweigenden Treppenweg ab. Ein Holzschild weist hier zum Dorf, das nun nicht mehr weit ist. Nach 700 Metern kommen wir an einen Wirtschaftsweg und setzen unseren Aufstieg genau gegenüber fort. Bald sind wir in einem Wald aus hohen Zypressen und wilden Oliven, durch den wir über zahlreiche moosbewachsene Stufen zur Asphaltstraße aufsteigen. Wir überqueren sie und erklimmen dahinter noch die letzten Stufen, bevor wir das **alte Dorf (5)** erreichen. Wir gehen rechts noch einmal über einen Treppenweg, der an einer **Kirche (6)** endet.

Wir verlassen das Gelände der Kirche durch den hinteren Ausgang und gelangen ins „Zentrum" des Dörfchens, von wo aus wir einen kleinen Rundgang starten können. Anschließend gehen wir zurück zu **WP 5** und folgen dann der Straße bis zum Dorfausgang, an dem mehrere garagenähnliche **Schuppen (7)** aufgestellt sind. Schräg gegenüber finden wir den Einstieg zu unserem zweiten Abstecher: einen kurzen gepflasterten Weg, der uns zu der spektakulären **Aussichtsplattform Ileovassilemma (8)** (auf Deutsch „Sonnenuntergang") führt.

Wie der Name vermuten lässt, hat dieser Platz am Tagesende eine besondere Magie. Leider können wir nicht zum Sonnenuntergang hier bleiben, denn wir müssen an unseren Rückweg denken: Die Wege auf Othonoi sind nicht beleuchtet. Aber auch bei Tageslicht ist der Blick auf den steil vor uns ins Meer abfallenden Felsen und auf die bizarr geformte Küstenlandschaft unter uns ein wunderbarer Anblick.

Zurück am **Schuppen (7)** gehen wir rechts, doch 100 Meter weiter biegen wir erneut **rechts in einen Zementweg ab (9).** Hinter einem Holzschild, das zu unserem letzten Abstecher, dem höchsten Punkt der Insel weist, befinden sich Bambusstöcke, die sich Wanderer hier ausleihen können, um die unwegsame Strecke leichter zu bewältigen.

Der Zementweg geht in einen schmalen Pfad über, der durch blaue Markierungen gekennzeichnet ist. Nach etwa 350 Metern gelangen wir über eine Holztreppe auf den Felsen, von wo aus wir unseren Weg nach links fortsetzen. Zwischen Kermeseichen und Zypressen führt er über felsigen Untergrund bergauf, aber nach etwas mehr als einem Kilometer erreichen wir den fast kahlen **Gipfel (10),** der mit 393 Metern die höchste Erhebung der

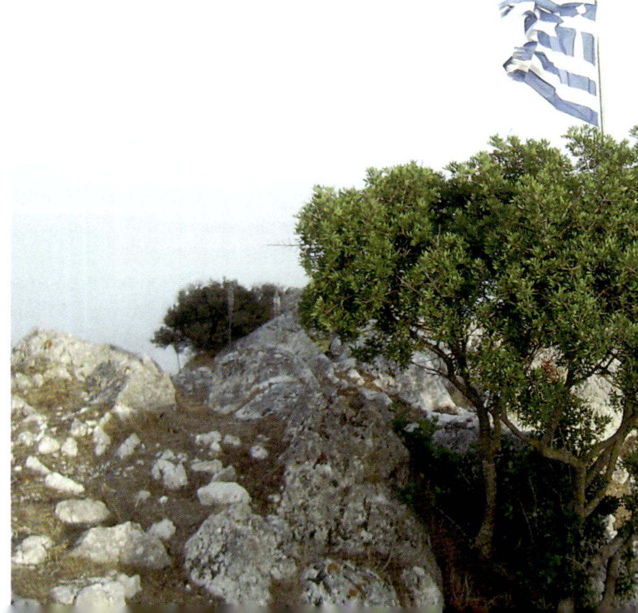

Insel darstellt. Rings um die griechische Flagge laden Steinbrocken zum Ausruhen ein.

Nachdem wir die herrliche Aussicht ausgekostet haben, gehen wir zur **Abzweigung (9)** zurück und folgen der Straße einen halben Kilometer nach rechts. Hier finden wir den Einstieg in den uns vom Hinweg bekannten Weg, den wir nun bis zum **Kreuz (4)** hinabsteigen.

Ab hier folgen wir der so gut wie nicht befahrenen Höhenstraße, die im weiteren Verlauf einen schönen Blick auf den Berg, den wir soeben erklommen haben, freigibt. Nach 1,3 Kilometern kommen wir an eine **Kreuzung (11).** Hier beginnt rechts, zwischen einer Mauer und einem Zaun, unser Rückweg. Der Betonweg wird bald zu einem Waldweg über herrlich weichen Boden, der an einer kleinen Siedlung endet. Diese durchqueren wir und setzen unseren Weg fort. An einer Kreuzung gehen wir rechts am Zaun entlang und wenig später sehen wir nun schon unser Ziel. Durch die kleinen Sträßchen erreichen wir bald die ersten Häuser und schließlich den **Strand von Ammos.**

Fast 400 Meter hoch ist die höchste Erhebung auf Othoni, dem nordwestlichsten Punkt Griechenlands

072wko ft

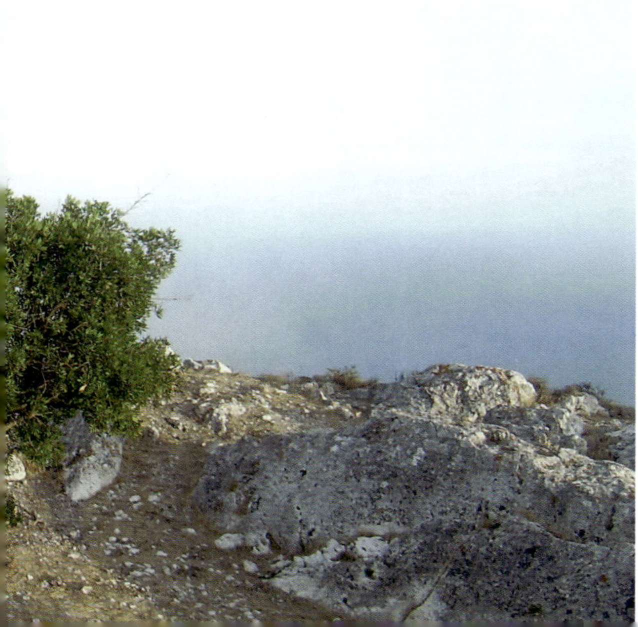

073wko ft

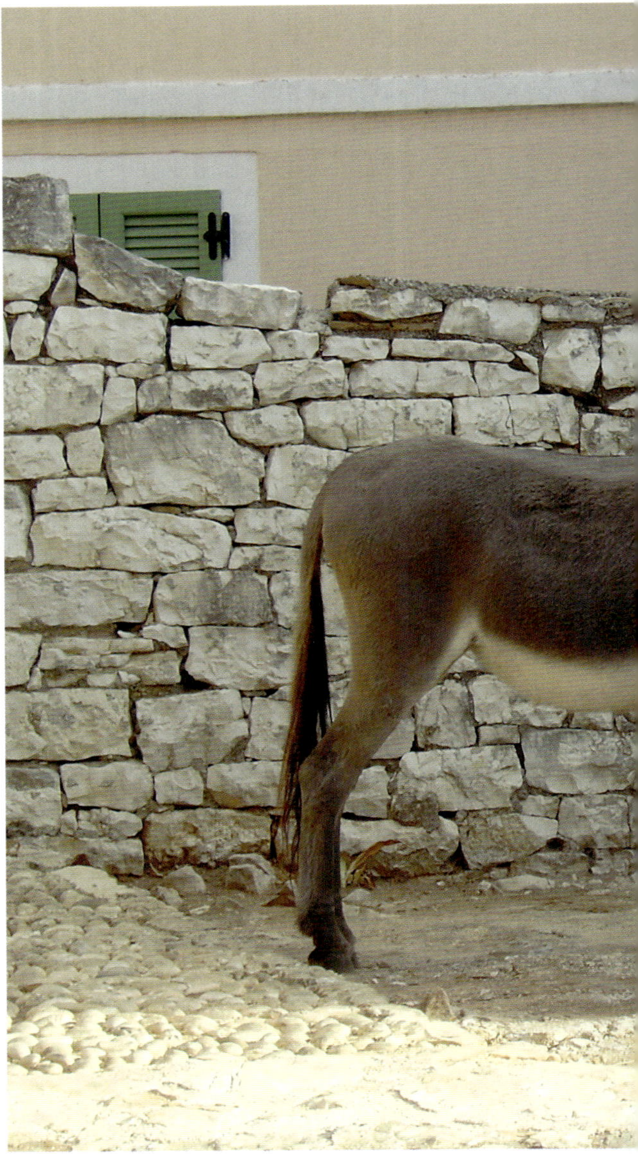

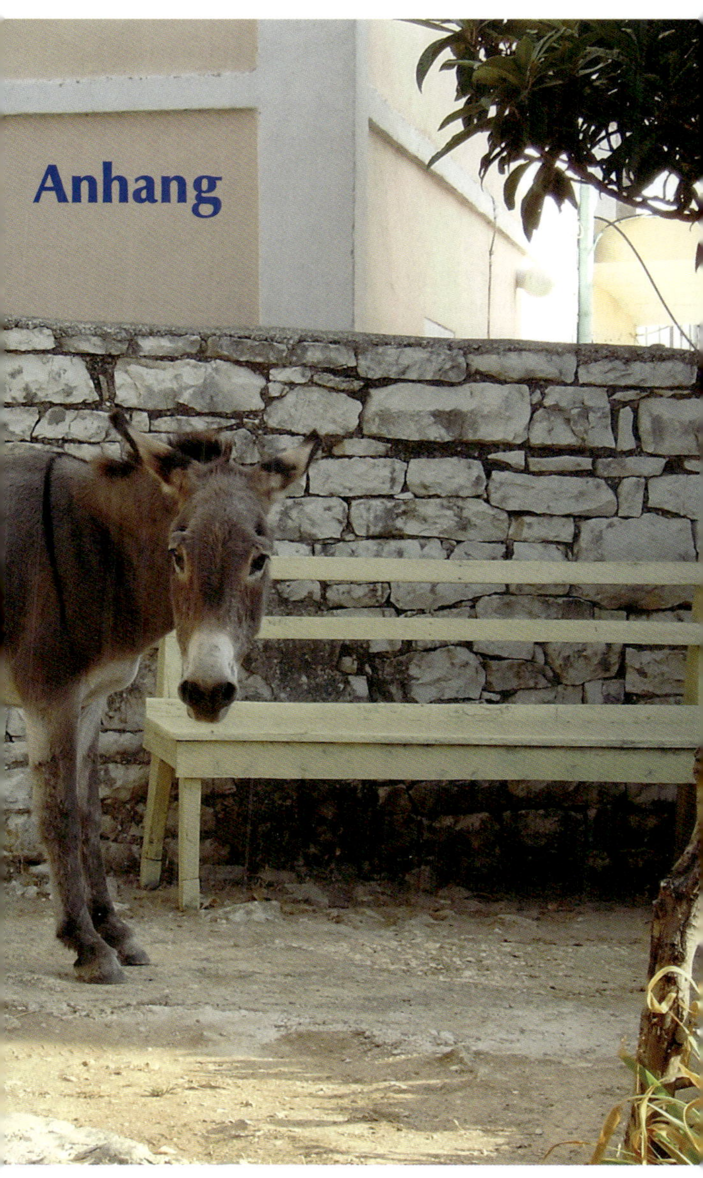

Anhang

Ortsregister

Kapitelstartseite: Esel auf der Insel Othonoi (Tour D3)

Glossar

CT-Schild – in diesem Buch kurz für „Wegweiser des Corfu Trail", der Abschnitt ist also Teil des 222 km langen Wanderweges über die gesamte Insel.

Diapontische Inseln – kleine Inselgruppe nordwestlich von Korfu, bestehend aus drei bewohnten Inseln, Othoni, Ereikoussa und Mathraki und weiteren unbewohnten Inseln.

Epirotisches Festland – zur griechischen Region Epirus gehörend, dem nordwestlichsten Festlandteil Griechenlands an der albanischen Grenze. Die historische Region Epirus ist noch weiter gefasst.

Ionische Inseln – Inselgruppe westlich des griechischen Festlandes. Korfu ist die nördlichste und nach Kefalonia zweitgrößte Insel der Gruppe.

Kafeneio (griechisch Καφενείο), auch **Kafenio** oder **Kafenion,** Mehrzahl Kafenia – typisches, griechisches Kaffeehaus.

Macchia, Macchie – immergrüne Buschlandschaft des Mittelmeerraums, entstanden zum Beispiel durch Abholzung.

Mastixstrauch – auch Wilde Pistazie. Immergrüner Strauch des Mittelmeerraums. Das Harz, Mastix, wird industriell genutzt.

Myrte – immergrüner, weißblühender Strauch des Mittelmeerraums.

Phäaken – Volk der griechischen Mythologie. Korfu wird mit der „Insel der Phäaken" gleichgesetzt.

Platia (Mz. Platies) – Hauptplatz eines Dorfes und Mittelpunkt des gesellschaftlichen Lebens.

WP – Abkürzung für **Waypoint,** bzw. **Wegpunkt.** Wegpunkte sind in GPS-Tracks eingebettete Markierungspunkte. Die in diesem Buch in den Karten markierten Wegpunkte sind im Text und in den GPS-Tracks wiederzufinden.

Das komplette Programm zum Reisen und Entdecken

Reise Know-How Verlag

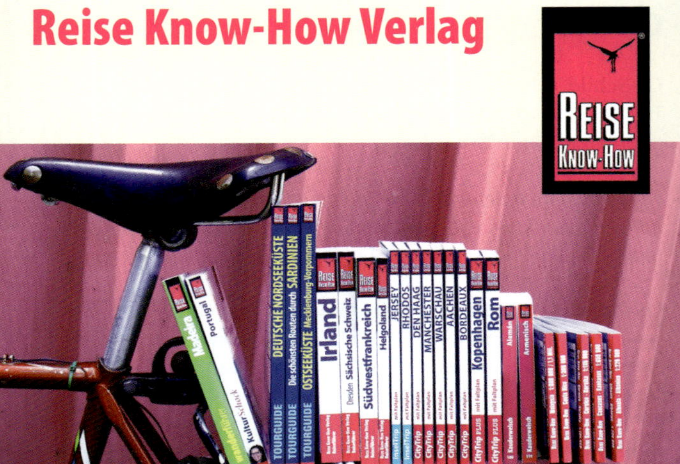

- **Reiseführer** – praktische Reisetipps von kompetenten Landeskennern
- **CityTrip** – kompakte Informationen für Städtekurztrips
- **CityTrip^PLUS** – umfangreiche Informationen für ausgedehnte Städtetouren
- **InselTrip** – kompakte Informationen für den Kurztrip auf beliebte Urlaubsinseln
- **Wohnmobil-Tourguides** – praktische Reisetipps für Wohnmobil-Reisende
- **Wanderführer** – exakte Tourenbeschreibungen mit Karten und Anforderungsprofilen
- **KulturSchock** – Orientierungshilfe im Reisealltag
- **Die Fremdenversteher** – kulturelle Unterschiede humorvoll auf den Punkt gebracht
- **Kauderwelsch-Sprachführer** – schnell und einfach die Landessprache lernen
- **Kauderwelsch plus** – Sprachführer mit umfangreichem Wörterbuch
- **world mapping project™** – aktuelle Landkarten, wasserfest und unzerreißbar
- **Edition Reise Know-How** – Geschichten, Reportagen und Abenteuerberich

Reisen? We know how!

REISETAGEBUCH – *Notizen von unterwegs*

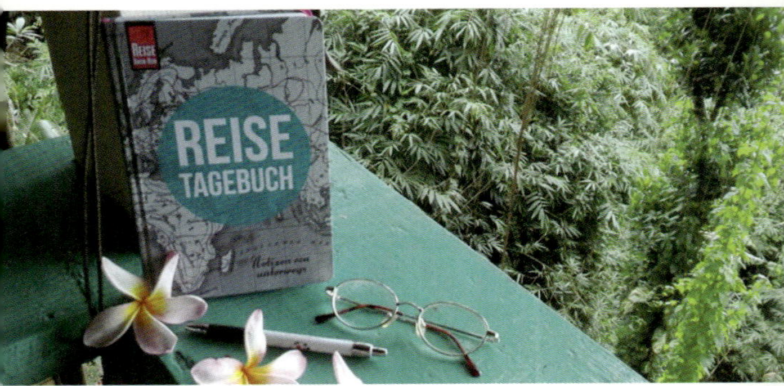

Das **Reisetagebuch** hat 133 Seiten zur freien Gestaltung. Es gibt noch eine Packliste, eine Budgetliste und Adress-Seiten zum Ausfüllen. Und natürlich viel Nützliches für unterwegs. Es ist liebevoll illustriert mit alten Stichen von Tieren, Pflanzen und Fortbewegungsmitteln aus aller Welt, aufgelockert mit Gedanken und Zitaten zum Thema Reisen.

Es ist ein zuverlässiger und verschwiegener **Gefährte auf Reisen**. Egal ob Wochenendausflug oder Langzeitreise, ob in den Bergen, am Strand oder in der Stadt. Ein Journal für Fernweh und Wanderlust, Wichtiges und Unwichtiges, Schönes und Schwieriges ...

- Weltkarte
- Kontinente und Zeitzonen
- Immerwährender Kalender
- Reiseverzeichnis
- Sprachhilfe ohne Worte

160 Seiten
ISBN 978-3-8317-3020-9
€ 12 [D]

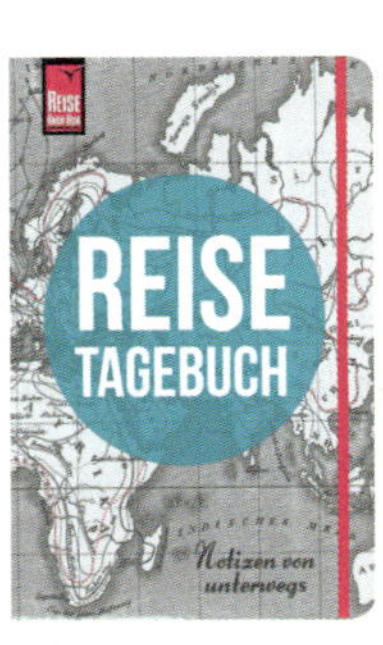